南开现代项目管理译丛

复杂性项目的管理工具

Kaye Remington　Julien Pollack 著

戚安邦 张洁 张颖 译

南开大学出版社
天　津

复杂性项目的管理工具

Tools for Complex Projects

Kaye Remington and Julien Pollack 著

天津市出版局著作权合同登记号：图字 02—2009—156 号

图书在版编目(CIP)数据

复杂性项目的管理工具 /（英）雷明顿（Remington，K.），（英）波拉克（Pouack，J.）著；戚安邦，张洁，张颖译. —天津：南开大学出版社，2011. 7
（南开现代项目管理译丛）
ISBN 978-7-310-03732-2

Ⅰ. ①复… Ⅱ. ①雷… ②波… ③戚… ④张… ⑤张… Ⅲ. ①项目管理 Ⅳ. ①F224.5

中国版本图书馆 CIP 数据核字(2011)第 128940 号

版权所有　侵权必究

南开大学出版社出版发行
出版人：肖占鹏
地址：天津市南开区卫津路 94 号　邮政编码：300071
营销部电话：(022)23508339　23500755
营销部传真：(022)23508542　邮购部电话：(022)23502200

*

天津泰宇印务有限公司印刷
全国各地新华书店经销

*

2011 年 7 月第 1 版　2011 年 7 月第 1 次印刷
787×960 毫米　16 开本　17.375 印张　295 千字
定价：32.00 元

如遇图书印装质量问题，请与本社营销部联系调换，电话：(022)23507125

总　序

自从 20 世纪 70 年代末 80 年代初西方发达国家信息产业的产值超过传统产业的产值而进入信息社会以来,西方发达国家的经济形态就在不断地从传统工业社会的商品经济向信息社会下的知识经济转型。"科技是生产力","科技是第一生产力"逐渐成了信息社会和知识经济最为重要的特征,换句话说,通过创造和运用知识去开展各种各样的技术创新、管理创新、体制创新等创新活动,成了当今信息社会和知识经济中人类创造利润和财富的主要手段。这不但与传统农业社会自给经济中以增产作为创造利润和财富的主要手段完全不同,而且与传统工业社会商品经济中以节约作为创造利润和财富的主要手段也完全不同。

这种人类社会和经济形态的全面转型使得企业的主导活动和管理范式也发生了根本性的变化,企业将更多的资源和精力投入到了各种各样的创新活动中并通过它来获得"合法的垄断性利润"。因为在信息社会和知识经济中"知识产权"作为可以形成"垄断"的资源是受法律严格保护的,所以由此形成的"垄断性利润"不但不会受到制裁,而且还受到法律的严格保护。正是这些使很多公司获得了令人难以想象的"超额利润"。例如,微软公司在二十多年的历史中创造的财富价值可以与美国汽车业 100 年所创造的财富总和相匹敌,而比尔·盖茨也成了世界首富。再比如,IMB 公司 2001 年的专利特许权收入就达 20亿美元。

正是由于企业主导活动不断向以各种创新活动为主的模式发展,造成了企业管理的主导模式(范式)也发生了根本性的变化。因为传统商品经济是一种以日常运营的职能管理为主的管理模式,这是为企业周而复始不断重复的生产经营活动服务的;而在知识经济中人们更多地需要以现代项目管理为主的管理模式,因为在知识经济中企业的各种创新活动都是按照项目的模式实现的,所以他们更需要开展项目管理去管理好各种各样的创新活动(项目)。因此,从 20 世纪 80 年代以来先后出现了一系列全新的管理理论和方法,既有现代项目管理的理论和方法,又有学习型组织、虚拟组织和项目导向型组织等组织管理的理论和方法,甚至还出现了项目导向型社会的理论和方法。这些都是由于社会经济形态和企业主导活动的变化造成的,都是为当今信息社会和知识经济的发展服务的。

南开大学是最早认识到这种社会和经济转型所带来的管理范式转换并积极推动和服务于信息社会和知识经济对于现代项目管理的需要的国内高校之一。这一方面表现在南开大学在现代项目管理教育学科的建设与现代项目管理理论与方法的研究方面,而且充分表现在对于现代项目管理教材和专著的出版方面。南开大学出版社不但在 2000 年就开始出版现代项目成本管理方面的前沿丛书,而且随后出版了一系列的现代项目管理教材和专著。本次出版的《现代项目管理译丛》也是南开大学出版社这种努力的延续和拓展,其根本目的是要将国际上最新的现代项目管理理论、方法和研究成果介绍进来。

这套《现代项目管理译丛》首批收入的有六部国际上最新的现代项目管理方面的专著和研究文集,全部原著多数是在 2003 年最新出版的。其中:

1. Dennis Lock 于 2003 年出版的《项目管理》第 8 版(Project Management 8th Edition)是一部全面而系统介绍现代项目管理理论和方法的经典性巨著,是他 30 多年心血的结晶。该书全面而系统地介绍了现代项目管理最新的理论和方法,是西方最为权威和最受欢迎的现代项目管理的教科书。

2. J. Rodney Turner 于 2003 年编辑出版的《项目中的合同管理》(Contracting for Project Management)是一部关于现代项目合同制定、项目合同中的角色和责任、项目合同的支付问题、项目合同法问题、项目招投标和采购问题、项目合同中的合作伙伴关系问题以及项目变更与索赔等问题的最新研究成果的论文文集,是一部全面讨论当今现代项目合同管理问题的好书。

3. Alan Webb 于 2003 年出版的《项目经理指南——项目挣值管理的应用》(Using Earned Value—A Project Manager's Guide)是一部全面介绍最新的现代项目集成管理理论和方法的专著,是 Webb 先生多年有关项目挣值管理研究的成果。该书全面而系统地介绍了项目成本和项目时间的集成管理理论和方法,是现今最新和最权威的现代项目集成管理的专著。

4. J. Rodney Turner 于 2003 年编辑出版的《项目的组织与人员管理》(People in Project Management)是一部关于现代项目组织与人力资源管理方面的论文集,涉及的内容包括项目导向性组织的项目管理能力及其人力资源管理、项目人员的能力管理、通过经验学习提高项目管理能力、项目团队管理实务、项目相关利益主体的管理、项目冲突管理以及文化管理等方面,是一部关于现代项目管理中人的因素管理的专门论著。

5. Don Dayananda 等人于 2002 年出版的《投资预算——投资项目财务评价》(Capital Budgeting—Financial Appraisal of Investment Projects)是一部有关投资预算中的现金流量预测、现金流量分析以及投资评价的教科书。书中有关不确定性投资项目的分析、项目风险分析、投资项目模拟仿真分析、资源的线性优化等都是十分先进的方法。另外,书中还专门讨论了房地产投资项目分析和跨国公司国际项目论证等全新的内容。

6. Gert Wijnen 和 Rudy Kor 于 2000 年出版的《独特性任务的项目与项目群管理方法》(Managing Unique Assignment—A Team Approach to Projects and Programmes)是第一部有关"独特性任务(项目)"和"常规任务(日常运营)"及其各自管理模式的比较研究专著,书中讨论了常规管理、项目管理和项目群管理中的持续性和团队性问题和相应的管理方法。

　　由主要内容介绍中可以看出,本译丛是由关于现代项目管理最新理论与方法的专著和最权威的教科书共同构成的。我们真诚地希望通过这一译丛的出版能够对于我国信息社会和知识经济转型有所推动,能够进一步满足我们在这种转型中对于现代项目管理理论和方法的需求。最为重要的是,我们期望能够通过本译丛的出版推动我国关于现代项目管理理论和方法的深入研究,以便在引进、吸收和借鉴的基础上,我们能够自己创造出一套更为科学的现代项目管理理论,以适应未来知识经济所需的项目导向性社会的要求。

戚安邦

2004 年 10 月于南开园

NANKAI UNIVERSITY PRESS SERIES IN MODERN PROJECT MANAGEMENT PREFACE

Projects touch all our lives in many forms, construction and engineering projects, computer projects, organizational change projects, and even social projects in our home lives, and yet project management is a relatively new discipline. However it has developed quite considerably over the last fifty years, and now is delivering substantial benefit. It has been shown that effective project management can improve project performance by 30% or more. It can improve the schedule performance of projects leading to earlier completion, and it can improve the cost performance leading to cheaper projects. Both earlier completion and reduced cost lead to improved project performance. Improving performance by 30% means that for every $10 million we spend, we have available another $3 million to spend on other projects. For a developing country like China, that can be very important. In national terms, a 30% improvement in project performance would mean that an annual growth rate of 8% could become 10.5%. That cannot be achieved on all projects, but it gives some idea of the importance of achieving improved project performance. Books have an important role in helping individuals improve the performance of their projects.

In creating their series on Project Management, Nankai University Press have selected six significant books on Project Management, five of which are in my own library, (although we would expect at least two of them to be theres).

The first is Dennis Lock's book on Project Management, now in its 8th edition. The first edition of this now classic book was published in 1968, and was at the time almost the only text book on project management available in Europe. Over the years it has gone through many enhancements and improvements, and remained a leading book in the field. In its first edition it mainly dealt with the management of cost and time of a project, but now covers the discipline more holistically.

Nothing happens in any walk of life without people. My definition of management is getting things done through people, and so project management is getting projects done through people. Yet when you read many books on project management you might be forgiven for thinking that the people don't figure. I spoke once on Thursday afternoon of a week long course, and one of the audience said to me afterwards I was the first person all week to mention people. It was for this reason that I thought a book on the people issues on projects was important. People in Project Management (edited by me) looks at a range of people issues, from developing competent people, to building teams and managing stakeholders, to caring about cultural differences and ethics.

I said above that improving both schedule and cost performance on projects can help improve overall project performance. Earned Value Analysis is a tool first developed by the US military in the 1950s that can help monitor both cost and schedule performance and help improve both. Alan Webb's book on the topic is now one of the most significant available in Europe.

I said above that effective project management can improve project performance by 30%. Nigel Smith says in the first chapter of Contracting for Project Management that effective contract management can also improve project performance by 8%. Indeed Sir Michael Latham quoted in that chapter has shown that improvements of 30% or more are possible with effective contract management. Again, in China, in its current phase of growth the need for effective contract project management has become a significant issue. Clients and contractors must work together to achieve the best project outcomes for both parties. Sir Michael Latham has shown that it is by working together in partnership, in their mutual best interest, that clients and contractors can achieve the benefits he identified. But that can happen only if the client and contractor use effective project contract management procedures that treat both parties with respect, and recognize their respective needs. Contracting for Project Management outlines methods of effective project contract management to achieve those ends.

Don Dayananda covers project appraisal and finance. Effective project management is of no use if the wrong projects are done. It is important not only to do the projects in the right way, but also to do the right projects. You only achieve good results if they are the right results. Project appraisal is the way by which we assess projects to ensure the right projects are done.

In the sixth and final book, front—line practitioners speak. Gert Wijnen and Rudy Kor are partners with a Dutch management consultancy and their book is the project management methodology used by that consultancy to deliver effective project results for their clients. The book talks not only about the management of individual projects, but also the management of programmes of many projects. It also recognizes the importance of the people, describing the building of project teams, important in consultancy assignments.

One of the things I have noticed over the eighteen years I have been researching, writing and teaching in the field of project management is the increase in the range of topics covered by the field and discipline. Back in the late 1980s, project management talked about little other than management of the cost and schedule of a project. Now people discuss programme management, the management of quality, risk and stakeholders, the management of the contracts, finance and most importantly the people. This set of books provides an holistic coverage of the field and discipline of project management, covering the traditional topics, but most of the new ones as well. I look forward to the further development of the field of project management, and further books in this series.

Professor J Rodney Turner

Professor of Project Management

The Graduate School of Management of Lille

In Nanjing

23 October 2004

附:译文

南开现代项目管理译丛前言

　　项目管理以各种方式涉及到了我们各个方面的生活,建设项目和工程项目,计算机项目,组织变革项目,甚至我们家庭生活中的社交项目,但是项目管理却是一个相对比较新的学科。然而项目管理在过去 50 年的发展却是十分迅速的,这种发展现在已经使得我们受益颇大。事实证明,有效的项目管理能够提升项目绩效 30%,甚至更多。项目管理还可以改善项目进度绩效,从而导致项目的提前完工,当然,项目管理同样可以改善项目成本绩效,从而导致项目成本的降低。提前完工和成本降低都是提升项目绩效的具体体现,提升绩效 30% 就意味着我们每花费 1000 万元就可以节约 300 万元,并可以将它们用于其他的项目。对于像中国这样一个发展中国家而言,这是至关重要的。从国家的角度出发,项目绩效如果有 30% 的提升,就意味着原来国家 8% 的增长率可以变成 10.5% 的增长率了。虽然这不可能在所有的项目上实现,但是这给了我们一个启示,努力实现项目绩效的提升是十分重要的。书籍在帮助人们提升项目绩效方面扮演了十分重要的角色。

　　南开大学出版社在组织这套丛书的时候选择了六本项目管理领域中十分重要的书籍,其中有五本我的藏书中都有(尽管我们可能期望再多两本更好)。

　　第一本是丹尼斯·罗克(Dennis Lock)的《项目管理》,现在已经是第八版了。这本经典著作的第一版是在 1968 年出版的,这是那个时候唯一在欧洲能够买到的项目管理方面的教科书。经过这些年它得到了很多改进和提升并且继续保持着本领域中最顶尖的书的地位。在最初的版本中主要是讨论项目成本和时间管理的,但是现在,它已经覆盖了这一领域的各个方面。

生活中没有任何事情是没有人参与的。我对于管理的定义就是:通过人们去完成事情。所以我对项目管理的定义就是:通过人去完成项目。当你读了很多项目管理的书以后你就会发现涉及人的内容不多。我曾经在某个长达一周的课程的第四天说过这句话,一个听众随后说我是这一周中唯一涉及人的问题的老师。这使我想到了出版一本项目管理中关于人的书。我编辑出版的《项目的组织与人员管理》一书正是讨论项目管理中人的问题的书,从开发人的能力到建设团队和管理项目相关利益主体,一直到关心文化差异和职业道德。

我前面提到,通过提高项目成本和进度绩效能够帮助提升整个项目的绩效,挣值分析是一种最初由美国军方在 20 世纪 50 年代开发的项目管理工具,它可以用来监控项目成本和进度绩效,并且帮助提升这两个方面的绩效。艾伦·韦伯(Alan Webb)的《项目经理指南——项目挣值管理的应用》一书是现在欧洲这方面最顶尖的权威著作。

我还说过,有效的项目管理可以提升项目管理绩效 30% 以上。奈戈·斯密斯(Nigel Smith)在《项目中的合同管理》一书的第一章中说到:有效的项目合同管理能够提升项目绩效 8% 以上。实际上米歇尔·拉斯姆(Michael Latham)爵士在同一章中提到,有效的项目合同管理甚至能够提升项目绩效 30%,甚至更多。我再说一遍,在中国先进的高速发展阶段有效的项目合同管理的确已经成了一个亟需解决的问题。业主和承包商必须一起共同努力为双方争取更好的项目结果,米歇尔·拉斯姆爵士已经证明,通过能够使双方受益的合作伙伴式工作,业主和承包商可以实现他们各自提出的受益目标。但是这只能在业主和承包商使用有效的项目合同管理程序和方法的前提下有效,这种方法使得双方相互尊重并承认和照顾相互的需要。《项目中的合同管理》给出了实现这些目标的有效项目合同管理的方法。

唐·达亚南达(Don Dayananda)的《投资预算——投资项目财务评价》一书讨论了项目评价和财务问题。如果项目本身是错的,再有效的项目管理也是没有用的。人们不但要使用正确的方法去实施项目,而且更重要的是要去做正确的项目。你只能在结果正确的前提下去设法获得更好的结果,项目评估是我们评价项目已确保我们能够去做正确的项目的根本方法。

这一丛书中的最后一本书写的是实践者的声音。格特·维金和儒迪·考(Gert Wijnen & Rudy Kor)是一家荷兰管理咨询公司的合伙人,他们的《独特性任务的项目与项目群团队管理方法》是关于该公司为给其客户提供好的项目产出物而使用的项目管理方法论的书。该书不仅讨论了对于单个项目的管理问题,而且讨论了由许多项目构成的项目群的管理问题。该书也认识到了人的重要性,并且讨论了项目团队的建设,这在咨询任务的完成中是十分重要的。

在 18 年的项目管理领域中的研究和教学中,我注意到了一件事情,即这一学科中的专门领域在不断地增加。回顾 20 世纪 80 年代末期,项目管理主要讨论项目的成本和进度管理。现在人们在讨论项目群管理,项目质量、风险和相关利益主体的管理,项目合同管理,财务以及(最重要的)人的管理。这套丛书提供了涵盖项目管理整个学科各个领域,即包括有传统的主题,但是更多的是有关项目管理新主题的讨论。我期望未来项目管理能够有更多新的发展,我也期望这套丛书未来能够有更多的新书问世。

里尔大学研究生院项目管理学教授 罗尼·特纳 ∗
2004 年 10 月 23 日于南京

∗ 罗尼·特纳(J. Rodney Turner),国际项目管理协会(IPMI)前任主席,国际项目管理杂志主编。

译者序言

我们之所以要翻译这本项目管理方面的新书,有两个主要的原因:其一是本书是我们近年来所见到的项目管理领域中最具创新性和前沿性的著作之一,其二是本书的作者之一 Kaye Remington 是我们的好朋友。Kaye 不仅是我们的好朋友,而且也是我们国家百门双语示范课程的外国教师。我们最早认识 Kaye 是因为请他来给南开大学的项目管理工程硕士做了一个项目管理方面的学术前沿讲座,随后我们就开始了合作和交流。后来 Kaye 请我为他的新书(就是这本书)给 Gower 出版社写一份专家评阅意见,我读完了全书以后,感觉到这的确是一本好书,并且写了一个极力推荐的评阅意见。随后我去参加了在英国 Brighton 召开的全球项目管理研究网络的国际学术会议,在会议上我碰到了为 Kaye 出版这本书的 Gower 出版社的书商,我就同对方商谈了在中国翻译出版这本书的事情。接下来事情就很顺利了,因为南开大学出版社专门有一个"南开现代项目管理译丛",所以南开大学出版社的资深策划编辑胡晓清先生就组织了版权的引进,而我就同我的学生们完成了本书的翻译工作以供他们出版。在翻译过程中 Kaye 发给我的电子版书稿大大加快了我们的翻译工作并减轻了我们的工作强度。

这本书的最主要特色是:它是一部十分实用的研究性专著。我之所以这样说,是因为书中的内容与现有的项目管理知识体系是不同的。本书并不涉及项目的范围、质量、进度、成本、采购、资源等方面的工程管理方法,主要内容是使用复杂性理论去解决现代项目管理中不确定性管理方面的问题,所以本书与现在市面上各种项目管理学方面的书籍在内容上是完全不同的。同时,本书所讨论的内容多数是针对现代项目管理中"软逻辑"的管理工具和方法,即如何管理项目中"因人而异"、"因事而异"、"因时而异"和"因势而异"等方面的问题,即按照"权宜之便"去开展项目管理的艺术性方法,这就是为什么作者不断强调本书主要是针对"非线性"(即艺术性)项目管理工具讨论的根本原因。

例如,书中第八章的复杂性地图就是帮助理解项目面临的复杂性类型以及在项目决策中如何结合项目预算、项目计划和项目资源做出合理的项目决策。第十章的目标结算成本方法是用于在项目合同各方之间建立基于合作关系或叫协同工作协议的一种方法。而第十二章的项目角色定义更是针对项目管理中各个角色的安排,用"软逻辑"进行管理的方法。第十三章的时间关联的半结构化方法更是直接用"爵士乐"演奏的艺术方法去开展复杂性项目的管理。而书中关于可可托维奇方法和斯坦尼斯拉夫斯基方法都是启发人们心智和看问题视角的方法。最后第二十一章的多元融合方法更是帮助人们对项目沟通工作进行合理设计从而能从他人的观点中吸取更多有价值的意见与建议的方法。

　　本书 1~3 章和 7~14 章的初稿是由我的博士生张洁女士翻译的,而 4~6 章和第 15 章的初稿是由我的硕士生王颖女士翻译的,我花费了数月时间全面地做了本书的二次通译,最终由我已经毕业的博士生翟磊女士(现为南开大学周恩来政府管理学院教师)做了通稿审阅。我很高兴能够同我的学生们(以前的和现在的)合作翻译出版这本书,也希望读者们(包括项目管理专业的学生、老师和实际工作者)能够喜欢这本书。不过由于水平和能力有限,特别是由于本书中涉及了复杂性理论和诸多全新管理工具与方法,翻译中的错误和疏漏在所难免,还望读者多多体谅和积极指正。

主译　戚安邦

2010 年 9 月 8 日于南开大学

前　言

经常有人说项目管理缺乏自己的理论基础,对项目管理的实际探讨和许多文献都是以项目管理"最佳实践"为基础的。此中的"最佳实践",就是指项目管理实际工作者认为从事管理项目的最佳做法,或者至少是大部分项目管理者认为的最佳做法。但是,从我们对项目计划及其实施情况的记录来看,这种项目管理"最佳实践"的状况并不理想,而且公众也认为大部分项目都会存在工期的拖延和成本的超支。

我们能够管理简单的项目,也可以管理特定类型的大型复杂项目,如建设大型化工厂等。但是从近几年的管理实践来看,项目的复杂程度变得越来越大了,而我们对于这种复杂性项目的管理并不擅长,事实上我们就连项目复杂性的表现都没有很好地理解和解释。

最近几年,管理方面的相关文献在理解事物复杂性方面确实取得了不小的理论创新和进步。但这些方面的理论至今尚未应用于复杂性项目管理之中,或者至少未能对我们管理的这些项目产生任何有意义的帮助,因此笔者才写了此书。

本书将复杂性的项目定义为四种类型——结构复杂性的项目、技术复杂性的项目、方向复杂性的项目和渐进复杂性的项目,对每种项目复杂性的类型都进行了详细阐述,并对那些可能帮助我们理解这些类型复杂性项目的管理工具进行了全面探讨。

本书首先探讨了那些能帮我们更好地对复杂性项目进行思考的方法,然后对那些能够在项目管理实践中更好地开展管理工作的方法、工具和技术进行了分析说明。这些项目管理的工具和方法不只是理论的还是实用的,它们均源自项目管理的实践,包括作者自己的实践、作者对有经验的项目管理者的观察,以及其他人的建议和作者在项目管理专业研究生课程教学中所总结的经验。本书使用了矩阵的形式来说明每种项目管理方法或工具适用于哪些类型的复杂性项目。本书各章均使用了图形的方式去说明每种方法和工具的适用性,以及应用这些方法和工具的困难程度和使用这些方法、工具通常需要多长时间。这些都是项目管理的实践者在使用每一种方法和工具时所需要了解的基本信息。本书同时还给出了一些实用的项目管理方法和工具的应用模板。

总体来说,本书使我们能够从不同的哲学视角来审视项目和项目管理。由于传统项目管理所使用的是合理和常用的哲学视角,因此本书使用不同类型的哲学视角可以使人们认清项目中所包含的复杂性之间的相互联系,还可以使人们更好地理解和管理这些项目的复杂性问题。

Terry Williams 博士,PMP

管理科学教授

英国,南安普敦大学

目录

译者序言 ……………………………………………………………（1）

前言 ………………………………………………………………（1）

第一章 什么是复杂性项目？ …………………………………（1）

项目管理的一种新方法 ………………………………………（2）

本书的目的 ……………………………………………………（3）

复杂性项目是一个复杂的自适应系统 ………………………（4）

复杂性自适应系统的特征 ……………………………………（5）

项目复杂性的类型 ……………………………………………（8）

项目复杂性类型的识别 ………………………………………（8）

项目管理的研究和思维模式 …………………………………（10）

复杂性理论中更为有用的概念 ………………………………（11）

总结 ……………………………………………………………（14）

后续章节的内容 ………………………………………………（14）

参考文献与进一步阅读资料 …………………………………（15）

第一部分 复杂性的类型：特征与管理 ………………………（19）

第二章 管理中复杂性的来源 …………………………………（21）

复杂性及其理解 ………………………………………………（21）

分类过程中引发的逻辑问题 …………………………………（22）

聚焦于复杂性项目 ……………………………………………（22）

管理复杂性的导航仪 …………………………………………（23）

对实践进行反思 ………………………………………………（24）

数量、模糊性与内部关联 ……………………………………（25）

"满意"区间 ……………………………………………………（28）

问题和解决方案的空间 ………………………………………（28）

总结 ……………………………………………………………（29）

参考文献与进一步阅读资料 ……………………………… (30)

第三章　结构复杂性项目 …………………………… (33)

复杂性理论术语的解释 …………………………………… (34)

项目管理的挑战 …………………………………………… (39)

困境和结果 ………………………………………………… (44)

参考文献与进一步阅读资料 ……………………………… (45)

第四章　技术复杂性项目 …………………………… (49)

复杂性理论术语的解释 …………………………………… (50)

项目管理的挑战 …………………………………………… (53)

困境和结果 ………………………………………………… (59)

参考文献与进一步阅读资料 ……………………………… (60)

第五章　方向复杂性项目 …………………………… (63)

复杂性理论术语的解释 …………………………………… (64)

项目管理的挑战 …………………………………………… (67)

困境和结果 ………………………………………………… (72)

参考文献与进一步阅读资料 ……………………………… (73)

第六章　渐进复杂性项目 …………………………… (77)

复杂性理论术语的解释 …………………………………… (78)

项目管理的挑战 …………………………………………… (82)

困境和结果 ………………………………………………… (88)

参考文献与进一步阅读资料 ……………………………… (89)

第二部分　工具与技术 ……………………………… (93)

第七章　这些工具的指南 …………………………… (95)

理论、方法论和工具的关系 ……………………………… (96)

如何选择方法和工具 ……………………………………… (100)

如何开始使用方法和工具 ………………………………… (100)

参考文献与进一步阅读资料 ……………………………… (102)

第八章　复杂性地图 ………………………………… (105)

问题 ………………………………………………………… (105)

目的 ………………………………………………………… (105)

复杂性的类型 ……………………………………………… (106)

理论背景 …………………………………………………… (106)

讨论 ………………………………………………………… (107)

这种工具 …………………………………………………… (107)

步骤···(110)

注意事项···(110)

实际案例···(111)

参考文献与进一步阅读资料··(113)

第九章　系统解剖方法···(115)

问题···(115)

目的···(116)

复杂性的类型···(116)

理论背景···(117)

讨论···(118)

这种工具···(119)

步骤···(123)

实际案例···(124)

参考文献与进一步阅读资料··(125)

第十章　目标结算成本方法···(127)

问题···(127)

目的···(128)

复杂性的类型···(128)

理论背景···(129)

讨论···(130)

这种工具···(131)

步骤···(135)

注意事项···(136)

实际案例···(137)

参考文献与进一步阅读资料··(137)

第十一章　项目群管理工具···(139)

问题···(139)

目的···(139)

复杂性的类型···(140)

理论背景···(140)

讨论···(142)

这种工具···(142)

步骤···(145)

注意事项···(146)

实际案例···(146)

　　参考文献与进一步阅读资料……………………………………（148）

第十二章　项目角色定义………………………………………………（151）

　　问题……………………………………………………………（151）

　　目的……………………………………………………………（152）

　　复杂性的类型…………………………………………………（152）

　　理论背景………………………………………………………（152）

　　讨论……………………………………………………………（154）

　　这种工具………………………………………………………（155）

　　步骤……………………………………………………………（161）

　　注意事项………………………………………………………（161）

　　参考文献与进一步阅读资料……………………………………（161）

第十三章　时间关联性的半结构化方法………………………………（165）

　　问题……………………………………………………………（165）

　　目的……………………………………………………………（165）

　　复杂性的类型…………………………………………………（166）

　　理论背景………………………………………………………（166）

　　讨论……………………………………………………………（167）

　　这种工具………………………………………………………（168）

　　步骤……………………………………………………………（170）

　　注意事项………………………………………………………（171）

　　实际案例………………………………………………………（171）

　　参考文献与进一步阅读资料……………………………………（172）

第十四章　串行多方法论………………………………………………（175）

　　问题……………………………………………………………（175）

　　目的……………………………………………………………（175）

　　复杂性的类型…………………………………………………（176）

　　理论背景………………………………………………………（176）

　　讨论……………………………………………………………（177）

　　这种工具………………………………………………………（178）

　　步骤……………………………………………………………（179）

　　注意事项………………………………………………………（180）

　　实际案例………………………………………………………（180）

　　参考文献与进一步阅读资料……………………………………（180）

第十五章　并行多方法论………………………………………………（183）

　　问题……………………………………………………………（183）

目的…………………………………………………………（183）

复杂性的类型………………………………………………（184）

理论背景……………………………………………………（184）

讨论…………………………………………………………（185）

这种工具……………………………………………………（186）

步骤…………………………………………………………（188）

注意事项……………………………………………………（188）

实际案例……………………………………………………（189）

参考文献与进一步阅读资料………………………………（189）

第十六章　虚拟门径………………………………………（191）

问题…………………………………………………………（191）

目的…………………………………………………………（191）

复杂性的类型………………………………………………（192）

理论背景……………………………………………………（192）

讨论…………………………………………………………（193）

这种工具……………………………………………………（195）

步骤…………………………………………………………（197）

注意事项……………………………………………………（197）

实际案例……………………………………………………（198）

参考文献与进一步阅读资料………………………………（200）

第十七章　风险的相关性分析……………………………（203）

问题…………………………………………………………（203）

目的…………………………………………………………（203）

复杂性的类型………………………………………………（204）

理论背景……………………………………………………（204）

讨论…………………………………………………………（207）

这种工具……………………………………………………（207）

步骤…………………………………………………………（210）

注意事项……………………………………………………（211）

参考文献与进一步阅读资料………………………………（211）

第十八章　实时项目时间/成本比较………………………（213）

问题…………………………………………………………（213）

目的…………………………………………………………（214）

复杂性的类型………………………………………………（214）

理论背景……………………………………………………（214）

讨论 ·· (215)

这种工具 ·· (216)

步骤 ·· (218)

注意事项 ·· (219)

参考文献与进一步阅读资料 ································ (219)

第十九章 可可托维奇(Kokotovich)方法 ········ (221)

问题 ·· (221)

目的 ·· (222)

复杂性的类型 ·· (222)

理论背景 ·· (222)

讨论 ·· (223)

这种工具 ·· (224)

步骤 ·· (230)

注意事项 ·· (230)

实际案例 ·· (231)

参考文献与进一步阅读资料 ································ (231)

第二十章 斯坦尼斯拉夫斯基(Stanislavski)方法 ·· (233)

问题 ·· (233)

目的 ·· (233)

复杂性的类型 ·· (234)

理论背景 ·· (234)

讨论 ·· (235)

这种工具 ·· (236)

步骤 ·· (237)

注意事项 ·· (238)

实际案例 ·· (238)

参考文献与进一步阅读资料 ································ (239)

第二十一章 多元融合方法 ····························· (241)

问题 ·· (241)

目的 ·· (241)

复杂性的类型 ·· (241)

理论背景 ·· (242)

讨论 ·· (243)

这种工具 ·· (244)

步骤 ·· (246)

　　　注意事项……………………………………………（247）

　　　实际案例……………………………………………（247）

　　　参考文献与进一步阅读资料……………………（248）

第二十二章　　结语……………………………………（251）

图　目　录

图 2.1 视角的转变 …………………………………………………… (24)
图 2.2 项目工作的 4 种可能性 …………………………………… (27)
图 2.3 项目工作的 64 种可能性 ………………………………… (27)
图 2.4 65536 种可能性，说明可能状态的急速增加 …………… (27)
图 2.5 问题空间与解决方案空间的相互联系 ………………… (29)
图 3.1 结构复杂性项目的不确定性 …………………………… (34)
图 4.1 技术复杂性项目的不确定性 …………………………… (50)
图 5.1 方向复杂性项目的不确定性 …………………………… (65)
图 6.1 渐进复杂性项目的不确定性 …………………………… (79)
图 7.1 理论和实践的层级关系 ………………………………… (97)
图 7.2 推导和设计方法 ………………………………………… (99)
图 8.1 目标和方法矩阵：处理没有明确的目标或实现方法的项目 … (106)
图 8.2 绘制项目复杂性地图的基础 …………………………… (107)
图 8.3 IT 开发项目的复杂性地图 …………………………… (109)
图 8.4 医疗服务项目定义阶段的复杂性地图 ………………… (111)
图 8.5 在项目计划阶段开始时地图的变化 …………………… (112)
图 8.6 在项目实施阶段开始时地图的变化 …………………… (112)
图 9.1 电信项目的解剖图 …………………………………… (120)
图 9.2 基于相互关系的持续完善的解剖结构示意图 ………… (121)
图 9.3 项目集成计划 ………………………………………… (122)
图 10.1 减少项目成本的不确定性 …………………………… (132)
图 10.2 在项目的协同工作协议之下开发和实施项目目标结算成本方法
……………………………………………………………… (134)
图 11.1 思考项目复杂性结构的管理系统模型 ……………… (143)
图 11.2 说明项目群如何根据约束和反馈做出变化 ………… (145)
图 11.3 满足特定组织需要的项目群模型 …………………… (147)

图 13.1 项目半结构化模型的示意图 ……………………………… (170)

图 14.1 项目连续过程中所用的串行多方法论 …………………… (178)

图 15.1 项目管理使用的并行多方法论 …………………………… (186)

图 16.1 虚拟门径过程模型 ………………………………………… (196)

图 16.2 实施效果欠佳的建设项目因果关系图 …………………… (199)

图 17.1 潜在项目风险环 …………………………………………… (209)

图 17.2 某小组确定的项目风险之间的相互关系 ………………… (209)

图 18.1 实时的时间/成本比较法的步骤 ………………………… (217)

图 19.1 社区服务中心项目的非层级心智图 ……………………… (225)

图 19.2 显示分组和重点的社区服务中心项目的非层级心智图 …… (226)

图 19.3 跳跃性思维的案例 ………………………………………… (227)

图 19.4 关联矩阵的实例示意图 …………………………………… (229)

表 目 录

表 7.1 本书各章所涉及管理工具的总结 ·················· (101)

表 12.1 项目实施发起人——理想角色定义 ·················· (155)

表 12.2 项目实施发起人——文化/组织的匹配 ·················· (157)

表 12.3 管理角色——能力的定义 ·················· (158)

表 12.4 项目经理——文化/组织的匹配 ·················· (159)

表 17.1 项目风险相关性矩阵 ·················· (208)

第一章　什么是复杂性项目？

几乎所有的大型项目和许多小型项目都具有自己的复杂性特征,然而现在各种规模的项目都还在使用基于传统项目管理的线性管理模式进行管理。这种传统的项目管理模式可以追溯到公元前 3000 年埃及金字塔的修建,而那时的社会和各种工作中普遍采用直线职能型的组织模式。这些线性管理模式之所以仍然是项目管理的主流,原因在于目前的项目管理实践多是基于传统管理模式的,而管理教育也是建立在 19 世纪和 20 世纪工业化和帝国化的扩张过程中所提出的管理控制理论基础之上。这些管理理论本身并没有错误,然而如果不分场合、不分项目类型,一味套用这些传统管理方法,问题就出现了。

随着环境复杂性的增加,管理也就产生了自己的问题,其原因在于管理中的假设前提条件已经改变。我们通常会提出这样的假设前提,即在项目的概念阶段就可以确定项目的最终结果,而且在项目的初期阶段就可以制定详细的项目计划,然后按项目计划实施即可。这种管理方法对项目管理而言,仅适用于很少一部分的项目,而且这些项目往往是规模比较小、工期比较短的项目。然而,一旦一个项目到了一定的临界规模、时间、模糊性水平以及复杂性程度,基于管理控制的传统项目管理方法就不能在整个项目的管理过程中真正起作用了。

许多项目管理学者已经意识到项目是一个系统,所以应该按照系统的方式开展项目管理。但是系统性的世界观通常是指 Peter Checkland (1981;1999)提出的"硬系统方法论"。这种方法论非常适合机械性系统的运行过程,但是当人们成为设计、运作和交付系统的关键因素时,这种管理方法论就不适用了。原因在于,人的行为具有一定的不可预测性,人们经常是主观地进行自己的判断,并具有自我意志和自我激励等方面的特点,而且都有一定的自私性。所以即使是再周密的项目计划也能够被人们的行为轻易破坏,如拒绝实施项目的计划,或做一些出乎意料的事情,以及根据自己所认为的能使组织利益最大化、项目利益最大化或自身利益最大化的行为方式行动。目前观察到的大量失败项目经验可以证明,基于控制理论而建立起来的项目管理方法已经无法与当前的项目管理实践相适应(Remington 和 Crawford, 2004; Williams, 1999; Baccarini, 1996)。在项目的实施过程中存在大量的约束条件,而项目经理需要在模糊性不断增加和人为控制不断强化的环境中去完成项目并最终交付项目产出物,因此项目经理需要使用系统化与多元化的方法对项目进行管理。

项目管理的一种新方法

系统多元化的方法是使项目管理者能够适应复杂的环境并交付项目产出物的一种方法。这种方法需要项目管理者做到以下两点:第一,项目经理对项目的系统本质有清晰的认识;第二,在他们所使用的管理方法、工具和理论中应用多元化的方法。系统多元化的理论是系统研究领域的一部分,在"批判性系统思维"的框架之下,一些学者,包括 Midgley (1996; 2000)、Mingers (1997; 2003) 和 Flood 与 Jackson (1991)等,在系统研究、运营管理研究以及管理科学领域对批判性系统思维以及系统多元化的思维提出了自己的观点。

绝大多数项目都可以从系统化思维的方式中获益,但对于不同的人来说,其作用也不尽相同。不同学者对系统的研究有着不同的侧重点,所以就产生了各种不同的系统分类,这包括开放性系统、封闭性系统、软系统、硬系统、反馈系统和控制系统等。虽然他们研究的都是系统,但是侧重的方面不同,所以导致了研究结果的千差万别。

在这本书中,我们利用复杂性理论这一跨学科的理论,去探索复杂性适应系统的本质。复杂性理论是基于对突发事件的观察、非线性行为和自然系统中的许多基本现象的研究而发展起来的,这一概念是通过对许多不同领域,如生物、地理和气象等领域中的复杂行为进行模拟和观测之后提出的。Lewin(1992)对复杂性理论的发展进行了很好的总结,Ralph Stacey (1996)以及其他学者,包括 Griffin(1999)和 Lissack 与 Roos (1999)等都把基于复杂自适应系统的观点应用到了一般的管理之中。复杂性理论在研究项目的系统本质时也有很大的价值。

许多项目可能更容易被定义为一个复杂的适应系统,而不是一个简单的系统。为了有效地应对项目的复杂性,项目经理必须采用多元化的方法对项目进行管理。他们必须根据项目的特殊性以及紧急性等不同情况采用适应需要的不同管理方法与模式,因为任何一个项目管理方法都不是万能的,没有任何一种方法可以放之四海而皆准。项目经理需要掌握一系列的

管理方法和对具体项目进行分析的方法，从而根据实际情况去选择适宜的
项目管理方法。项目经理在管理不同项目时，应当根据项目的特点去选择
并且设计该项目的管理方法。

　　复杂性项目的发展变化非常快，并且不时地表现出不同的系统特性。
某个复杂性项目可能表现出多种系统特性，不同项目部分的特性和行为也
具有明显的差异性。在任何项目群或相互关联的项目之间，系统性肯定会
有很大的差异。

　　还是有一些项目可以被看做简单的系统，因为这些项目的产出物非常
明确，而且可以通过简单的项目计划进行管理控制。在这种情况下，传统的
项目管理工具和方法是非常有效率的。然而，在许多复杂的环境下，这种基
于对项目产出物的清晰认识所开展的项目管理控制几乎是无法实现的。对
于这样的项目或这样的项目群及其子项目而言，基于复杂性系统思维的项
目管理方法会更为有用。面对项目本身的多元化特征，项目经理除了使用
多元化的管理方法之外别无他法。这就意味着他们必须从一系列项目管理
方法中选择具有灵活性与动态性的方法，从而最终满足项目各相关利益主
体的要求。

本 书 的 目 的

　　本书是为了帮助项目管理实践者认识到在项目实施过程中可能面临的
各种复杂性，从而指导他们能够选择最为适宜的项目管理策略和方法，而这
些项目的复杂性是由于各种不同原因而产生的。根据复杂性的来源，我们
定义了不同类型的项目复杂性，引入基于整个项目的管理方法和各种不同
的管理工具，来帮助项目管理实践者去认识不同类型的项目复杂性。本书
所给出的项目管理工具并不是全部的项目管理方法和工具，因为在一本书
中对所有的项目管理工具加以阐述是不可能的。讨论清楚在各种情况下所
须使用的项目管理方法和工具，这些方法和工具所要达到的目的，以及这些
方法和工具所能说明的问题，才是最重要的。如果同样能够达到这些目的，
其他的项目管理工具也是可以选用的。

　　本书是指导性的，而不是从操作层面去规定复杂性项目管理的每一步
该怎么走。然而，本书提供了一系列复杂性项目的管理工具和方法，项目管
理者可以在开展项目管理活动时从中选择。我们假设项目管理者可以根据
项目的特定情况在项目管理的方法和工具这一问题上做出最合适的抉择。

　　本书将重点论述这些在通常意义上讲并不为项目经理所熟知的复杂性
项目管理工具和方法，所以书中可能会提到许多传统项目管理方法和工具，

但是不会对它们进行详细论述。然而，这并不意味着传统的项目管理方法和工具不能用了，在项目目标清晰、理解全面且项目团队达成共识以后，特别是在项目实施过程相对稳定的情况下，传统的项目管理技术和方法是完全适用并且有效的。这些传统的项目管理方法和工具可以从其他学者的著作中找到（Harrison，2004；Pinto 和 Trailer，1999；Turner，1999 等）。

复杂性项目是一个复杂的自适应系统

复杂性理论已经在组织管理中得到了很好的应用（Anderson，1999），这种理论也可以应用于项目管理（Williams，2002；Baccarini，1996）。所有项目都具有内在联系性、层级性、沟通性、可控性以及突发性等属性，而这些属性通常可以用于对系统进行必要的描述。绝大多数大项目和许多小项目也都具有复杂性和自适应系统的特征，如项目阶段的飘移、适应性和对项目原始状态的敏感性等，所以运用复杂性理论可以更好地理解这些项目的特征。

系统性的思维方式是人们认识世界的一种方式，系统的观点和理念为我们提供了解释世界的框架，我们可以使用这些观念来认识不同实体之间的稳定关系。系统的观点可以帮助我们更好地理解事物的部分与整体之间的关系，在现实中人们会不自觉地使用系统的方式进行思维。我们直观认识世界的过程是通过交流和反馈的过程实现的，这本书就提供了一系列可供项目管理者选择的方法、工具和技术，使项目管理者主动将基于复杂性理论而产生的系统思维方式和观念应用于复杂性项目的管理实践之中。

首先举一个人类原始阶段存在的系统的案例。我们的祖先发现了特定的农作物应当在一年中特定的时间收割，野牛在冬至之后的 20 天左右会穿过低矮的山脉，并且如果我们跟着迁移的野牛就会到达河流的交汇处，吃到正在产卵的鱼。这是一个稳定的、不断重复的模式，即可称为系统。这是我们通过某种预测的方式来寻找食物的系统，也正是通过这一系统我们的祖先才得以生存下来。人们当时可能还不理解为什么系统是稳定的，或者这一系统如何适应更大的生态系统，但是这并不影响人们认识和利用这些系统关系。

如何认识系统以及什么是系统，这些取决于我们的观点和视角。系统是一种基于稳定且客观存在并不断进化发展的相互关系。如果系统不能够不断地重复活动，那么说明我们只是看到了某一特殊的事件，而不是一个真正的系统。当科幻推理小说家 Douglas Adams 所描写的那个被称为侦探 Dirk Gently 的角色认识到"所有事情都是相互联系的"时，他就认识到了宇宙的系统性本质。

人们是否能够看到某一系统，这取决于当时人们的关注重点是什么。如大多数人不会认为一堆苹果就是一个系统，然而在特殊情况下把一堆苹果看做一个系统可能是很有用的。比如，你是受某果农委托去调查苹果储藏罐中某种细菌的扩散情况时，从系统的视角考虑这些苹果可能就很有用了。如果你是一个艺术家，你所关注的是一堆具有对称性的外观完美的苹果，那么你的关注点就变了。如果有人从那堆苹果中拿走一个，原有的苹果之间的关系就变了，这就从根本上改变了这一堆苹果的系统属性。

复杂自适应系统具有所有的系统方面的特征，它还有一些自己独特的特征，正是这些独特的特征使复杂自适应系统变得更加难以理解和管理。许多研究者认为，复杂自适应系统具有以下的特征。

复杂性自适应系统的特征

层级性

系统自身会有子系统，同时系统也是更大系统中的子系统。这就是我们通常讲的嵌套，就像俄罗斯套偶一样，一个套一个，好像不会穷尽。

同样，一个正在从事新药研发工作的化学家，也只是其项目团队的一部分，项目团队成员之间形成的相互关系可以被看做一个系统。这个项目团队也只是组织中某一部门里的一个部分，这个部门也可以被看做一个系统。这个部门又只是组织中的一部分，这个组织也是一个系统。许多组织可以在某一个领域竞争，共同构成一个新系统。

项目工作分解结构就是常见的描绘这种嵌套系统层次结构的方法，人们可以将项目分解成多个可管理的项目工作包和项目活动。实际上我们可以根据关注重点的不同，将一个项目划分为有不同层级的系统。

沟通性

代表系统状态的信息可以在系统的各部分之间传递，代表系统状态的信息以及代表系统环境状态的信息也可以在系统之间进行传递。例如，组织中的成员会通过"小道"快速将可能对他们产生影响的信息在组织中传播开来，这是一种自发的信息传递行为。然而，信息传递的速度和准确性往往是无法同时保证的，那些玩过中国"传话游戏"的人会很清楚地认识到这一点。项目组织中有正式的和非正式的沟通，非正式的沟通可支持或损害正式的沟通。

系统能够很好地维持各方面关系的稳定性,并使这些方面成为一个稳定的系统。人们的管理控制方法可以使系统联系在一起,使系统保持稳定的运行状态。例如,人体可以通过出汗和打颤来维持舒适的体内温度。在一个项目团队中,适宜的情绪环境和团队的行为规范是使团队保持稳定的两个条件。因此,如果某成员打破了这种关系,其他的团队成员就需要采取行动,重新建立这种稳定的状态。为了维持系统稳定性而采取的管理控制行动可以体现为不同的形式,有时候甚至可以是一种开玩笑的方式,如"我想下个预算中应当包括为弗莱德准备一个闹钟的成本",这种沟通方式可以使那个习惯性迟到的人接受项目团队的行为规范。如果项目团队成员的行为太过分,此时就需要更严厉的管理控制措施,如将其驱逐出团队等。

衍生性

在系统不同层级上会出现不同的现象与属性,某一层级的属性在其下一层级中可能就体现不出来。这些系统属性是基于一个系统层面上的不同元素之间稳定的互相作用而产生的。衍生性就是指在系统各部分之间的稳定关系中形成的属性,这不是任何系统组成部分本身的属性。系统各部分所组成的整体往往会大于系统各部分简单加总的总和,如被拆分开的自行车零件就不能构成一个有趣的系统,可当把这些零件组合在一起作为交通工具的时候,系统属性就能体现出来了。这种系统属性仅存在于整个自行车的层级上,而不是自行车零件的层级上。或者说,这个系统属性出现在系统相互作用的一个特殊的层上(Dooley和Van de Ven, 1999)。

阶段转变

当系统环境与条件发生改变时,复杂的自适应系统可以快速转变为一种新的系统形式。虽然该系统本身没有变,但系统所展现出的属性已经发生了改变,这是系统内部应对外部变化的一种反应。笛卡尔(Descartes)先生在他的《沉思录》中描述了蜡烛的熔化过程,他提出的问题是:当蜡烛熔化时我们怎样才能知道它就是原来的那个蜡烛呢?蜡烛看起来完全不一样,而且感觉也不一样了。然而,科学可以告诉我们蜡烛还是相同的原子和分子构成的系统,只是蜡烛所处的阶段与状态不同了。这时产生了不同的蜡烛系统状态的属性,如蜡烛的流动性取代了固态性。

再来举一个专业团队的案例。当海军舰艇从常规状态进入战斗状态时,人们之间的相互关系以及团队成员自身均须经历一个阶段转换的过程。人们之间的行为差异性开始体现出来,但是整个系统依然是稳定的,系统只是对不同的环境限制做出了反应而已。

非线性

与系统控制的属性相反，一个系统的正常状态可以通过"负反馈"来维持其稳定性，而系统的非线性特征则需要通过"正反馈"来引起或诱导系统变化的产生（Daft 和 Lewin，1990）。例如，在 20 世纪 60 年代最为流行的甲壳虫乐队，其真正走红是在林戈斯塔尔担任鼓手之后。虽然林戈斯塔尔并不比原来的鼓手更优秀，但他使该团队形成了一种"彼此促进"的氛围，从而创造出近代历史上最为成功的乐队。在林戈斯塔尔加入之后，团队内部产生了这样一种相互关系，即每个人的创新对引发其他人的创新产生了积极影响，从而出现了螺旋性的创新输出。这样的情况在项目团队中同样适用，尤其是在从事设计工作的项目团队中。

适应性

当系统环境变化时，复杂系统能够随之调整并利用环境变化所带来的优势来维持生存和不断取得进步。系统的适应性就是为了在系统内部一致性与系统环境变化之间谋求生存与发展的空间。简单的系统控制理论就是根据某个固定的参照系，来设法维持整个系统的存在。当一个系统具有适应性时，系统调整时所依据的实际参照系就会是变化的（Lissack 和 Cunz，1999）。系统有适应性就可以根据系统所依赖的资源供应差异做出反应，系统也会对与系统相关的新环境的限制和新的可能性做出反应。例如，由于生产维生素的标准和监管要求不断变化，某些无法达到这些新标准要求的公司会被迫停产或转产，只有那些能够适应这种变化的公司才能够得以生存并不断发展。

依赖于初始条件的敏感性

这是著名的"蝴蝶效应"。1972 年，系统方法论学家 Edward Lorenz 博士指出，在复杂的系统中，即使系统的原始条件有微小变化（如蝴蝶在巴西扇动翅膀），也可以产生不可预测的、灾难性的系统影响（如数千公里以外德克萨斯的台风）。例如，同样的团队在不同环境和不同条件下完成完全相同的项目时，他们可能会取得完全不同的绩效。复杂性项目的特征，以及它们的非线性和正反馈回路，会导致和引起某些项目风险，个中原因可能只是一些看起来并不重要的项目初始条件下的异常情况，然后随着时间发展，这种异常情况不断地发展、扩大，最终出现项目无法管理控制的情况（Arthur，1989）。

项目复杂性的类型

不同复杂性类型的项目需要不同的管理方法,识别项目复杂性的不同类型可以帮助我们在项目管理过程中选择最合适的工具和方法。使用战略管理方法来管理各种复杂性类型的项目或项目各部分时,项目管理的战略也需要有很大的变化。根据复杂性理论的起源和后续学者的相关研究(如Turner 和 Cochrane,1993;Williams,2002),我们认为项目的复杂性可以分为四种类型。

项目复杂性的来源会对项目的生命周期产生影响,这包括关键控制点、项目生命周期中的阶段长度、项目的管理结构、关键资源的选择、计划和预算的方法和识别管理风险的方式。项目复杂性来源的不同也会对项目采购方式方法的选择以及项目合同管理有很大影响。任何大项目和许多小项目的复杂性可能会表现为一种或更多的复杂性类型。

项目复杂性类型的识别

结构复杂性

这种类型的项目复杂性存在于大多数大的项目和所有超大项目之中,原因在于这种项目复杂性的管理规则和知识都是基于一些非常错综复杂的项目管理而开发出来的。我们可能会在两个方面对此存在争论:其一是对于项目结构的划分会有争论,因为这在很大程度上取决于人们对项目类型的熟悉程度;其二是究竟什么是结构复杂性的项目,这方面的界限并不十分清晰。结构复杂性项目的复杂性源于项目管理需要跟踪大量的、不同的、互相联系的项目任务和活动时人们所面临的困难情况,所以结构复杂性往往是与大型建筑、工程和防御项目联系在一起的。为了管理这类项目,人们可以将项目分解成很多小的可以交付的项目管理单元,而这种项目分解所基于的基本假设就是:假设这些单个的项目单元在交付的时候会组合成为一个整体。项目的结构复杂性所带来的管理挑战主要在于项目的组织管理、计划管理、界面管理和合同管理。项目的结构复杂性及其对项目管理的启示将会在第三章中详细讨论。

技术复杂性

这种类型的复杂性源于项目中与项目产出物直接相关的技术和设计问

题。这种项目的产出物是一种全新的产出物，或者是一种需要使用未知技术或从未试验过的技术而生成的产出物，因此人们没有任何生产经验。这种项目复杂性来源于需要使用多种相互依赖的问题解决方法，以及这些问题解决方法之间的相互联系。技术复杂性通常会出现在建筑项目、工业设计项目、工程项目、IT 开发项目，以及研发项目之中，如化学和制药行业中的各种研发项目。在面临项目的技术复杂性时，项目管理的挑战主要包括：其一，这种项目管理的关键时间是在项目的设计阶段；其二，人们需要通过合同管理来解决那些定义不清的项目设计和项目技术问题；其三，人们需要努力地管理好项目关键相关利益主体的期望。项目的技术复杂性和这种复杂性对项目管理的启示将在第四章讨论。

方向复杂性

具有方向复杂性的项目其主要特征是：没有达成共识的项目目标，没有达成共识的实现项目目标的路径，而且项目还存有含义不清楚的界定或隐性的协议等。这种项目复杂性是由于人们对项目目标有多种潜在解释或理解，因此关于项目目标的理解产生歧义。在这种项目的管理中，人们所面临的挑战就是必须要给项目定义阶段（项目的初始阶段）分配充足的时间，以便有充足的时间去揭示各种隐藏的项目管理方面的界定，从而达成关于项目目标的共识。在这种情况下，关系管理和组织政策管理就会成为项目管理成功的关键。成功管理这种项目所必需的两个基本能力是：对组织政策的领会能力和对组织文化的敏感性。项目的方向复杂性以及这种复杂性对项目管理的启示将在第五章详细讨论。

渐进复杂性

具有这种复杂性的项目其特点是：项目环境和战略方向因为一些超出项目团队控制范围的原因而发生了改变。这种复杂性源于项目未来的约束条件与人们期望的不确定性，特别是与某种未来的项目完全不确定性问题有关。渐进复杂性项目的具体情况包括：项目受到不可预测的环境影响，并且这些影响是非常重要的，会使项目遭到严重破坏。例如，出现了不可预见的国家立法变化、国内的动乱和灾难，或者开发出了新技术。这种项目复杂性经常与组织中部分成员的偏执和预感联系在一起，如政府的变化为公共部门创造了环境的变化等。渐进复杂性在私营部门的合并与收购项目以及持续时间较长的项目中也同样存在。这种项目复杂性与外部影响有关，并会随着时间的推移而发展，这种复杂性可能发生在项目生命周期的任何阶段。项目的渐进复杂性可能出现在看似简单的项目中，尤其是那些持续时间较长的项目中,由于外部因素导致的项目拖延就属此例,例如,当项目所需的重要物品和服务出现垄断。这种外部因素所带来的项目拖延可能出现在项目生命周期的任何一个时段。项目的渐进复杂性以及这种复杂性对项目管理的启示将在第六章详细讨论。

　　每一种类型的项目复杂性都会体现出复杂性自适应系统的特性,任何项目或项目群都可能呈现出一种或多种类型的复杂性特征。

项目管理的研究和思维模式

　　项目管理的思考和研究突出强调了结构上具有复杂性的项目,因此很多项目管理的技术都与那些结构复杂性项目相适应。然而,这些方法及其思维模式往往不能很好地与项目的技术复杂性、方向复杂性和渐进复杂性等要求相适应。为了与这些项目复杂性的要求相适应,除了对现有项目管理的思维模式进行开发、对现有的管理方法和工具进行调整之外,还有很多研究工作要做。我们已经开始呼吁开展更加广泛的思考,并使用复杂性理论和系统思维方法去研究项目管理,而且还要进一步引入设计理论、认知理论、行为心理学以及其他多种组织理论。

多重复杂性

　　项目或项目群的规模越大,四种复杂性类型同时出现的可能性越大,虽然各类项目复杂性的程度可能不同。例如,一个跨国通信公司正在实施组织变革的项目,包括引进全新的整个公司范围内的人力资源管理流程,这会使他们重新认识到需要重组和合并一些组织部门。另外,他们的组织还必须适应变化的法律环境,因为不同国家的法律环境是不同的,其影响大小和方向也是不同的。因此,该项目中包含了结构、技术、方向和渐进这四种复杂性元素。项目的结构复杂性来自项目的整体和构成部分的数量众多。技术复杂性多数是与设计和实施新的 IT 系统有关,也与多种现存的大型项目集成有关。项目的方向复杂性来自处于不同国家的各项目关键部门对项目目标缺乏共识,以及他们未能就如何实施项目达成一致。项目的渐进复杂性来自不断变化的项目政治环境,使得预测和应对这种环境变化变得非常困难。总之,人们在应对不同类型复杂性的项目时,需要使用不同的项目管理方法。

　　然而,不是所有项目或者项目群的所有部分都具有项目的复杂性特征,如在上述通信公司的案例中的某些项目部分就可以看做相对标准化的项目。这些项目群中的标准化子项目,在项目关键相关利益主体之间可以充分达成共识,并且这些标准化的子项目可以通过清晰的目标描述和技术标准进行全面界定,所以项目经理就可以利用标准的项目管理方法、工具和过程去成功进行项目管理。

这是一个案例,它说明了系统多元化在项目管理实践中如何应用。此时,整个项目就被看做一个系统中的子系统,这些子系统可能具有复杂自适应系统的特点,也可能更适合使用硬性的系统方法进行管理,也可能可以利用标准的项目管理方法和程序进行管理。然而,项目的其他子系统可能需要使用不同的项目管理方法去管理(Turner 和 Cochrane, 1993；Shenhar, 2001；Payne 和 Turner, 1999；Engwall 等, 2005)。

复杂性理论中更为有用的概念

从规范到混乱:一个连续的过程

首先来分析规范和杂乱之间的联系是非常有用的,因为一个规范的系统并不具有任何复杂性,它们会遵从严格且稳定的成套管理规则,但是缺乏适应环境变化的能力。同样,混乱的系统也不都是复杂性和随机性的,只有完全混乱的系统才可能会表现出很强的随机性,但是这种系统中某个部分的行动在一定程度上是可以预测的。混乱系统的各部分之间缺乏稳定的关系和相互交流,因此这种系统可能会有突发性的问题。混乱系统在应对环境变化时无法形成一个整体,因为它们缺乏内在的凝聚力(Stacey, 1991；Griffin 等, 1999；Lissack 和 Roos, 1999)。

所有的复杂性系统均处于规范和混乱二者之间,而较为规范化的复杂性系统会在处理职能管理范围内的事项时表现得效率较高。但是由于这种系统的专业化,它们的适应性会比较差。在一个规范化的复杂性系统中,其关注的领域是非常集中的,它可能只会对某些特定的信息具有开放性。那些更趋近于混乱的系统则对环境具有更大的信息开放性,因此可能在任意时刻对环境的多样性进行分析和探索。这是因为这种系统在保持凝聚力的同时,还允许不同的子系统可以有不同的功能。因此,在面对具有较大规模的经济性、重复性和专业性任务时,这种系统的效率是很低的。那些接近混乱的复杂性系统还面临一个更大的危险,那就是可能失去连贯性或解体,以及无法形成一个完整的系统。

我们可以通过一个案例来认识规范和混乱之间的差异,这些差异可以从 16 世纪和 17 世纪欧洲的城市计划政策变化中体现出来。在那段时间之前,中世纪的城市是以一种自然的方式发展,其表现就是随意修建建筑物和街道。出版业的发达启发了人类的灵感,如 1465 年 Antonio Filareti 的《建筑论》。欧洲文艺复兴带来的一个愿望就是:基于理想模型去进行城市规划。文艺复兴时期的几何式城市规划不允许任何建筑超出理想化的几何式城市规划范围,同时城市功能也进行了很好的细分。相比之下,中世纪的城市成长是随着人口的增加,根据城市地形和可获得资源以及城市的社会需要而不断发展的。然而,根据文艺复兴的政治动荡判断,当时的社会秩序与建筑秩序之间没有必然的联系。在建成城市的时候,这些拥有从中心向四周呈辐射状的宽阔街道、布局完美的城市能够很好地抵御当时的各种侵略。然而,随着城市人口的不断增长和城市规模的不断扩大,在原有的城墙之外就经常会形成一种混乱的状态。

　　我们希望所有的大项目或者项目群都能够根据其规范与混乱程度的不同,吸收和使用不同的方法进行项目管理。这种规范与混乱的程度既包括项目本身,也包括项目作为更大系统,即组织和环境中的一个部分,所体现出的不同层次上的规范与混乱的特征(Turner 和 Cochrane, 1993;Shenhar, 2001;Payne 和 Turner, 1999;Engwall 等, 2005)。关键是如何识别项目中的那些能够体现出复杂性自适应系统特性的部分,从而对这些相对简单的部分进行分别的管理和处理。相对简单的项目或者项目部分有明确共享的目标和可利用的标准技术,或可在相对更短的时间内完成项目的时候,人们就可以选择利用标准化的项目管理控制方法和过程,因为这样的项目管理会更为有效。

最佳位置

　　复杂性理论会对最佳位置进行必要的讨论。这就像在一个有连绵起伏山脉的景观中的最佳位置取决于你所处的高度以及相对于所欣赏的风景的位置,这种最佳位置可以使你找到一个更好的视角。你发现自己处在斜坡上,如果你想开阔自己的视野,就应当爬上山顶。一旦找到了最佳位置——一个山顶,那么你可能就会待在那里,因为如果离开了这座高峰(哪怕是为了登上邻近的一座更高的山峰),由于需要一个漫长的过程,这种离开就会变得不合适。你必须穿过峡谷才能登上那座更高的山,这个过程可能需要相当长的时间。因此你可能没有离开现在高峰(即优势位置)的动机,尤其是当你发现附近没有其他更高的山峰时(参见 Griffin 等, 1999;Lissack 和 Roos, 1999),更是如此。

　　你目前所在的山峰可能并不一定是最佳位置,它可能仅仅处在一个能够维持你的生存活动水平的高度。在项目中,我们也经常会看到这种情况,尤其是那些包括了技术创新或者设计工作的项目。在这种情况下,只有在设计结束之后才会产生项目的产出物。这种设计要能够满足项目关键利益相关者的需求，而若要使交付的项目产出物超越项目关键利益相关者的需求，就必须对现有设计做进一步的完善。如果目前的山峰已经能够充分满足项目客户的需求，因此你就可能没有寻求更好解决方案的动力，即就没有登上另一座山峰的动力。如果你一定要登上另一座山峰时，可能很多风险会在这个过程中会发生。

最佳位置不是静态的，一个复杂性自适应系统周围的情况也不是静态的。例如，一个大的组织可以被看做一个流动的海洋或沙漠中移动的流沙，它们都是在不断变化的，也会随着你的移动而变化。你在这个"风景"中也是"风景"的一部分，为了你自己和其他与你共同欣赏"风景"的人而改变了"风景"。人们在向最佳位置移动的时候可能会遇到各种风险，尤其是原来的"山峰"会随着时间的推移而变成低谷时。如果站在原地不动，问题或风险可能更大。因此人们站在不同的立场和观点上去解决问题会更好，这就成为我们需要掌握的一项技能。

混沌边缘

混沌边缘是一个介于规范和混乱之间的状态（Crutchfield 和 Young，1990；Beinhoffer，1997），当系统处于混沌边缘时这会变成一种准备状态，它可以很容易地对环境变化做出反应。混沌边缘状态更接近于混沌，这是系统在真正开始混沌行为之前的一个状态。处于混沌边缘状态的系统，其创造性和对环境的敏感性都很高。对于一个使用项目方法来完成全部或部分业务的组织而言，如果允许最大限度地利用内部和外部环境信息时，该组织就是处于混沌边缘的状态（Stacey，1996；Griffin 等，1999）。

对一个系统而言，混沌边缘是不断变化的。这种变化在某种程度上取决于在某个特殊的时间中最适合"风景"的道路崎岖程度。例如，你可能非常有序地在相对平坦的环境中向更适合的"风景"移动，而当你处于一个被平原包围的高山之上时，你就可以看得很远。在这种情况下，你就可以非常安全地通过山下的平原来到一座更高的山峰上。如果环境是高度结构化并且是很清晰的时候，你的关注点可以放在如何控制和提高管理的有效性上。在与上述情况相反的时候（如在崎岖的环境中），由于其他"高山"和"峡谷"的存在而使得你无法清晰地进行观察，因此你此时向更高的山峰移动就要少用些"规范"，并且由此去扩大自己的视野。在这种情况下，最明智的做法就是开展相关的调查与考察，从而获得对所处实际环境位置的认知，而更为重要的是获得那些可能存在于"丘陵"和"山脊"背后的你看不到的信息。

在任何时间和对于任何项目来说，混沌边缘的发生取决于项目环境以及接下来环境会发生的变化。例如,一个相对确定项目的混沌边缘是更接近于规范的状态,所以该项目在稳定的、被定义好的项目环境中就应当应用传统的项目管理技术,而且这些项目管理技术也是很有用。例如,项目工作分解和专业化分工以及明确项目的目标等传统管理方法和工具都是很好用的,这时人们就不需要开展探索性的项目管理活动。但是在项目环境的波动性较大、缺乏明确性的情况下,项目的混沌边缘可能更倾向于混乱状态。此时,项目团队必须对项目环境进行分析和认知,并尝试多种项目备选方案的选择,专业化项目管理只有在各方面的项目环境均比较稳定以后才会有用。

总结

以上主要讨论了如下观点:

系统多元化:在复杂性环境中开展项目管理活动需要具备从不同的视角观察系统的能力,并应用一系列的工具和方法来适合项目环境的需要。

复杂性的类型:基于项目复杂性的来源不同,人们可以将项目的复杂性分为四种类型,不同的项目复杂性都对管理提出了不同的挑战。

从规范到混乱:在规范和混乱之间存在着一个连续的过程,复杂性的系统展示了不同程度的规范和混乱。这种既不是完全规范也不是完全混乱的系统是最复杂的系统。

多重复杂性:所有的大项目和很多小项目都表现出不止一种类型的项目复杂性,认识到这一点非常重要。复杂性的项目也有简单的方面,这些简单的方面可以利用标准的项目管理方法和过程进行有效管理。

适合的情形:这个概念被复杂性理论学家用来描述系统中不同位置的优势。这个概念可以"山峰"和"峡谷"为例,来说明其不是静态的而是不断移动的。更高的"山峰"会意味着更佳的适合性,但这并非意味着一定要攀登上更高的"山峰"。因为为了到达高峰你可能不得不走完很多"山谷",这可能并不合算。

混沌边缘:这是复杂性理论学家开发的另外一个概念,这是在规范和混沌之间的节点,此时的系统有混沌的优点(即富有创造性),同时也有足够的规范可以遵循,以维持项目的凝聚性和专业化。

后续章节的内容

本书共分为两个部分:第一部分将探讨项目特定状态下的特征,这包括上述所总结的四种类型的项目复杂性，以及在组织环境中如何管理复杂性项目的问题。第二部分将分析一系列的复杂性项目的管理工具和技术，这些复杂性项目的管理方法、工具和技术都是从复杂性理论、设计理论、软系统思维和行为心理学、成人教育理论等中间开发出来的，它们可以用来管理各种不同类型复杂性的项目。

参考文献与进一步阅读资料

Anderson, P. (1999), "Complexity Theory and Organization Science", *Organization Science* 10:3, 216—323.

Arthur, B. W. (1989), "Positive Feedback in the Economy", *Scientific American* 262, 2.

Baccarini, D. (1996), "The Concept of Project Complexity — A Review", *International Journal of Project Management* 14:4, 201—204.

Beinhoffer, E. (1997), "Strategy at the Edge of Chaos", *McKinsey Quarterly*, No. 1.

Crutchfield, J. and Young, K. (1990), "Computation at the Onset of Chaos", in *Entropy, Complexity, and the Physics of Information*, W. Zurek (ed.), *SFI Studies in the Sciences of Complexity*, VIII (Reading, Ma: Addison—Wesley), 223—269.

Checkland, P. (1981), *Systems Thinking, Systems Practice*, Chichester, UK: John Wiley & Sons.

Checkland, P. (1999), "Soft Systems Methodology: a 30 — Year Retrospective", in Checkland, P. and Scholes, J. (eds.), *Soft Systems Methodology in Action*, A1 — A65 (Chichester, UK: John Wiley & Sons).

Checkland, P. and Howell, S. (1998), *Information, Systems and Information Systems — Making Sense of the Field*, West Sussex, UK: John Wiley & Sons.

Daft, R. L. and Lewin, A. R. (1990), "Can Organization Studies Begin to Break Out of the Normal Science Straight Jacket: An Editorial Essay", *Organization, Science* 1, 1—9.

Dooley, K. J. and Van de Ven, A. (1999), "Explaining Complex Organizational Dynamics", *Organization Science* 10:3, 358—372.

Eisner, H. (2005), *Managing Complex Systems: Thinking Outside the Box*, Hoboken, NJ: John Wiley & Sons.

Engwall, M. , Kling, R. and Werr, A. (2005), "Models in Action: How Management Models are Interpreted in New Product Development", *R & D Management* 35:4, 427—439.

Flood, R. and Jackson, M. (1991), *Creative Problem Solving: Total Systems Intervention*, NY: John Wiley & Sons.

Griffin, D. , Shaw, P. and Stacey, R. (1999), "Knowing and Acting in Conditions of Uncertainty: A Complexity Perspective", *Systemic Practice and Action Research* 12 (3), 295—309.

Harrison, F. L. (2004), *Advanced Project Management : A Structured Approach*, Aldershot, UK: Burlington, Vt: Gower.

Jackson, M. C. (2000), Systems Approaches to Management, NY: Plenum Publishers.

Kerzner, H. (2005), *Project Management: A Systems Approach to Planning , Scheduling and Controlling*, NY: John Wiley and Sons.

Lissack, M. and Gunz. H. (1999), *Managing Complexity in Organizations: A View in Many Directions*, Westport, USA: Quorum Books.

Lewin, R. (1992), *Complexity: Life at the Edge of Chaos*, NY: Macmillan Publishing.

Lissack, M. and Roos, J. (1999), *The Next Common Sense*, London, UK: Nicholas Brealey Publishing.

Maguire, S. and McKelvey, B. (1999), "Complexity and Management: Moving From Fad to Firm Foundations", *Emergence* 1:2.

McKelvey, B. (1999), "Complexity Theory in Organization Science: Seizing the Promise or Becoming a Fad?", *Emergence* 1:1, 5—32.

Midgley, G. (1996), "What Is This Thing Called CST?", in Flood, R. and Romm, N. (eds.), *Critical Systems Thinking: Current Research and Practice*, NY: Plenum Publishers, 11—24.

Midgley, G. (2000), *Systemic Intervention: Philosophy, Methodology, and Practice*, NY: Plenum Publishers.

Midgley, G. (2003), *Systems Thinking*, London, UK: Sage.

Mingers, J. (1997), "Multi-paradigm Multimethodology", in *Multimethodology: The Theory and Practice of Combining Management Science Methodologies*, Mingers, J. and Gill, A. (eds.), Chichester, UK:

John Wiley & Sons,1—20.

Mingers, J. (2003), "A Classification of the Philosophical Assumptions of Management Science Methods", *Journal of the Operational Research Society* 54, 559—570.

Payne, J. H. and Turner, J. R. (1999), "Company-wide Project Management: The Planning and Control of Programmes Of Projects of Different Type", *International Journal of Project Management* 17:1, 55—59.

Petzinger, T. (1999), "Complexity — More than a Fad?", in Lissack, M. & Gunz, H. (eds), *Managing Complexity in Organizations: A View in Many Directions*, Westport, USA: Quorum Books, 29—34.

Pidd, M. (2004), *Systems Modelling: Theory and Practice*, Chichester, UK: John Wiley & Sons.

Pinto, J. K. and Trailer, J. W. (Eds) (1999), *Essentials of Project Control*, Newton Square, PA: Project Management Institute.

Remington, K. and Crawford, L. (2004), "Illusions of Control. Philosophical Foundations for Project Management", IRNOP VI Conference, Turku, Finland, August 25—27 (Abo Akademi University Press).

Richardson, K. A. and Lissack, M. (2001), "On the Status of Boundaries, both Natural and Organizational: A Complex Systems Perspective", *Emergence* 3:4, 32—49.

Shenhar, A. J. (2001), "One Size Does Not Fit All Projects: Exploring Classical Contingency Domains", *Management Studies* 47:3, 394—414.

Stacey, R. (1991), *The Chaos Frontier: Creative Strategic Control for Business*, Oxford, UK: Butterworth-Heineman.

Stacey, R. (1996), *Complexity and Creativity in Organizations*, San Francisco, Ca: Berrett-Koehler Publishers, Inc.

Turner, J. R. (1999), *The Handbook of Project — Based Management*. 2nd. Edition, London, UK: McGraw-Hill.

Turner, J. R. and Cochrane, R. A. (1993), 'Goals-and-Methods Matrix: Coping with Projects with Ill Defined Goals and/or Methods of Achieving Them', *International Journal of Project Management* 11, 93.

Warfield, J. N. (1999), "Twenty Laws of Complexity: Science Applicable in Organizations", *Systems Research and Behavioral Science* 16,

3—40.

White, L. (2001), "Effective Governance Through Complexity Thinking and Management Science", *Systems Research and Behavioral Science* 18, 241—257.

Williams, T. M. (1999), "The Need for New Paradigms for Complex Projects", *International Journal of Project Management* 17, 269—273.

Williams, T. M. (2002), *Modelling Complex Projects*, Chichester, UK: John Wiley & Sons.

第一部分

复杂性的类型:特征与管理

第二章　管理中复杂性的来源

复杂性及其理解

在管理中复杂性是一个感知和模糊性的问题。某项目的情形是否具有复杂性特征,这与如何感知它有关。有些人可能没有看到项目的复杂性,这是因为他们的看法过于狭隘,或许他们所关注的只是单个的项目专业领域,忽略了其他的所有非直接相关的项目因素。还有的人对某项目情形的复杂性认识不足是因为他们在这方面有非常丰富的经验,非常清楚项目的目标何在,此时他们将其他项目外部信息看做"噪音"而忽略不计。

这种人在面对其他人所看到的项目情况复杂性时,能够从项目环境中挑选出主要的问题,然后轻易地解决这些问题,而这些项目问题对于其他人来说可能就是项目的"风暴"。此时,其他人(我们中的大多数)会看到项目的复杂性,只是不知道该怎样处理这种复杂性。我们可能会受到来自四面八方的攻击,与此同时所有的项目情况都在不断地发展变化。我们可能花了一半时间在追踪一条错误的项目线索,试图分析出哪些项目信息是主要的,哪些项目信息可以被忽略。这方面的更多的讨论可以参见 Lissack 和 Gunz (1999)的相关研究结果。

在中国,特别是在中国的明朝,人们建造了许多非常特殊的园林,这些是可以被称为世外桃源的园林。走在这样的园林中,你想不迷路那是非常非常困难的。当你在美丽的风景中徜徉时,找到出去的路就成为一个真实的挑战。通常,直到你看到了这个园林设计的空间透视图时,你才能完全理解其所有的复杂性。

在面临某种复杂的项目情景时,我们常常会不可避免地侧重于项目的某些领域,而排斥或轻视项目的其他领域。这是非常自然和必要的,因为我们的注意力在某一时刻只能集中于项目的某些领域。我们只专注于项目的某些领域,而将项目的其他领域留给其他人去处理。我们总是有意或无意地把事情和事件进行归类,从而能够把复杂的事情搞清楚。由于我们不能同时处理所有的事情,所以必须将注意力集中在最主要的领域,即能够指引项目方向的几个重要的核心领域上。在项目不断前进的过程中,还必须认清那些会引起这些核心领域变化的具体因素。

分类过程中引发的逻辑问题

为了帮助分析一个项目的复杂性,我们可以按照复杂性的来源将项目的复杂性分成四种类型,即结构复杂性、技术复杂性、方向复杂性和渐进复杂性。项目还可以采取很多不同的分类方法进行分类,如按照项目规模、项目成本、项目业主、项目风险、项目管理的部门、项目的技术特点以及项目管理的方法和项目目标是否明确等(Crawford 等,2006)进行必要的分类。

我们认为以项目复杂性的来源作为项目分类的标准是很有用的,因为项目的复杂性来源可以帮助我们分析并选择可能采取的项目管理措施。同时,除了项目的结构复杂性与项目规模大小有较强的相关性之外,其他的复杂性则可能会出现在不同规模的项目之中。例如,由于缺乏一致的方向以及项目时间限制引发的技术设计问题而导致的项目复杂性就可能在不同规模的项目中存在。这些项目复杂性的来源可能在工业领域中同样存在,甚至一些成本很低的项目对于项目业主来说也可能会有很高的风险,所有管理过具有政治敏感性项目的人都能发现这一点。然而我们承认,这些分类并不十分严格。它们可能存在交集,而且现实世界一直以来都对那些试图通过分类来划分界限的行为持蔑视态度。把所有事物都进行归类的风险就在于,总有一些情况和事件不属于任何提前分类的范围(Bowker 和 Star,1999;Foucault,1970)。

因此开展分类是有用的,但非常规范化的分类会导致某种遗漏,而且这时人们关注的重点就变成了分类本身,而忽略了所分各类之间的潜在共性,或者由于各种类别的合并而产生的更高级别分类,以及所分各类别之间的潜在共性,这些都是我们应当重点关注的系统性问题。

聚焦于复杂性项目

再回到复杂性项目的管理这一重点问题上来,鉴于我们无法一次性完成所有的项目管理工作,那么如何能知道哪些是应该关注的最重要的项目管理领域呢?这时候进行必要的分类就非常有用了,即使此时可能会造成分类的某种局限性问题。我们已经将项目的复杂性分为了四种类型,这样就可以帮助我们以结构化的分析方式去研究项目的复杂性。

管理复杂性的导航仪

当找到了正确的方向时,你就可以相对容易地解决项目的复杂性问题了,此时一个看起来复杂的问题会变得更为简单和更易于管理。有了正确的标记或标志,你就能够在"漩涡"中找到方向,此时你的注意力就可以集中在重要的事情上了。我们无法确切地告诉你能够使复杂的项目环境变得易于管理的标志究竟是什么,因为这是因事而异、因人而异的。然而你可以使用书中提供的工具和其他相对成熟的工具与方法去做,我们在本书中提到了一部分方法和工具,可以帮助你识别在某种特定环境下最重要的标记和方向。

对于项目的复杂性而言,没有神奇的公式,也没有通用的框架。然而,我们的研究表明,专家们倾向于采用适当简化的方法去建立一个相对直观的概念来理解某种复杂的情况。但是在此之前,你不得不对各种项目情况进行观察与评估,然后使用项目管理工具进行分析,并弄明白这究竟是怎么回事。

不同的视角

面对各种类型的项目复杂性,一个重要的管理技能就是能够在不同的分析层次之间进行转换视角的分析。人们既要从总体上对项目情况进行分析,也需要以具体的视角对项目情况进行分析。这可以被理解为一种"鹰"和"鼠"之间的差异,这种视角的转换不仅包括从细节的视角和从大局的视角去观察的能力,还包括选择不同的观察点以及如何在观察点进行必要观察的能力。

理论上讲,从整体观察一个系统可以看到系统的所有方面。但是,我们还必须认识到任何系统都可以从多个视角进行观察,从不同视角进行观察所强调的重点都是不同的,这样就会使你变得不盲目。因此我们的视角不仅要"向上"和"向下"移动,而且我们的观察方式也要改变,要站在不同的层面上去观察问题。当项目管理人员关注和干预某一特殊的项目情况时,这并不意味着下次他们还会以相同的方式或者在同样的平面上来重复这次管理行动。

举一个简单的有关标准项目管理方法或工具的例子,我们可以从组织的视角去使用组织分解结构进行项目管理。如果我们转变为另一个视角,侧重于项目的产出物或成果,则可以使用项目产出物分解结构去管理项目。这两种常规的项目管理方法或工具可以被看做一个整体,只是使用不同的视角来观察和管理项目。人们将注意力集中于项目的特定方面,这样任何管理工具都可以使管理者在不同层次结构的视角之间上下移动。当管理者的视角发生改变时,他们所使用的管理工具也要随之变化,但他们仍然可以在不同层面的层级结构视角之间上下移动(如图 2.1)。

　　许多情况下,适用的管理工具不止一种,轮流使用各种管理工具将有助于人们从不同的视角对项目进行观察,有助于项目在各种情况下寻找新的看法,从而在某种情况下使用新的方式进行观察并采取管理行动。在管理复杂性项目和项目群时,人们能够任意变换视角的能力就是一项十分重要的管理技能了,其中最简单的办法就是有意识地选择不同的项目管理工具或方法。

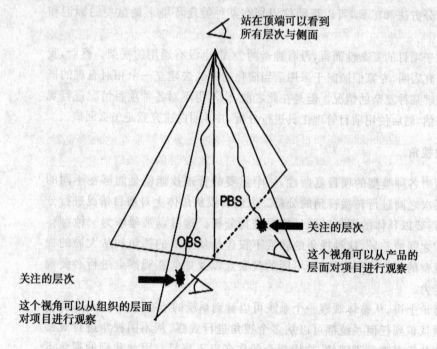

站在顶端可以看到
所有层次与侧面

PBS

关注的层次

这个视角可以从产品的
层面对项目进行观察

OBS

关注的层次

这个视角可以从组织的层面
对项目进行观察

图 2.1　视角的转变

对实践进行反思

　　对实际情况的反思是开发一种理解复杂性项目工作方法的最后一步,但是这个步骤常常被忽视或搁置,在繁忙的工作环境中这是完全可以理解的。然而,这一步骤的价值却是怎么强调也不过分的,因为为了提高和改进,我们必须对项目管理方法进行反思。这是指我们需要反复思考项目与这四种类型复杂性之间的联系,以及它们可能会如何随时间而发展变化。我们可以反思所选择的项目管理工具的有效性,以及以何种方式使用它们更为有效。我们也可以反思项目管理工具之间的关系,项目所使用的常规方法以及这些方法如何才能与具有某种复杂性的项目的需求相适应。对项目管理实践进行反思,是开展深入学习的一种最有效方法。

关于这种反思实践的文献非常多,有兴趣的读者可参考 Jarvis(1999)提出的如何将想法与实践进行结合的实用观点。行动研究(Action Research)领域还就如何有效地在思考和开展行动间形成循环提供了大量的知识和信息。Stringer(1999)提供了一个很好的相关文献综述,而 Checkland 和 Holwell (1998)详细描述了如何在项目开始前和实施中进行行动方面的研究,以促进其中的思考和学习。Baskerville 和 Wood-Harper(1998),Champion 和 Stowell (2003)与 Swepson (2003)等人还给出了许多有意思的、更为具体的说明和评论。

数量、模糊性与内部关联

人们要想更好地理解项目的复杂性,可以通过分析复杂性的来源实现。在通常情况下,项目的复杂性都是由于项目因素数量的不断增加和它们所具有的不确定性和模糊性之间相互作用、反馈而产生的。如果一个不确定性很少,且各种不确定性之间没有联系,那么项目的复杂性就很小。如果项目的大部分领域都是相对确定的,那么只需要处理其中一个领域的不确定性就比较容易了。例如,当一个项目的所有方面都进行了较好的计划时,那么这就不是一个特别复杂的项目环境,虽然项目仍然有一定的不确定性,即承包商每个单独的项目工作包完成日期的不确定性。

然而,项目环境的复杂性一般来说会随着各种项目不确定性因素数量的增加而上升,尤其是这些具有不确定性的项目领域之间还存在相互依存关系时更是如此。例如,当项目中具有多重相互联系的问题需要交由项目承包商处理,而项目承包商又不能给出一个确切的完成时间,这种项目管理的复杂性就明显增强了。项目的复杂性还源于项目中具有相互联系的各方面之间关系的模糊性。

人们在管理项目的复杂性时是存在临界值的,在这一临界值的范围内,项目环境中的复杂性很容易被理解。超过这一界限,各个有模糊性的项目领域之间的潜在联系,以及这些不同联系所产生的结果就使得人们无法一次性地完全掌握。当我们不断增加更多的项目模糊性元素时,项目就变得愈加复杂了。有时候,项目进入一个新阶段,它就会开始展示出一些突发的属性,如果将这些属性只看做项目的某个部分,项目整体的变化就无法预测出来,或者说此时项目就开始体现出非线性的发展变化了。这些项目的发展变化是由于项目中具有多种要素以及它们之间相互作用而产生的。

当你比较不同动物的大脑时,就可以看到类似的现象,如构成人类大脑和其他生物大脑的神经单元根本上是相似的。人的复杂性和与之相关的突发行为都与人类大脑的神经单元数量有关,因为大脑的大小决定了神经单元的多少。这些神经元通过各种可能的途径相互作用而形成复杂的网络,因此人的复杂性受到了神经单元数量的限制。然而,在神经单元的数量增长超过临界值之前,人并不可能出现突发行为的明显变化。这不是一个线性递增的过程,而是一旦超出临界值就会带来巨大飞跃的过程。系统所面临的潜在临界值可能有多个,当相互作用的系统元素数量超出某一临界值时,它们相互作用的可能性就会增加,因此系统中就出现了新的行为或突发行为。

在项目管理实践中,一个项目阶段的复杂程度与我们理解和预测整个项目系统行为的能力有关。项目的元素数量如果不超出临界值,那么我们就可以一次性看清整个项目系统,或者至少有足够的能力去认识整个项目系统在做什么。但是一旦项目的元素数量超过这个临界值,我们就无法知道整个项目系统的情况了,这就像我们无法一次性掌握人们大脑中的所有部分一样。有时监控不同项目元素之间的相互关系,或者确定它们中哪些是重要的项目元素,哪些是可以被忽略的项目元素,会变得不可能了。这也使得在不同分析层面上的分析以及在项目部分和整体之间的转换分析变得更为复杂了,此时,预测和理解项目新出现的特征与行为的能力会明显弱化。

设想有个项目就像图 2.2 中描述的那样,图中以黑色圈代表项目中被提前定义好的工作,这些项目工作是稳定的,或者说我们对这些项目工作非常有信心的。图中用灰色圈代表项目中不明确或不确定的工作,这种项目工作的不确定性可能与潜在的项目交付或完成时间以及可能的不同设计方案有关。为了能够更好地进行讨论,我们假设有四种可能的项目状态,即四种完成项目工作的可能状态。虽然项目的不确定性可能引发一些困难,但不太可能产生一个过于复杂的项目情况,尤其是在与这种不确定性相关的项目其他工作相对稳定和可预测的时候,更不太可能产生一个过于复杂的项目情况。

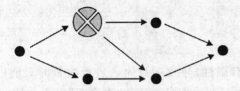

图 2.2　项目工作的 4 种可能性

　　图 2.3 与图 2.2 的结构相同,但这次有了三个模糊性的项目工作,每个项目工作都有四种可能。这三个项目工作是互相联系的,未来它们也会相互作用。这时项目计划就变得很困难了,因为在对项目后续工作进行计划之前,人们必须要解决项目每个工作的不确定性问题。然而,在这个案例中,仅有 64 种可能完成项目的方法(全排列的结果),因此在计划和管理该项目时这些不会是太大的问题。

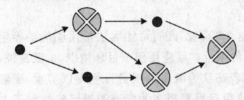

图 2.3　项目工作的 64 种可能性

　　图 2.4 所展示的是一个更大项目(包括了 15 个不同的项目工作)的模型,在这个案例项目中,8 个工作是不确定的,每个项目工作都有四种可能的状态。由于这 8 个项目工作的不确定性,从而就会产生 65536 种不同的完成项目工作的可能方法,这个数字已经是非常惊人的了。在这种项目不确定性的情况下,进行项目管理就必然会成为一个非常复杂的任务。

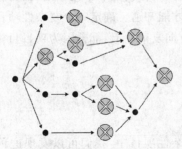

图 2.4　65536 种可能性,说明可能状态的急速增加

　　实际项目的状态会比上面图中所给出的情况更复杂。在进一步讨论这些问题的时候,我们很有必要简要说明一下其他学科在研究如何解决这类复杂性问题时获得的进展,比如在认知心理学和设计学等方面所获得的进展。

"满意"区间

由于时间和其他资源的有限性,导致项目团队进行决策时只能以"满意"为标准,即只能寻找"满意的"解决方案。这种"满意解"的概念是由赫伯特·西蒙先生提出的,这指的是当人们寻求问题解决方法和选择、判断这些方案时,只要能够达到一种"足够好"的状态(Simon,1957,引自 Kunda,1999)即可。在传统的理性管理决策理论中,通常会假定每个人都在寻找最优的问题解决结果。然而,西蒙先生则认为人们通常理性地寻找"最满意"的结果是不现实的,因为在寻找更好解决方案的过程中会花费更多资源,因此必须要考虑耗费这些资源所产生的成本。Middleton(1998)认为"满意"区间是解决问题的所有方案中的一部分,在这个区间中人们会就满意的解决方案达成一致的协议。

在一个复杂的项目中,这个"满意"区间可能无法给出明确的界定。人们可以将 Middleton(1998)的争论扩展应用到项目环境中,也就是说,当项目团队或核心项目利益相关者都认为既定的项目目标得以实现,或者虽然原有项目目标尚未实现,但该项目根据现在的标准衡量已经达到了人们的满意时,这一项目就可以结束了。项目团队在任意的项目阶段发现在新环境中继续解决某个项目问题已经是多余的,或者根本无法有效地解决该项目问题时,他们可以选择放弃项目。

在项目设计中,这种"满意"区间往往很难确定的,因为通常情况下人们的设计目标与标准都是未知的(Simon,1981)。例如,为满足一个新的细分市场需求而开展的汽车设计项目,其目标就是非常模糊的,因为新的汽车设计是否成功只有在新产品上市后才能知道。确定一个复杂性项目的"满意"区间,无论是在技术复杂性还是方向复杂性上,都会因为项目目标之间的相互联系或矛盾而变得更为复杂。

问题和解决方案的空间

在一个可能性不断变化的复杂性项目中,我们可以发现这种项目的范围是模糊的,因此人们很难给出确定的项目结果。在通常情况下,具有模糊性特征的项目其最终结果往往是处于一个可能的范围之中。这个最终结果可以被看做是在可能的多维空间中的一个点,而不是从预先设定的选项中做出的一种选择。对于项目来说,这可以被看做人们所面临问题及其解决方案的区域或空间。

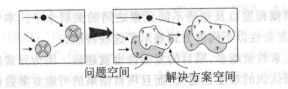

问题空间　　　　　解决方案空间

图 2.5　问题空间与解决方案空间的相互联系

项目中每个具有模糊性特征的方面都可以看做成对出现的问题空间和解决方案空间,两者都可能随着项目的发展而改变。问题空间就是现存问题的最终定义,可能会随着不断变化的客户需求而发生变化,或随着项目相互关联领域的发展而变化。解决方案空间则是人们寻找问题解决方案的范围,可能会随着问题空间的变化而变化,或随着既有资源条件下对解决方案的可行性分析而变化。

因此,一个项目的模糊性就不是在各种不同可能性之间进行选择,而是在能够找到的问题空间和解决问题方案的范围中做选择。这些空间范围都是具有可塑性的,而且随着项目的进展,其大小、形状和质量都可能发生变化。大多数项目工作包、项目任务或项目交付物都可以定义为问题空间和解决方案空间,即一个可能性空间,而不是一个确定的点。项目的每个部分都具有一定程度的模糊性,所以它们有各自的问题空间和解决方案空间。

在项目中,不同类型的模糊性会产生不同的影响,不同类型的模糊性导致了四种不同类型的复杂性。在后续的四章中将对这一问题进行详细讨论,每章讨论一种复杂性。

总结

本章讨论了以下概念:

复杂性是一种感知:有些情况下并非所有人都能看到项目的复杂性,这取决于人们如何看待它。虽然原因可能有所不同,但人们看问题的视角过于狭隘,或人们非常有经验,这就可能会认为项目不具有复杂性。

分类:如何进行事物的分类,以及通过这种分类来理解、沟通和控制世界,取决于在分类时所使用的方法。分类有助于沟通,但是也会使我们忽视项目的某些特征。

问题和解决方案的空间:一个项目中的问题和解决方案都可以被定义为一个可能的空间范围,人们在项目的整个生命周期中都可以探寻问题和问题解决方案的空间。

复杂性感知的来源:在管理情境下对复杂性的感知,来源于不同元素变

参考文献与进一步阅读资料

Baskerville, R. and Wood-Harper, A. T. (1998). "Diversity in Information Systems Action Research Methods," *European Journal of Information Systems* 7, 90—107.

Bowker, G. A. (1981). *The Sciences of the Artificial*, 2nd edition, Cambridge, Ma. and London: MIT Press.

Champion, Ca., and Stowell, F. (2003), "Some Common Ground that Can Provide a Basis for Collaboration between Action Researchers and Scientists: A Philosophical Case that Works in Practice," *Systemic Practice and Action Research* 16, 2, 99—111.

Crawford, L., Hobbs, B. and Turner, J. R. (2006), "Aligning Capability with Strategy: Categorising Projects to do the Right Projects and to do Them Right", *Project Management Journal* 37, 2, 38—51.

Dey, I., (1999), *Grounding Grounded Theory*, London, UK, and California, USA: Academic Press, 48—157.

Foucault, M. (1970), *The Order of Things: An Archaeology of the Human Sciences* (first published in 1966 in French under the title, Les Mots et les Choses. Paris: éditions Gallimard), London, UK: Tavis Targete Cost Publications.

Glaser, B. and Strauss, A. (1967), *The Discovery of Grounded Theory: Strategies for Qualitative Research*, Chicago, USA: Aldine.

Jarvis, P. (1999), "Global Trends in Lifelong Learning and the Response of the Universities," *Comparative Education* 35, 2, 249—257.

Kunda, Z. (1999), *Social Cognition: Making Sense of People*, Cambridge, Ma: MIT Press.

Lissack, M. and Gunz, H. (1999), *Managing Complexity in Organisations: A View in Many Directions*, Westport, USA: Quorum Books.

Middleton, E. (1998), "The Role of Visual Mental Imagery in Solving Complex Problems in Design," PhD Thesis, Queensland, Australia: Griffith University.

Simon, H. A. (1957), *Administrative Behavior: A Study of Decision—Making Processes in Administrative Organization*, New York: Macmillan.

Simon, H. A. (1973), "The Structure of Ill—Structured Problems," *Artificial Intelligence* 4, 181—201.

Simon, H. A. (1981), *The Sciences of the Artificial*, 2nd edition, Cambridge, Ma: MIT Press.

Stringer, E. T. (1999), *Action Research*, 2nd edition, Thousand Islands, Ca., London: Sage Publications.

Swepson, P. (2003), "Some Common Ground that Can Provide a Basis for Collaboration between Action Researchers and Scientists: A Philosophical Case that Works in Practice," *Systemic Practice and Action Research* 16, 2, 99—111.

Checkland, P. and Holwell, S. (1998), *Information Systems — Making Sense of the Field*, West Sussex, UK: John Wiley & Sons.

第三章 结构复杂性项目

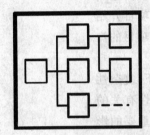

"它们如何结合在一起,我们才可以管理?"
"我们如何追踪所有事情之间的联系?"这些问题都
与结构复杂性有关。当面对这种类型的复杂性时,
你可能会听到或想到下面的这些话:

你不能只见树木不见森林。

我们如何协调这些可怕的事物?

这些事情不可能进行计划安排。

潜在的风险太多了,以至于我们无法进行跟踪或控制。

我如何把这一切都放在大脑中去综合考虑呢?

太多的事情都在同时发展变化。

我们发现的结构复杂性项目多数属于大规模的工程项目、建筑项目、IT 项目和国防项目等,因此这些项目都可以被分解成很多小型项目任务或者独立的项目合同单元。我们经常使用清晰的层级界定方法来管理这类项目,因为它们有复杂的结构和很多相互作用、相互依赖的项目部分。我们不得不定义和管理这种项目中的无数个风险,这就使得人们在把握项目风险管理方面觉得很困难,因为某个项目风险会与其他的项目风险产生连锁反应。对于规模庞大的项目而言,大量互相作用的项目任务意味着会产生非线性的行为,这就使人们管理和控制项目变得非常困难。

在第一章中我们曾提到过这种项目复杂性——错综复杂的一种复杂性。项目的复杂性来自人们需要管理和跟踪大量互相作用和相互联系的项目任务,其中最主要的挑战涉及项目组织、项目计划、项目的相互依赖、项目合同管理、对项目风险的跟踪、确定项目各部分的相互联系以及关联风险的管理。

复杂性理论术语的解释

　　具有结构复杂性的项目有许多项目组成元素(如子项目)与其他非复杂性项目的元素非常类似,尤其是在那些类似行业中的项目更是如此。当项目各个元素被分开时,人们会发现好像没有什么项目的复杂性。即使当五六个这样的项目元素在同一项目环境中运作时,仍然没有任何过高的项目复杂性。然而,当我们不断增加项目元素的数量时,一些重要的变化就会发生了。当项目元素数量超过某一临界值时,项目就会跨过一个门槛而进入另一个状态,从而成为一个结构复杂性的项目。这种结构复杂性项目开始展现出突发性的特性,对原始状态的依赖性增加,而且结构复杂性项目的沟通和控制方式也变得非常特殊。

　　在第一章中我们引入了这样的观点,即在既定项目管理情境下,复杂性是一个与项目元素数量、项目元素之间的关系以及项目元素模糊性有关的函数。其中,区别结构复杂性项目和其他类型复杂性项目的一个重要的影响因素就是模糊性这一特性。

　　图3.1代表项目在某一时点的状态,图中有六个互相联系且具有模糊性的项目元素,每个项目元素都代表了项目的不同问题及其解决方案。它

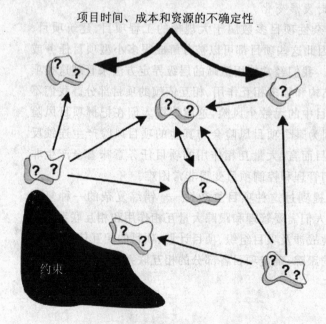

项目时间、成本和资源的不确定性

约束

图3.1　结构复杂性项目的不确定性

们代表的是从项目六个相互关联的问题中提出的解决方案,如成立六个子项目团队等。在图 3.1 中也有一些项目的约束,这表示那些无法实现的项目解决方案。这些项目解决方案之所以无法实现,有可能是因为项目客户的需要,有可能是因为项目环境的约束,或者是项目时间、成本、资源的约束等。

这些项目中的复杂性是什么

结构复杂性项目中的复杂性与其他类型的复杂性从本质上是不同的,这种结构复杂性项目的复杂性来自项目时间、成本、资源需求等方面的不确定性。即使项目每个元素的范围、时间和成本都可以被很精确地估计,但它们之间的相互联系可能意味着在项目元素范围、时间、成本和质量中某个方面的变化而可能引起一系列相关项目元素的反应。虽然任何单个项目元素的不确定性水平都不高,但是诸多项目元素之间的大量相互联系会产生项目的复杂性。

项目时间、成本和资源的估计与计划都是项目管理的核心问题,许多在这些领域中所开发的项目管理技术都是很专业的,所以这些项目要素都能进行相当精确的估计。同样,通常在项目开始之前,人们就已经对这些项目解决方案的空间进行了很精确的定义。

由于项目的问题空间和解决方案空间都是可以准确定义的,所以就有可能同时出现许多相互关联的项目领域,结果使得项目变得非常大。项目中各种事物的突发效应会使事物在相互作用领域中出现模糊性,这会使项目变得更为复杂,这种项目的复杂性不可能仅仅通过对于某个子项目的预测来完成。

管理项目时间、成本以及资源不确定性所需的组织结构通常是非常特殊的组织形式,在结构复杂性项目中人们要对组织的科层结构进行很明确的定义。组织系统和子系统通常是以正式的管理结构形式出现的,组织各子系统之间通常也有明确的分界线。

沟通

结构复杂性项目的沟通方式也是非常独特的。需要指出的是,项目管理相关文献中所说的沟通是指如何通过对沟通进行计划安排,使信息传递更加有效,从而达到项目目标并监控项目绩效。但是在复杂性理论中,沟通指的是信息在系统中的子系统之间如何传递,以及在整个系统和系统环境之间如何传递。

结构复杂性的项目通常有规范的沟通渠道,这种沟通渠道是正式的,在传递那些由稳定的系统规则所生成的信息时是十分有效的。由于该系统在通过特定方式传递特定信息时非常有效,因而在传递特定信息过程中的信息渠道几乎成为必要的硬件,通过这种渠道系统可以对一些系统外部刺激进行及时响应。例如,为了保证项目信息的安全,人们就需要定义由谁负责获得项目信息。然而,如果根据预定的规则而导致项目关键人员不能获得真实项目信息的话,这种信息系统就可能无法及时有效地根据项目变化而做出反应。

当沟通系统有很强的规则约束时,这个系统就会对所传递的信息有很高的选择性。其他的信息将会被正式沟通网络所完全忽略掉。需要指出的是,在这种网络中有效传递信息的能力与有效获得任务所需特定信息的能力不具有相关性。人们完成一次性任务所需的信息通常来源于非正式的网络,即组织成员间的某种互动网络。

结构复杂性项目中的沟通途径往往就是由小规模团队根据自己已经完成的相似项目经验,使用"输入－输出"模型来确定的。如果人们发现所确定的沟通方法和途径没有效率,他们就会为了完成项目工作而建立非正式的信息沟通途径。项目越大,非正式的沟通途径在系统中运作的可能就越大。如果正式的沟通渠道不能满足项目沟通的需要,而只能提供那些并非项目团队所需的信息,那么人们就需要寻找更有效的信息沟通渠道和来源。如果非正式的信息渠道与正式渠道获得的信息存在偏差,这就有可能使项目团队对信息的准确性失去信心,从而影响项目工作的效率。

控制

在复杂性理论中,控制指的是系统维持稳定的能力。这与其他项目管理文献中对控制的解释有很大不同,项目管理文献中提到的控制指的是依据项目计划而实现项目绩效。

在结构复杂性项目中,如在工程项目、建筑项目和国防项目这些大的项目中,引入行为开发和协议的模式通常会导致系统非常顽固地保持其原有的形式。项目组织成员的角色和责任通常有严格规定,这种相互联系的组织模式将阻止项目整个生命周期中变化的发生。这时的项目内部控制一般都很明确且管理周密,这有利于维持项目既定形式的稳定性。

结构复杂性项目的适应能力一般不会太强,只有项目某个部分能够对项目环境的变化做出反应,然而一般规模的结构复杂性项目很难作为一个整体而对环境变化做出很快的适应。设想一下,如果你试图抱起一只熟睡的小猫,虽然你手中托起的那部分已经离开了地面,但是猫的其他部分还是会松弛地留在地板上。我们用这个比喻说明结构复杂性项目所表现出的适应性方面的惰性,而且由此会产生积极和消极两方面的影响。

　　例如,假设一个很大的结构复杂性项目的某个子系统(如子项目的工作团队)发现了项目环境即将发生显著变化的证据,这就要求整个项目必须做出必要的改变。这时,一个结构复杂性项目却只能慢慢地作为一个整体来适应这种项目环境的变化,这就像改变一个在海上航行的大型集装箱船的路线一样。结构复杂性项目通过必要的结构性变化来改变系统的方向,而这种改变是非常困难的。然而从更积极的一面来看,假设结构复杂性系统中出现了错误,比如子系统反应过度或者系统特性被弄错了,此时结构复杂性项目就可能会比较容易地消除各种不利影响。由于大多数项目系统都在正常工作,因此受影响的项目子系统也就会较容易地回到正确的轨道上来。

　　结构复杂性项目缺乏适应性这一点与项目系统内部的沟通有关,沟通渠道是项目系统基本的构成要件,即使该项目系统能够有效地传递一些特殊种类信息,但其所传递的也只是项目的部分信息。因此这些项目沟通渠道在某些情况下可以使整个项目系统快速得到预警信息,而其他情况下这些项目信息就必须通过非正式的网络才能获得。整个项目系统只有这时才能对这些非常具体的风险预警信号做出快速反应。

对初始条件的敏感度

　　一个项目的初始状态可以影响项目定义的方式以及项目前进的方向。一旦确定了初始状态,结构复杂性项目就变得很刚性了,此时项目将义无反顾地向着后续项目阶段前进,而不管项目环境发生了何种变化。我们仍然可以使用大型集装箱船改变方向的过程为例,一旦这种大船开始实施掉头的命令,大船就开始聚集其动力,此时要想停止大船的掉头就会变得越来越困难。结构复杂性项目会对某一项目初始状态产生依赖,其惰性会使项目继续朝着这一方向前进,即使这个方向会带着项目进入一个错误的方向。

规范与混乱

　　假设项目几乎没有外部影响导致的变化,项目系统越接近规范就越易于管理。对结构复杂性项目而言,混乱边缘是一种比较接近规范的状态。随着项目系统中混乱行为的增加,由于存在一些偶然性的单个项目因素,这就使得项目系统非线性的、突发的行动影响快速增加。如果结构复杂性项目的内部太过混乱,项目系统就可能会瓦解。虽然结构复杂性项目对外部环境的影响有很强的缓冲能力,但它们很难根据项目环境变化情况的要求而做出变革。这就意味着,如果项目环境变化过大,或者项目内部过于混乱,项目系统更有可能会分裂而不是出现重组。这种现象在大规模项目和实行严格控制的官僚结构中时有发生(Stacey,1991)。

　　轮船建造项目就是一个很好的例子,这属于一种结构复杂性的项目。虽然在实践中人们致力于在船舶建造、构建或者重大改造之前去解决所有的技术问题,但是这种造船项目非常庞大、复杂和昂贵,而轮船建造本身又是一次性或有时间限制的,所以这种项目更强调市场反应时间,以及船坞设施的可获得性。轮船的修复和改造项目也是造船行业中很大的一部分,许多造船厂采用的都是职能型组织结构以实现工作效率最大化的目标。在不断寻找其他有效组织方式的过程中,造船厂也会选择裁减工作人员。环境保护的法规也增加了对造船项目管理的限制,尤其是对各种造船废物排放的管理越来越严格了。由于项目并行工作在整个项目供应链的各个阶段都会存在,因此项目网络计划应该是多层次的,很多项目活动需要并行开展。对项目成本和项目专业化程度要求的提高,导致一个造船项目很少能由单一的造船厂自己来完成。

　　复杂性还来源于项目人员、团队和独立的项目组织。为了管理这些项目的要素,通常要求有一个复杂的组织层级的监管制度,正如造船项目需要有非常严格的层层审计一样。项目结构复杂性产生于大量互相作用的项目活动,这些项目活动可能在工期、成本和质量问题方面互相影响。同时,这种项目活动的沟通网络也是非常复杂的。

　　人们必须对所有项目的关键部件进行严格检查和试验,如果一个项目组件有故障,就可能会影响其他数百个相关的项目部件。因此人们必须严格进行项目质量检查,由此而产生的项目信息量也是十分巨大的。

　　项目信息传递和项目决策过程都很容易发生延误和错误,原因在于项目需要沟通的信息量巨大,甚至还需要在多个造船厂之间进行沟通。目前人们已经开发出了一种特殊的船舶制造项目的模拟程序,由此可以将船舶建造项目的管理和决策过程可视化,以管理这种项目活动之间的相互依赖性(McLean 和 Shao,2001)。

　　假定已经确定了项目所需要获得、安排、归类、检验的人、组织与构成要素的数量,那么我们就会期望该项目能在严格的正式组织中完成。我们必须对项目沟通的网络进行仔细计划,如果要保持项目计划的合理性,我们就需要对项目沟通系统进行控制。然而,由于当前的组织发展趋势是最大限度地减少冗员,因此项目系统就会缺乏冗余,这意味着如果一个关键技术人员有几天不在的话,就会引起项目系统的重大延误,而且就可能使事态升级,甚至使得这一事态的紧急性急速增加。另外,支持正式项目沟通网络的非正式沟通系统也会被破坏,这就更加暴露出了项目正式沟通系统的不足之处。

项目管理的挑战

　　结构复杂性项目的管理挑战是围绕项目组织及其管理而产生的,这包括项目沟通、项目计划、项目的相互联系和项目合同管理。这些挑战发生在项目的实施过程中:如何使一个定义明确且非常刚性的组织在对抗项目环境影响的同时,又能够具备适应项目环境变化的能力?

　　结构复杂性项目还有一个制约因素,就是许多结构复杂性项目的预算都很高,因此就会受到相关公众的监督。所以项目的关键利益相关者对项目预算、时间框架以及如何管理风险等问题都有非常高的确定性要求。事实上,项目的确定性是很少能得到保障的,但项目的高管和经理们经常在项目生命周期的早期就期望可以使项目有足够的确定性。这就需要通过管理控制来影响项目获得系统的选择,结果往往会采用比较保守的项目方案,这些保守的项目方案会给人一种假象,即该项目方案是非常保险的。正如许多作者,包括 Flyvbjerg (2003) 和 Williams (2002)等人所提出的那样,那些大而结构复杂的项目的失败比例确实是很高的,特别是在项目成本超支方面的失败更是这样。

关键的项目阶段

　　结构复杂性项目的关键阶段通常分布在整个项目过程之中,但是项目早期阶段(如项目定义阶段和项目可行性研究阶段)常被认为是非常关键的阶段。结构复杂性项目失败的一个主要原因就是没有很好地进行项目的选择决策和项目的成本估算,如果在项目可行性研究阶段,人们因为政策和社会的压力等原因而没有充分理解、开发和描述项目的范围或者未能进行充分分析就开始实施项目,会导致无法对项目所需的时间与资源进行充分评估与选择,结果人们也就无法开展详细的项目成本分析和预算(Flyvbjerg, et al. , 2003)。

　　另一个导致项目失败的主要因素是没有做好项目的风险分析,这主要发生在项目的规划和实施阶段。在项目实施阶段中,一旦项目风险被触发,人们必须很快做出如何应对项目风险的决定。在项目风险应对的过程中,项目经理很容易出现只考虑当前项目风险而无法对项目全局做出判断的问题。Terry Williams (2004)充分说明了这方面的相关问题,项目风险应对行动本身会进一步引发其他风险。如果项目的基础概算和风险分析不全面的话,项目经理就会因为缺乏有力的信息和资源而无法迅速做出风险应对的决定。一旦大量项目风险积聚在一起,非线性和难以预测性等突发性的项目风险特征就会显现出来。

同时,由于突发的项目风险事件要求人们做出快速的应对决策,而对任何一个正常人来说,快速高效的风险应对决策往往都难以保证其有效性与准确性。然而不幸的是,由于很多项目有尽快上马的压力,使得项目计划的制定比较匆忙,结果通常会造成项目实施过程中的负面影响。同样,由于过分关注项目完工方面的问题,导致人们对于项目实施过程中的风险相关问题关注不够。

实施中的支持

对结构复杂性项目而言,项目实施中最重要的支持是在项目的可行性研究阶段进行详细的项目选择、成本估计和风险分析。这可能意味着项目发起人必须设法挡住那些想冲进项目中的利益相关者,以确保项目团队有空间和时间来完成项目财务决策所需的详细计划。这通常需要有较大的影响力,也需要有巨大的勇气才能提供这种支持。

行政支持在项目实施阶段和项目移交阶段也是至关重要的,因为在这些阶段中项目经理每天都要监测项目的风险,他们必须能够依靠快速有效的程序和决策方法来控制项目成本和时间的偏差,管理由此而引发的各种项目风险。

另外,在项目实施阶段和移交阶段,项目团队成员往往由于过于关注项目的日常细节而忽视项目总体。项目实施发起人在这些阶段中需要发挥重要作用,使项目团队意识到那些在更广泛的项目环境中存在的对项目产生影响的问题,使他们能够提前做出应对项目风险的计划并准备好应对项目风险。

项目经理能力

项目经理的能力包括许多传统的项目管理能力,如项目规划能力、项目时间安排能力、组织和整合众多项目任务和活动的能力、把握大局以及观察项目细节的能力、强有力的项目合同管理能力等。然而,对于结构复杂性项目的项目经理而言,他还需要进行创造性的思考,当项目风险发生时能够在各种可能的选择中迅速做出反应。这就需要项目经理保持多视角的项目关注。许多学者都提到过这种不断变换关注视角的能力,把这种能力形容为在"直升机不时降落过程中观察细节问题"的能力,或者在"老鹰与老鼠"的视角之间转换的能力(Turner, 1999)。本书中的一些项目管理方法和工具就是旨在帮助项目经理和他们的团队打破针对细节的思维方式,并通过其他分析框架对项目情况进行分析。

从事结构复杂性项目的项目经理要对项目的特定情况进行评估,然后迅速果断地采取行动,这往往需要很大的勇气。研究证明,在这类项目中,迅速做出决定优于推迟或没有决定,即使只做出一小部分决定也会是错误的。因为,缓慢决策所造成的延误会引发更多的危险。项目经理必须有充足的能力使用所有标准的项目管理规划、控制工具,包括先进的进度计划技术和成本控制技术,如挣值法等。另外,项目经理还应该有足够的组织和财务方面的知识(Lundsten and Zimmerman,2006)。

在对大型软件项目进行调查的过程中,Verner et al.(2007)发现从项目开发者的观点来看,如果项目经理从一开始就参与项目各个方面的计划,那么项目成功的可能性越大。这项研究的结论得到了许多学者的支持(Cleland 和 Ireland,2006;Pinto,1998)。

团队支持

一般情况下,项目团队成员都来自高度专业化的领域,如工程调度、合同管理、项目评估、成本管理、质量控制、风险管理,以及负责维护文件控制系统和报告程序,因为完成项目任务需要非常高的准确性和对项目细节的关注。

很多人对职业倾向的测试持批判态度(尤其是 Mischel,1996),因为大多数人都会倾向于选择细节性的工作或总体性的工作。通常在项目团队内部,特别是在工程项目和 IT 项目等领域,人们都会对项目细节或项目总体性的工作有更大的偏好。虽然在管理控制过程中关注细节是至关重要的,但对项目细节的关注也就意味着项目团队成员可能不太倾向于对项目工作采取多视角的观测方法。这可能会导致对超越边界的系统问题的忽视。项目经理必须寻求新的方法来跟踪多界面的问题,这些问题不会干涉或影响团队中完成细节性工作的成员。这种方法可能是非常简单的,例如召开讨论界面问题的日常会议。另外,项目团队中可能有额外的、具有整合功能的团队成员,他们善于联系团队成员和其他与项目有关的人员,协助项目经理认清跨界面的问题。因此最大限度地减少项目团队成员以节约成本是不合理的,一些冗余的项目团队成员对于团队安全、可持续性和知识管理是必要的,特别是当项目持续时间很长时。

财务问题

结构复杂性项目的规模非常大,通常预算额也很高。这些项目预算有可能与政府、组织的资金周转或者其他外部制约因素有关,也有可能与这些因素无关。对非常大的项目进行成本控制的实际记录并不好(DeMarco,

2005)，但是现在有大量的有关项目成本估算或项目成本管理领域的文献（Humphreys，2005；Loch.，2004；Goodpaster，2004）。

一些因素会导致项目成本估算的结果很差，如在项目可行性研究阶段人们会缺乏足够的时间和资源，这一问题我们在前面已经讨论过了。此外，当项目成本提高时，人们除了以更加严格的方法进行项目成本估算和风险成本规划外，项目管理者和促进者需要转变态度，针对潜在的项目风险采用更现实的方法，并且需要更多的项目不可预见费，从而在项目成本提高时能够有效地实现利益相关者对项目的预期。研究者们需要识别出更多合理的项目不可预见费，以及由于项目预算估计过于乐观而带来的项目风险（Dillon 等，2005；Flyvbjerg 等，2003）。

在项目实施过程中，人们必须时刻注意对各种偏差的控制，从而使项目利益相关者可以随时掌握可能出现的项目费用突然增加的情况。项目挣值管理是一种将项目时间和项目成本联系起来的管理工具，它可以将项目进度拖延的结果用项目成本来进行衡量。这种项目管理工具可以帮助项目管理者预测项目进度偏差而带来的项目成本偏差结果，从而始终将项目作为一个整体进行全面管理（AS 4817－2006；Budd 和 Budd，2005；Fleming 和 Koelman，2005；Webb，2003）。

进度问题

对于结构复杂性项目的进度进行计划、安排、监测和控制，是一项重要任务，也是高度专业化的项目管理任务，这需要有充足的资源以及合适的管理人员。在建筑项目和工程项目中，项目进度控制是一种专业化的职能。但在其他行业中，通常是由于人力资源不足，这项管理任务只能留给项目经理来做。在项目管理实践中有一种现象并不罕见，那就是为了项目能够获得批准而制定项目进度计划，在项目批准后就将这种计划放在抽屉里了，而不是对这种计划定期更新。因此，项目进度计划往往没有作为项目的控制和预测工具而予以充分利用。

项目进度计划表是一种有效的项目管理控制工具，在使用这种管理工具时人们需要详细了解如何准备和使用项目网络计划方法，包括项目的时间网络和关键路径法。管理结构复杂性项目时，人们还需要掌握项目相关专业的知识，使用最高端的项目调度软件去监测项目的进程。在某些行业中（如国防项目和大型工程项目领域），人们十分赞成使用项目进度计划的方法，这包括项目工期的计算及其概率的估计（如项目计划评审技术和相似的技术等）。在大型结构复杂性的项目中，人们需要的全面项目进度计划可能不止一个。项目进度计划与项目范围、项目成本、项目风险和项目质量等均密切相关,因此项目进度方面的风险会引发或导致复合的项目风险事件,通常每次项目进度计划更新都是由于某一项目风险导致的复合项目风险所造成的。由于这个原因,结构复杂性项目的进度计划必须不断地进行审查和更新,这项管理工作通常每天都需要进行,从而人们会发现可能影响项目结果的偏差。在建筑和工程行业中,这种做法很常见,但在其他行业中这种密切关注项目进度的现象并不常见。最近建筑项目和工程项目管理公司成功地进入了 IT 项目管理领域,原因就在于他们强调对大型结构复杂性项目进行项目进度管理。许多优秀的教材中都有关于大型项目的项目进度计划技术的阐述(Lester,2006;Cleland 和 Ireland,2006;Lewis,2005;Lock,2004)。

项目活动的快速跟进(如并行工程),在最终项目设计和详细项目计划完成之前就要开始,以便使用这种方法去满足项目关键利益相关者的要求。在快速跟进的项目活动中,由于项目复杂性的来源不断增加,项目的总体复杂性水平会以指数形式快速增加。快速跟进项目会具有较高的成本超支倾向,因为它们可能会遇到上述所有四种类型的项目复杂性,即技术复杂性、方向复杂性、结构复杂性和渐进复杂性。在快速跟进的项目中,成本超支和进度拖延问题已经成为诸多项目管理学者所研究的课题(Eatham,2002)。

风险问题

在结构复杂性项目中,项目风险会迅速升级,人们需要准备和公布一个详细的项目风险管理计划。通常,项目风险分析所生成的项目风险清单是进行项目风险应对决策的基础,每一项项目风险应对决策都具有一定的独立性(Edwards 和 Bowen,2005)。随着在项目风险分析中识别出的风险数量的增加,忽略项目风险之间内在联系的问题也会急速增加,所以在识别和管理项目风险时要避免只见树木不见森林的倾向。项目风险是可以识别和应对的,但是不可以预先确定项目风险的发生概率,有时一些平时常用的项目风险识别技术(包括专家判断法等)也不一定可靠,因为专家有可能被过去的经验所带来的思维定式所限制。

在结构复杂性项目中,风险将以新的突变方式进行组合,通过正反馈循环或者恶性循环使它们升级到十分危险的程度。利用基于清单和矩阵的线性分析技术来识别潜在的项目风险与风险组合是件很困难的事情,Ackerman(1997)和 Williams(2003)等人使用因果图和系统动力学来调查工程项目工期推迟风险的主要原因,这些技术方法也可以用于辅助对恶性循环和潜在项目风险的特征进行分析和预测(Williams,2004)。

在大型项目的实施过程中,通常的做法是使用一些管理技术(如蒙特卡罗模拟法),利用概率模型来预测项目风险对项目进度的影响。然而就像Williams（2004）所指出的那样,人们所使用的这些技术可能会因为项目经理的自身行动而被破坏,因为项目经理会过快地采取项目风险的应对行动,而他所采取的这些行动会被大多数概率模型所忽略。

采购的影响

项目承包商的选择、招标与合同管理程序一般都有风险,而这种选择和招标中的风险与缺乏严格的项目估计有关。如前所述,这可能是由于在项目初期阶段没有留出充足的时间所导致。对项目采购问题进行创造性的思考和提供多种选择方法是非常重要的,尤其当主要的项目所需商品或劳务的供应商是一个垄断厂商时更是如此。

对结构复杂性项目的管理,通常需要采用传统的采购方法和制度,并进行严格的定期监督,在某些情况下(特别是能对项目进行充分界定时),标准项目采购系统就可以提供最有效的方法去实现对项目合同的控制。然而,当项目风险事件增加时,可能需要中止直接受到影响的项目合同、项目相关的合同和下游的项目合同,从而中止整个项目的实施过程并对项目的可行性和发展方向重新进行分析与决策。自1960年以来,大多数项目合同中都包含了"业主自行解除合同"的条款,该条款赋予项目业主在情况表明项目需要中止或停止时,或者在项目需要进行重新评估时,拥有中止项目合同的权利。然而,下面我们会提到为什么这一条款项下的这种权利并没有得到充分利用。

一些结构复杂性的项目目前正在成功地通过共同合作进行管理(如合作伙伴关系或联盟),而不是以标准项目合同来管理(Dua, 2006)。然而,这些管理方法中也存在着问题,特别是在与文化变革相联系的项目方面,如人们相互的"信任"就很难实现,这一点长期以来一直是有争议的(Zhang 和Flynn, 2003)。

困境和结果

在结构复杂性项目中,人们需要对很多的困境进行观察。因为落入这些项目困境中就可能会造成毁灭性的结果。

人们往往对项目初始阶段没有给予足够的重视,导致对项目时间和项目成本估计不准确。当然,这种问题也可能是项目外部各方的压力造成的。

在项目实施过程中有一种倾向,就是把重点放在细节上,而忽视了对全局的关注。同样,人们往往也缺乏系统的项目风险调查,而且经常依赖线性的项目风险分析技术,这种技术无法对突发的项目风险进行分析。这样就可能导致人们无法获取关于潜在项目风险反馈循环以及由此产生的项目突发性特点的信息。

　　还有一种倾向,就是人们忽视了那些超出传统项目界限和专业领域的新问题,此时组织中的争端必须快速解决,以避免混乱的局势在组织内部蔓延进而影响项目风险应对。上述这些因素都可能会带来某种恶性循环,而一旦信息正反馈回路被打破以后,往往会造成项目状态的突然改变,即在前一分钟一切似乎还比较顺利,但是突然间项目危机就从四面八方袭来了。

参考文献与进一步阅读资料

Ackerman, F., Eden, C. and Williams, T. (1997), "Modelling for Litigation: Mixing Qualitative and Quantitative Approaches", *Interfaces* 2, 48—65.

AS 4817 — 2006, *Project Performance Measurement using Earned Value*, Sydney, Australia: Standards Australia.

Budd, C. I. and Budd, C. S. (2005), *A Practical Guide to Earned Value Project Management*, Vienna, Va: Management Concepts.

Cleland, D. I. and Ireland, L. R. (2006), *Project Management: Strategic Design and Implementation*, NY: McGraw-Hill.

DeMarco, A. A. (2005), "Six Steps to Project Success", *Cost Engineering* 47:9, 12—14.

Dillon, R. L., Pate-Cornell, M. E. and Guikema, S. D. (2005), "Optimal Use of Budget Reserves to Minimise Technical and Management Failure Risks During Complex Project Development", *IEEE Transactions on Engineering Management* 52:2, 382—395.

Dua, R. M. (2006), "Making Performance Happen using Collaborative Working Arrangements in the Construction Industry", *IRNOP VII Proceedings*, Xi'an, China: Northwestern Politechnical University Press.

Eatham, G. (2002), *The Fast Track Manual : A Guide to Schedule Reduction for Clients and Contractors on Engineering and Construction Projects by the Fast Track Projects Study Task Force*, Loughborough, UK: European Construction Institute.

Edwards, J. and Bowen, (2005), *Risk Management in Project Organisations*, Sydney. Australia: UNSW Press.

Fleming, Q. W. and Koelman, J. M. (2005), *Earned Value Project Management*, Newtown Square, Pa: Project Management Institute.

Flyvbjerg, B. , Bruzelius, N. and Rothengatter, W. (2003), *Megaprojects and Risk: An Anatomy of Ambition*, Cambridge, UK: Cambridge University Press.

Goodpaster, J. C. (2004), *Quantitative Methods in Project Management*, Boca Raton, Fla: J. Ross Publishers.

Gould, F. E. (1997), *Managing the Construction Process : Estimating, Scheduling, and Project Control*, Upper Saddle, NJ: Prentice Hall.

Grant, R. M. (1996), "Toward a Knowledge—Based Theory of the Firm", *Strategic Management* Journal 17-Special Issue, 109—122.

Grey, S. (1995), *Practical Risk Assessment for Project Management*, Chichester, UK; Brisbane, Aust: John Wiley & Sons.

Harrison, F. L. (2004), *Advanced Project Management : A Structured Approach*, Aldershot, UK: Burlington, Vt: Gower.

Humphreys, K. K. (2005), *Project and Cost Engineers' Handbook*, Morgantown, W. Va: AACE International; NY, USA: M. Dekker.

Lester, A. (2006), *Project Management, Planning and Control: Managing Engineering, Construction and Manufacturing Projects to PMI, APM and BSI Standards*, Oxford, UK: Butterworth-Heinemann.

Lewis, J. (2005), *Project Planning, Scheduling, and Control: A Hands—On Guide to Bringing Projects in on Time and on Budget*, NY: McGraw-Hill.

Loch, C. , De Meyer, A. and Pich, M. T. (2006), *Managing the Unknown: A New Approach to Managing High Uncertainty and Risk in Projects*, Hoboken, NJ: John Wiley & Sons.

Lock, D. (2004), *Project Management in Construction*, Aldershot, Hants, UK; Burlington, VT: Gower Publishing.

Lundsten, D. J. and Zimmerman, S. E. (2006), "The Financial Aspects of Project Management", *Contract Management* 46:4, 14—21.

McLean, C. and Shao, G. (2001), "Simulation of Shipbuilding Operations", Manufacturing and Visualisation Group (NIST) in Peters, B. A. , Smith, J. S. , Medeiros, D. J. and Rohrer, M. W. (eds.), *Proceedings of the 2001 Simulation Conference*, Gaithersburg, USA.

Mishcel, W. (1996), *Personality and Assessment*, Mahwah, NJ:

Lawrence Erlbaum Associates.

Nicholas, J. M. (2004), *Project Management for Business and Engineering: Principles and Practice*, Amsterdam; Boston: Elsevier Butterworth-Heinemann.

Perrow, C. (1984), *Normal Accidents: Living with High Risk Technologies*, NY: Basic Books.

Pinto, J. K. (Ed.) (1998), *The Project Management Institute: Project Management Handbook*, San Francisco, Ca.: Jossey-Bass Publishers.

Project Management Institute (2005), *Practice Standard for Earned Value Management*, Newtown Square, Pa: Project Management Institute Inc.

Stacey, R. (1991), *The Chaos Frontier: Creative Strategic Control for Business*, Oxford, UK: Butterworth-Heineman.

Turner, J. R. (1999), *The Handbook of Project-Based Management*. 2nd Edition, London, UK: McGraw-Hill.

Verner, J. M., Evanco, W. M. and Cerpa, N. (2007), "State of the Practice: An Exploratory Analysis of Schedule Estimation and Software Project Success Prediction", *Information and Software Technology* 49:2, 181−193.

Webb, A. (2003), *Using Earned Value: A Project Manager's Guide*, Aldershot, Hants, UK; Burlington, VT, USA: Gower Publishing.

Williams, T. (2002), *Modelling Complex Projects*, Sussex, UK: John Wiley & Sons.

Williams, T. (2004), "Why Monte Carlo Simulations of Project Networks can Mislead", *Project Management Journal* 25:3, 53−61.

Williams, T., Ackermann, F. and Eden, C. (2003), "Structuring a Delay and Disruption Claim: An Application of Cause-mapping and System Dynamics", *European Journal of Operational Research* 148:1, 192−204.

Wysocki, R. K. (2003), *Effective Project Management: Traditional, Adaptive, Extreme*, Indianapolis, USA: John Wiley & Sons.

Verner, J. M., Evanco, W. M. and Cerpa, N. (2007), "State of the Practice: An Exploratory Analysis of Schedule Estimation and Software Project Success Prediction", *Information and Software Technology* 49:2, 181—193.

Zhang, H. and Flynn, C. (2003), "Effectiveness of Alliances Between Operating Companies and Engineering Companies", *Project Management Journal* 34:3, 48—52.

　4

第四章　技术复杂性项目

与这种项目复杂性相关的问题通常是:"我们如何完成这项任务?""我们如何解决这项技术或设计问题?"

当你遇到这种类型的项目复杂性问题时,你可能会听到或想到如下问题:

其他地方没有出现过这种问题。

我从未遇到过这种问题。

以前从未有人做过这项工作。

我们如何才能解决这个问题?

技术复杂性的项目通常存在于那些特殊设计或技术尚不完善的项目中,制定这种项目决策时虽然可以以其他项目的历史经验为依据,但项目团队不可能找到完全可依赖的范例。在技术复杂性项目中存在有许多风险因素,如最终解决方案没有找到、项目产出物或服务没能交付的风险都是真实存在的。但通常来说,在认识到项目利益相关者期望、时间、成本、设计者及技术专家的声誉等约束条件的情况下,这些项目问题总会通过某种途径得到解决。这种项目的目标通常是尽早找到项目中技术问题的解决方法,以便顺利地完成整个项目。但这个目标并非总能顺利地实现,因为随着时间的推进,项目技术问题的拖延会提高项目的复杂性水平。这类项目复杂性中最困难的地方之一,就是黑箱问题以及随着对每一设计问题范围的掌握程度不断提高而产生的设计者和技术专家们对项目的控制权问题,同时项目的紧迫程度也是影响项目困难程度的主要因素之一。

在项目管理中要求项目有明确的终止条件,否则项目将被视为一种失败。但在技术复杂性项目的设计中,项目终止条件的确定成为特有的难题,因为理想的项目结束条件总是被不断重新定义,从而人们必须不断地继续探索解决项目问题的方法,尤其在没有一个公认的决定项目何时应该终止的标准,或者没有一个判断某个问题解决方案是否正确的标准时更是这样。简单的对错或最优解的判断对此类项目复杂性问题是没有意义的,只有可行解才更适用于此类项目问题。

复杂性理论术语的解释

技术复杂性项目本质上不同于其他复杂性项目。在第一章中我们曾经提到,对项目复杂性的感知取决于相关项目复杂性因素的数量,以及它们之间的相互联系与模糊性。

结构复杂性项目由大量相互联系的项目要素或子项目组成,其复杂性就来源于大量项目要素的相关关系。而项目技术复杂性的来源相对比较简单,在技术复杂性项目中,各项目要素之间的模糊水平异常高,这种模糊性与结构复杂性项目中的模糊性存在本质上的差异。在技术复杂性项目中,不确定性及模糊性区间是指我们怎样能够找到解决项目问题的方案,以及各种不同的潜在项目问题解决方案会对项目其他各组成部分产生何种连带影响的问题。如图 4.1 所示。

技术及解决方案的不确定性

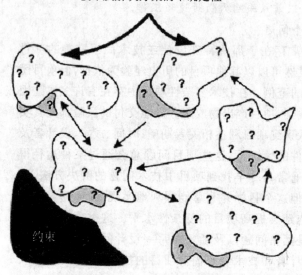

图 4.1　技术复杂性项目的不确定性

技术复杂性项目的不确定性

在技术复杂性项目中,问题解决方案的区域(白色表示)远大于问题的区域(灰色表示),因为技术复杂性项目的复杂性来源于各种项目问题解决方案的不确定性。在这种类型的项目中,我们知道需要做什么,但是却不知道如何去做。

在技术复杂性项目中,各个项目因素都存在着大量的可能结果,因为任何一个项目因素的不确定性都非常高,因此整个项目的复杂性就会急剧升高。所以技术复杂性项目虽然比结构复杂性项目的不确定性因素少,但却同样难以管理和控制。

结构

技术复杂性项目的管理结构通常是非常扁平化的,这种类型项目的团队成员通常拥有很高的专业技术并且十分重视自己的自主权。使用"专业技术团队"这个词可以很好地定义这种项目团队的特点,负责不同职能的项目团队往往对自己的工作部分拥有很高的自主权。在这种项目中,通常会有一位名义上的领导,但这个领导往往会以非正式的、平等的方式行使自己的权力,所以项目管理控制权力通常都是建立在默认的个人或团队的专家身份之上的。每个项目管理子系统通常会有基于专长权的完善的内部角色划分,并且能够很好地维持内部的这种秩序。例如,在一个电影制作项目团队中,角色和职责的划分会非常明确,演员、设计师、音乐制作都会有明确的专业技能领域划分。

技术复杂性项目中,不同团队的内部结构可能是不同的,因为每个团队都有各自不同的协同工作方式。项目组织的内部结构会因团队成员及其所从事的工作而自然形成,最重要的是这种项目管理内部结构能够支持各个团队去完成各自的项目管理工作。

沟通

技术复杂性项目中的沟通方式是丰富而混乱的,其特征是非正式的会议和讨论非常多。实际上,项目所需的许多重要信息都是通过非正式的沟通网络形成的。当然,正式的沟通网络也是有的,但与结构复杂性项目相比,技术复杂性项目的沟通网络结构化水平和规范约束都会弱一些。因此,这种网络能形成更多样化的信息流,甚至有时在这种项目的许多案例中都找不到正式沟通与非正式沟通的明确区分界线。

项目信息传递的频次和强度是呈周期性变化的,在类似设计评价会或产品会议这种项目的节点上,项目信息的共享会变得最为强烈。而在这些项目节点之间,沟通看起来要混乱一些,每个团队在不同的项目工作任务中朝着不同的方向努力。这种以节点为界的扩张与收缩交替出现并不断重复的沟通模式,在复杂性理论中被称为"周期性吸引"。

正如结构复杂性项目中会有许多半自治的团队一样,如果各个团队之间的沟通不足,就会产生团队之间进展不同步的危险。在这种情况下,项目各团队会以自己的速度水平向前推进,并认为其他团队也会根据他们的进度自动协调自己的工作。

控制

正如上一章所述,复杂性理论中的控制不同于传统项目管理对控制的解释,它不再强调事先确定项目目标、标准和尺度,而是更注重项目系统应对环境变化的能力和维持项目组织结构的能力。沟通为技术复杂性项目提供了一种控制和维持项目系统形式的手段,因为沟通可以使不同的团队保持方向的一致性,而缺乏团队间方向的一致性是维持项目系统内部完整性的一大威胁。

虽然在技术复杂性项目中不同团队会在各自的专业领域中分别开展工作,但有效的沟通可以在他们之间实现项目信息的分享,诸如找到了初步的探索性解决方案、发现了新的不确定性领域以及已经解决了哪些不确定性问题等。如果要使项目作为一个整体随着项目的进展过程而不断改进的话,那么必须进行定期的沟通,因为这会为每个半自治性的团队提供机会,使他们在项目设计过程中考虑进这些新的信息。

在沟通节点上的一致性控制是最必要的,因为此时的信息沟通更正式一些,而且能更及时地根据项目情况变化做出决策。这些节点为各团队提供了一个检查自己是否在与他人朝同一方向前进的机会。也就是说,如果他们必须做出调整,那么所有团队都会同时做出反应。项目的设计过程是否能够成功取决于人们是否能创造出新的想法,所以我们需要去识别和把握这些在项目设计过程中出现的机会,而这些节点就提供了这种识别和把握项目机会的可能性。此外,定期沟通的重要性还体现在能确保没有团队落在后面,不过在这一点上现在还是存在一定的争议,因为项目设计团队有时会非常专注于他们自己部门的问题而忽视项目其他方面的信息。

规范与混乱

相对来讲,技术复杂性项目的混乱程度总是比结构复杂性项目高。这种项目的混乱边缘更接近于混乱,而且各种不同类型的团队从事着独立但存在内部联系的项目工作。这种项目会有很大的不确定性,而且易受项目环境变化的影响,并且会不断出现新的问题,所以这种项目需要同时在多个方面探索合适的问题解决方法。

尽管技术复杂性项目相对混乱,但如果项目要生成一个可行的结果就必须保持一定程度的内在一致性。项目不能太过混乱,否则会发生项目风险并失掉项目总体的一致性。这里最大的危险是不同的团队在自己的项目设计过程中都想脱离项目的整体，这样就会使从事同一问题不同方面工作的团队分化成多个独立的团队，再也无法形成一个整体。

但如果项目过于规范化，或项目的管制太多，人们的创造性就会被束缚。情形之一就是不同团队间出现了不平等的权力关系，人们开始在专业领域以外行使自己的影响力。例如，在一部电影的拍摄过程中，如果制作人对导演失去了信心，他就有可能去干预导演的工作。类似的，一些高艺术水准的演员也能控制导演。然而，大多数导演都会声称，一部好的影片是需要经过思想的碰撞而产生的。

项目管理的挑战

技术复杂性项目对项目管理的主要挑战是，在维持一个稳定的项目进度计划的同时，支持人们去试验和发现问题的解决方案。近期的研究结果表明，结构是重要的，但过于严格的结构会抑制创新的产生。这些与之前的研究结论正相反，认为对正式角色定义的依赖降低了人们不按规范做事的可能性，从而使人们的试验积极性和创造力大减（March 和 Simon，1958）。Kiesler 和 Sproull（1982）认为详细的规则和过程为新信息的解释搭建了一个框架，并降低了相关数据由于相似性而被忽略的可能性。而另一方面，Katz 和 Alien（1985）发现某些种类的规范（如正式的激励系统）会使工程师和科学家意识到结果的不确定性，从而非常谨慎地对待他们的试验。Benner 和 Tushman（2003）也发现，书面的规定和严格的管理系统可以把组织推向高的生产力水平，但同时也减少了人们对新想法的追求。对于上述问题，我们将在"时间关联性的半结构化方法"这一章中做进一步的讨论。

在早期或关键步骤中必须分配充足的项目设计和开发时间，尽早识别项目技术复杂性的水平是非常重要的，因为这样才能依据实际情况设置项目的里程碑。这通常意味着项目管理者需要抵御项目各利益相关者，从而为项目设计者提供工作空间，确保项目设计者步入正轨。但是这一点有时非常难做到，特别是当其他利益相关者（如市场营销部门）已经承诺交付时间或存在上市时间时，就会变得十分困难了。

关键的项目阶段

技术复杂性项目的关键阶段是项目的创新和设计开发阶段，因为如上所述，这些项目阶段可能产生拖延。项目的创造阶段通常会涉及项目的其他相关主体（如研发团队），他们的兴趣在于发现新的市场需求，而市场营销部门则会向有需求的客户预售概念产品或最终产品。尽管项目设计者付出最大的努力,但是否能解决项目的技术或设计问题,并在向客户承诺的时间和预算内完成项目的风险始终是存在的。

在某些产业(如制药业),人们能很好地适应这种不确定性,他们的正常预期认为只有很小比例的想法能转变为上市产品,因此研发失败而造成的相关损失会被管理者划入年度预算中。但是在其他产业中(如工程咨询业),每个项目设计问题都预期有满意的解决方式,而这类项目中的挑战在某种程度上就在于如何构架出实际的项目问题解决方案。

另一个关键的项目阶段是项目细节的设计与开发阶段,在这个项目阶段中,人们将搭建模型或蓝本并进行必要的测试。到了这个项目阶段,项目资源已经全部投入,并且人们对项目结果已经有了大致的期望,这个阶段的成功主要取决于怎样就解决问题的方法与项目关键利益相关者进行沟通。这一项目阶段将会同时发生大量的项目活动,并且这些项目活动往往是交叉进行,而不是依次进行的。

例如一年一度的穿越澳洲沙漠的低能耗汽车拉力赛,它主要是为低能耗汽车的设计竞争而设的。这不仅吸引了来自大学的团队,还有一些厂商的队伍也参赛。为了更好地理解其整个过程中所涉及的结构性问题,我们对一支来自大学的参赛队伍观察了两年多的时间并得出了结论(Remington, 2004, 2005)。在这种低能耗汽车的设计和开发过程中,工业设计和工程团队分别就汽车的不同部分展开工作,项目的各阶段并不是顺序展开而是交错展开的。这些项目阶段包括定义项目范围、探索和开发解决途径、建立模型来验证想法、抛弃那些无效的想法以及重新定义问题。所有这些项目活动复杂地循环反复,在外界看起来很是混乱。这种项目工作效率最强的组织结构是完全基于对项目角色和责任的严格定义而产生的,并以项目里程碑和常规项目会议的形式清晰、定期地予以强调,这些会议把非正式的沟通活动以正式的形式表现出来。项目经理发现,如果他们支持这种沟通方式并为项目团队的工作提供空间,项目团队就可以最有效率地完成工作。如果他们试着去应用更严格的管理流程,那么设计团队会消极地回应并更加难以管理。

实施中的支持

像制药业这样擅长管理技术复杂性项目的企业,同样需要对项目产出物有比较现实的期望。这就需要企业实行具有可实施性的政策和程序,以求在项目生命周期中使设计阶段的效用最大程度地发挥出来。选择合适的项目检查点以对项目进行正式评估,这是一项常规的管理实践活动。在这些检查点对项目进行评估后,也许需要采取终止项目的措施。项目终止的措施是非常必要的,其作用是确保那些在特定约束条件下已经不具备技术可行性的项目不再继续实施下去。

像影视拍摄这样的领域,拍摄师和设计专家们以扁平化的组织结构联系在一起,从而支持不同技术问题或设计专业问题的解决。在扁平化的组织结构中,项目主管采用横向方式传递和共享信息,以支持人们开展创造性的项目。对于这种产业来说,这种扁平化的组织结构优于那种有着多层决策职责的功能性层级式组织结构。

项目经理能力

项目经理需要在技术复杂性项目的沟通和关系管理方面有高水平的管理技能,尤其需要有能力去保护、培育和激发设计、研发项目团队。项目经理要有能力就关键设计问题在项目利益相关者之间进行沟通,并在整个项目设计阶段有效管理他们的预期。项目经理同样需要有在关键时刻终止项目设计阶段的魄力,因为当设计者发现项目"最佳"解决方案"就在拐角处"时,他们将非常困难地就"满意"的项目解决方案达成一致。但是经验表明,设计者和研究人员常常是积极性非常高的人,而且他们对项目的最后截止时间非常熟悉,因此项目经理必须在信任的基础上进行沟通,并给予这些项目设计者必要的自治权利。与此同时,项目经理在任何时刻都应当掌握设计团队的工作进程。

在技术复杂性项目中,项目经理同样可以扮演非常有用的集成者角色。这种能力可以决定他们何时有机会在设计团队中开展信息交换,而这一点对于项目的成功是非常关键的(Büchel,2005)。

项目团队支持

在演出和设计产业中,项目团队应该有较高的专业技能并有高度的自治权,大多数项目设计团队抵制任何一种微观形式的管理。在某些产业中(如 IT 业中),对于项目自治权大小的把握对整个项目系统结构来说都是很重要的,这甚至会影响项目经理在自治权和项目完工期限两者之间所能达到的平衡(Sonnenwald 和 Lievrouw,1997)。

虽然项目团队成员间的沟通经常发生,但仍然会存在着某些问题。在一项对新西兰通信业项目设计团队的调查中,Whybrew 等(2002)发现工程和市场职能部门之间的沟通存在缺陷,与此同时,不断明确的项目任务和整个产品开发过程中的概念化设计活动之间的沟通也存在缺陷。这项由 Büchel(2005)支持和协助的调查研究,同样使得 Büchel 得出了这样的结论:新产品开发的项目团队工作不仅需要明确地管理项目团队的内部关系,还要管理组织和组织间的关系。强有力的内部项目团队网络和众多的外部联系都有助于项目的成功,而在项目团队和他们的内部利益相关者之间建立知识网络,对于项目成功的作用则不十分明显,但是对这种需要认识不足则可能意味着一些重大分歧无法在项目中及时地被发现。

由于有已经确定的产品上市时间的压力,设计者会围绕这一要求开展工作,这在全球范围的虚拟项目团队工作中并不罕见。这些虚拟项目团队面临着独特的沟通和整合方面的挑战,这方面的问题已经成为了很多研究者的研究对象(Duncan 和 Panteli, 2001)。

项目财务问题

由于技术复杂性项目的存在,基于产业性质的项目财务问题是项目复杂性的一个重要来源。同时,项目结果的不确定性使这些项目的筹资变得非常困难。正如上文所述,一些产业(如制药业)有着大量的研发项目的历史经验,已经开发出有效的管理手段来管理和控制复杂技术产品研发项目过程的成本。这种项目的阶段数量取决于项目不确定性的水平,而项目管理过程中的检查点数量则取决于项目所设置的阶段节点数量,这会随着识别出的项目复杂性水平的上升而增加。在这类项目中,人们都假设技术复杂性项目的大部分会以失败告终,因此为这样的项目筹资多数是基于整个项目群开展的,而不仅是基于单个项目。

技术复杂性项目要考虑的主要问题是能否继续进行该项目,以及在项目看起来已经无法收回投资时何时把它停下。项目净现值(NPV)在项目决策制定和产品研发中仍是一个经常使用的管理工具,但由于没有适当考虑项目的不确定性和流动性(如项目的高废弃率),这种方法经常受到批判(Vlahos, 2001)。决策树分析是一种基于概率的期望运用方法,它实现了对研发项目各阶段更为有效的度量。现有可以替代决策树分析的另一种方法是实物期权法,一项把金融工具运用于非金融资产的评估方法,这种方法鼓励管理者更多地考虑有风险项目的价值(Reupper 和 Leiblein, 2001)。Davis (2002)已经研究出一个评价产品开发项目的工作框架,被叫做"带有风险调整的项目净现值法"。这种方法调整了项目净现值(NPV)的计算方法,将项目风险因素的可能性也考虑了进去。这种方法用从 5(高风险)至 1(低风险)来表示项目风险的等级(Davis 对此方法的完整解释,2002),在考虑了风险之后,结果将会以项目内部收益率(IRR)的形式给出,而非以简单的调整后的净现值来评估项目。

项目进度问题

存在未知项目因素时,编制精确的项目计划是非常困难的。人们要找到满意的解决方法就必须考虑项目时间、成本等多个因素。了解项目关键利益相关者对项目设计问题的理解也是非常重要的,这样经理们才能期望找到最佳的项目解决方案。

正如上文提到的那样,使用项目里程碑比那些详细的项目计划(如网络图等)更能有效地对项目进行管理(Turner,1999)。项目里程碑的选取主要基于对项目决策点情况的评估,因为项目信息交换发生在主要的项目决策点上,此时应当对项目进行鸟瞰并决定是继续进行项目还是放弃整个项目。在何时、何处设置项目决策点,这取决于项目复杂性水平、结构化的风险以及专家和设计团队的专业水平。让项目设计团队参与制定项目里程碑计划是非常有帮助的,这样能使他们对项目中所有主要的里程碑有十分清楚的认识。

但是,制定项目决策的方法应该根据项目的不确定性水平而变化。Van Oorshot 等(2005)发现从项目整体上来看,产品研发项目中的设计工程师更擅长评估项目工期,但是某些种类的项目工作包除外。造成项目工期拖延的主要原因往往是由于少数几个项目工作包的工期很难评估,因为它们的不确定性非常强。因此,人们在这些项目活动中应留出一定的富余时间。

在低不确定性的产品研发项目中,项目是一个由项目工作包所构成的稳定网络。每个项目工作包的时间和资源需求都能精确地予以确定(Wheelwright 和 Clark,1992)。常规的项目进度计划方法(如关键路径法和项目计划评审技术等)用在这里正好合适(Meredith 和 Mantel,1989;Ulusoy 和 Ozdamar,1995)。但是当项目复杂性较高时,精确地制定项目时间和资源计划就不现实了。因此,详细的项目计划更适用于不确定性小的项目。项目不确定性与项目计划的详细程度成反比。项目进度计划应当从简单的项目里程碑开始(Turner,1999),当产品开发项目里程碑完成以后再制定完整的项目流程网络图。

项目风险问题

对于项目财务控制而言,项目风险管理最好通过一个整体的"控制门径"来进行。对于高不确定性的新产品开发项目,Khurana 和 Rosenthal(1997)认为应当通过充分的项目风险应对计划,以及创造多种产品的概念和并行开发等多个替代性的解决方案去解决,甚至在产品或项目子系统开发中引入相互竞争的项目设计团队。在项目开发过程中，由于跨职能部门去解决问题，工程师将发现新的问题或机会。人们新发现的问题通常会是一些在项目起始时无法预见的新问题，这可以通过"控制门径"的方法有效地予以解决。

技术复杂性项目的理想状况是在项目开始投入实施之前的初始项目设计阶段就把大多数项目问题解决了。但通常情况下，人们要求尽快开始项目实施的压力远远超过解决问题并完成详细项目计划的愿望。在这种情况下，重要的是在明确签署项目合同之前就将项目所涉及的风险告知项目各方。项目的高风险经常表现为技术问题尚未解决就开始项目实施而发生的项目费用超支。现行的一些工程技术（如快速追踪）就是一种在设计产品各零部件的同时，工程师便开始实施项目的技术。这种技术会使公司产品在推向市场的速度方面远远超过之前的水平，然而就像采用快速追踪的工程和建造项目一样，此时实施的工程项目会给项目开发过程带来相当大的不确定性和相关的项目风险。

当项目合同已经开始实施但项目设计仍未完成时，新出现的项目设计问题可能导致人们需要对已经开始或完成的项目工作进行变更。那些受到影响的项目工作包就常常会影响到其他分包项目合同或项目工作包，从而导致项目工期延误和项目成本不断上升，特别是当延误的项目工期需要被追回的时候。

项目采购问题

有两类主要的项目采购问题与技术复杂性项目有着特殊的联系。其一是当技术还于开发过程中，人们应如何更好地进行项目采购管理。传统的项目合同管理系统需要在项目产品已被完全设计好并且制定详细的合同条款后才能付诸实行。因此，技术复杂性项目的第一个阶段也许应该采用联盟或合伙等非传统的项目合同形式，在这种项目合同形式中，项目相关利益主体们共享项目关键成功因素并得到最好的项目实施效果。但是大多数的研究结果指出，为了实现技术创新，组织内部合作的方式会具有潜在的优势，可同时也会带来如何保障这种合作安全的问题（Gerwin 2004），包括投机性行为的风险和较高的合作成本等。Faems等（2006）的研究认识到，为了减轻这种投机性行为的风险和削减合作的成本，人们需要确定正式的项目治理机制，但他们同样也担心严格的项目治理机制会阻碍创新。因此他们希望这种联盟可以结构化，而这种结构化中也包含了一种嵌入式的关系，从而允许某些异质性的存在，由此保持正式与非正式项目治理机制之间的平衡关系。

第二个项目采购问题发生在并行工程或快速追踪的项目中,在这种问题中通常会牵涉到在所有技术或设计问题的全套解决方案确定之前,人们就需要签订项目合同的问题。项目经理必须保证项目合同会按照这样的原则去编制,即通过项目范围的界定条款去避免承包商从项目变更所造成的返工中谋取某种利益。

困境和结果

有一些项目困境是值得我们进行思考的。研究结果表明,依靠先前的项目经验可能会产生某些盲点。这往往被称为"技术专家综合症",即人们只依靠现有的专业技术知识,而不去思考解决项目问题的其他方式或方案。

还有一种倾向,技术专家在推进项目的过程中,没有充分考虑组织中其他单元重要人员的意见。我们一方面要给技术专家留出开展工作的空间,同时也要确保所有开发出来的技术解决方案能够使项目客户满意,人们必须在这两者之间找到一种平衡。

组织目标也有可能在项目开发过程中丢失,发生这种情况的主要原因有两个:把重点放在寻找一个最佳解决方案上或对项目问题的定义出现错误。如果项目设计者专注于寻找最好的解决办法而不是一个满意解,那么项目目标就可能会变成技术创新本身,而不是原始的服务于组织的战略目标。此外,这种方式往往是耗费时间和金钱的,因为有些项目设计师可能很难放弃找到完美解决方案的可能性。如果人们花太多时间去试图找到最佳的项目设计方案,而在这个过程中项目环境限制可能已经改变了,此时即使人们找到高度专业化的、漂亮的项目解决方案也不再会有效了。

把重点放在项目技术解决方案上可能会意味着对于项目问题的定义出现错误。例如,如果我们需要解决的是从 A 到 B 的问题,此时结构工程师可能会考虑如何建一座桥梁,而从其他视角出发的人们可能会提出不同的解决方案。同样,项目顾问可能通过与组织中的一部分人交谈而提出一个解决方案,该方案能很好地满足这些特定的最终用户的要求,但无法有效地与其他潜在利益相关者的要求相适应。例如,"好"对程序员而言可能意味着有效率的程序代码,而对于最终用户而言则可能意味着在屏幕上能够清晰看到和操作。

重要的一点是,一些不同的项目利益相关者之间的观点是否可以达成妥协,而且大家的项目满意区间是实时的,是大家通过协商得到的,而不是某些人事先设定的。

参考文献与进一步阅读资料

Benner, M. J. and Tushman, M. L. (2003), "Exploitation, Exploration, and Process Management: The Productivity Dilemma Revisited", *Academy of Management Review* 28, 238—256.

Büchel, B (2005), "New Product Development Team Success: The Team's Knowledge Network Makes a Real Difference!", *Perspectives for Managers* 129, 1—4.

Davis, C. (2002), "Calculated Risk: A Framework for Evaluating Product Development", *MIT Sloan Management Review* 43:4, 70—77.

Duncan, E. and Panteli, N. (2001), "Virtual Team Working: A Design Perspective". *IEE CONF PUBL* 481, 115—119.

Faems, D., Janssens, M., Bouwen, R. and Van Looy, B. (2006), "Governing explorative R&D alliances: Searching for effective strategies", *Management Review* 17, 9—29.

Gerwin, D. (2004), "Coordinating New Product Development in Strategic Alliances", *Academy of Management Review* 2, 241—257.

Katz, R. and Allen, T. J. (1985), "Organizational Issues in the Development of New Technologies", in P. R. Kleindorfer (ed.), *The Management of Productivity and Technology in Manufacturing*, NY: Plenum Press, 275—300.

Kiesler, S. and Sproull, L. (1982), "Managerial Responses to Changing Environments: Perspectives on Problem Sensing from Social Cognition", *Administrative Science Quarterly* 27, 548—570.

Khurana, A. and Rosenthal, S. R. (1997), "Integrating the Fuzzy Front End of New Product Development", *Sloan Management Review* 38, 103—120.

Lester, D. H. (1998), "Governing Explorative R&D Alliances: Searching for Effective Strategies. Critical Success Factors for New Product Development", *Research Technology Management* 41:1, 36—43.

March, J. G. and Simon, H. A. (1958), *Organizations*, NY: John Wiley & Sons.

Meredith, J. R. and Mantel, S. D. Jr. (1989), *Project Management: A Managerial Approach*, Singapore: John Wiley & Sons.

NASA, "Flight Systems and Ground Support Projects, 6.1.1", Procedural Requirements (undated, accessed 20-12-06), http://nodis3.gsfc.nasa.gov/displayDir.cfm? Internal_ID=N_PR_7120_005C_&page_name=Chapter6.

Remington, K. (2004), "Managing creativity: Observations on the UTS Ecodesign Projects, 2004", Working paper series, Colloquium, University of Technology Sydney, Australia.

Remington, K. (2005), "Managing creativity: Observations on the UTS Sunrace Project, 2005", Working paper series, Colloquium, University of Technology Sydney, Australia.

Reupper, J. J. and Leiblein, M. J. (2001), "Real Options: Let the Buyer Beware", in Pickford, J. (ed.), *Mastering Risk*, Vol. 1 Concepts, Upper Sandle River, NJ: Prentice-Hall, 79—85.

Sonnenwald, D. H and Lievrouw, L. A. (1997), "Collaboration during the Design Process: A Case Study of Communication, Information Behavior, and Project Performance. Information Seeking in Context". Vakkari, Savolainen, R. and Dervin, B (eds). *Proceedings of the International Conference on Research in Information Needs, Seeking and Use in Different Contexts, August* 1996 (Tampere, Finland; London, UK: Taylor Graham).

Turner, J. R. (1999), *The Handbook of Project—Based Management*, 2nd Edition, London, UK: McGraw-Hill.

Ulusoy, G. and Ozdamar, L. (1995), "A Heuristic Scheduling Algorithm for Improving the Duration and Net Present Value of a Project", *International Journal of Operations & Production Management* 15, 89—98.

Van Oorschot, K. E., Bertrand, J. W. M. and Rutte, C. G. (2005), "Field Studies into the Dynamics of Product Development Tasks", *International Journal of Operations & Production Management* 25:8, 720—739.

Vlahos, K. (2001), "Tooling Up for Risky Decisions", in Pickford, J. (ed.), *Mastering Risk*, Vol. 1. Concepts, Upper Sandle River, NJ: Prentice-Hall, 47—52.

Wheelwright, S. C. and Clark, K. B. (1992), *Revolutionizing Product Development: Quantum Leaps in Speed, Efficiency and Quali-*

ty, NY: The Free Press.

Whybrew, K, Raine, J. K, Dallas, T. and Erasmuson, L. (2002), "A Study of Design Management in the Telecommunications Industry", Proceedings of the Institution of Mechanical Engineers B, *Journal of Engineering Manufacture* 216(B1), 13—23.

第五章　方向复杂性项目

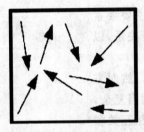

与复杂性项目相关的问题通常是:"我们如何就项目达成共识?""对于已经完成的项目任务,我们的意见一致吗?"

面对这种复杂性项目时,人们可能听到或想到的说法是:

似乎所有人的观点都不一致。

没有人在听别人的观点。

我们为什么要这样做?

我们是在互相交谈,但却没有真正的沟通。

双方都在点头,但实际上并没有达成一致。

隐性的时间表在驱动着项目。

该项目是政策性的。

我们所做的一切就是争论。我们何时才能真正启动项目?

方向复杂性的项目中没有对项目统一的理解或一致的方向,项目目标不明确或没有很好地被定义,也可能正在实施的是表面达成一致的目标然而却正在受到不明政治动机和其他隐含计划的阻碍。方向复杂性项目一般都涉及利益相关者之间的分歧或矛盾,这些问题很难解决。方向复杂性项目可能会出现在以下情况中:当项目经理拿到一个没有得到很好界定的项目时,或者项目已经开始了而在项目实施过程中发现了之前没有发现的利益相关者对项目的理解有不一致的情况。这种方向的复杂性往往会发生于变化的项目中,这时人们很清楚必须采取某种行动使问题得到改善,但就是还不清楚此时到底该做什么。

大部分现有项目管理方法并不能很好地管理方向复杂性项目,因为现有项目管理方法都是建立在项目目标在项目初期就已经非常明确这一假设前提之上的。因为此时项目团队在拥有项目利益相关者一致信息、计划和得到了他们的一致同意后,就可以开始按照项目计划实施该项目了。但是,如果项目目标没得到一致同意,或者项目利益相关者的意见不一致时,项目就无法满足确定性项目的这些假设了。人们要设法促使项目利益相关者就项目方向达成一致,这样项目就已经成功一半了。在技术复杂性项目中,项目设计问题决定了项目方向,而在方向复杂性项目中项目方向更多地取决于文化和人际关系。方向复杂性项目最重要和最费时的部分,就是达成所有项目利益相关者认可的一致目标。

复杂性理论术语的解释

像其他种类的项目复杂性一样,感知方向复杂性项目的三个主要要素为:许多不同的要素参与了该项目,不同项目组成部分之间的相互关系,以及不同项目要素的模糊性。

在结构复杂性项目中,相互关联的项目要素数量是非常多的。然而方向复杂性项目与技术复杂性项目一样,很少的项目要素却使情况相当复杂,难以管理。这是因为虽然在一个结构复杂的项目中可能存在多种相互关联的要素,但每个要素的界定都是相对明确的。在方向和技术复杂性项目中每个项目要素的界限却都是非常模糊的。

方向复杂性项目中所提到的项目要素模糊性,不同于其他类型的复杂性项目。在方向复杂性项目中,主要的模糊性来源于项目问题的定义,对项目利益相关者需求和期望的理解,以及就项目一致方向问题所进行的谈判。这与结构复杂性项目和技术复杂性项目不同,结构复杂性项目是在项目时间、成本和资源等方面具有模糊性,而技术复杂性项目是在技术和解决方案上具有模糊性。方向复杂性项目可由图 5.1 表示。

在一个方向复杂性项目中,项目的问题空间(显示为灰色)比解决方案空间(显示为白色)大得多。方向复杂性项目的不确定性源于项目中相互关联要素的具体目的或成功标准的不确定性。项目的某些方面也许是非常明确的,但其他方面的内容则缺乏明确定义,或不同的项目利益相关者的定义存在分歧。当一个项目只存在方向复杂性的问题,而不涉及本书所讨论的其他类型复杂性时,我们通常认为,只要人们确切地知道他们要做的事情,还是可以很好地完成项目的。

这些情况往往意味着人们很难直接把项目行动及其作用联系起来(Vickers,1965)。同样,人们可能很难找出一个单一因素来解释项目的变化(Van der Meer 1999),因为"因果关系问题常常使其产出物很难被清晰地被描述"(Rose 和 Haynes,1999)。项目管理的困难程度可能取决于同时作用的变量的数量(Vickers,1967)。虽然方向复杂性项目中涉及的变量和关联要素的数量不像结构复杂性项目那么多,但是各因素的相互依存度很高,所以它们有时会造成很难把握的项目紧张局势。项目某个要素所做出的方向性决策可能会对其他项目要素的决策产生重大影响,因此人们必须将项目中具有模糊性的要素看做相互联系的整体,而不能将它们分别看成单独的要素。

问题定义的不确定性

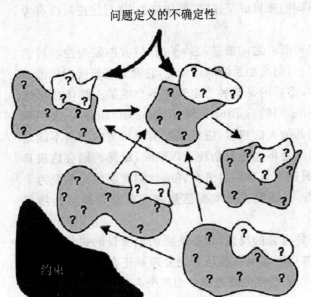

图5.1 方向复杂性项目的不确定性

项目团队有可能在初期阶段便意识到项目将会存在方向复杂性,虽然这些方向复杂性可能会在晚些时候发生。由于突发情况或仅仅是因为有影响力的项目利益相关者对项目方向的想法改变,这种方向复杂性才会出现。然而,通常的情况是,主要项目利益相关者根本就没有意识到项目会存在方向复杂性的问题,直到他们发现其他项目利益相关者的目标和需要与他们的目标和需要非常不同。人们常常到了项目计划阶段才能清楚地看到项目关键利益相关者在意见上的不一致,所以最可取的策略是在面临方向复杂性问题时,要尽快设法消除各种模糊性,使项目可以使用标准化的项目管理技术。

在项目早期阶段经常会遇到方向复杂性的问题,此时项目可能还没有任何明确的计划。项目系统可能还没有完全形成,还没有明确和稳定的项目过程、方向、层级或权力关系。

规范与混乱

这种项目系统通常是相当混乱的,那些试图去管理它的人一定会发现方向复杂性项目的边缘更接近于一种混乱状态。项目各个不同部分都在寻找适合各自的位置,这不仅因为它们在试图寻找所在"区域顶峰"时在"迷雾"中难辨方向,还因为不同的项目成员在对"最佳位置"进行定位时没有考虑其他项目成员的意见。

人们仍然需要在秩序和混乱之间维持一种平衡,但方向复杂性项目的混乱边缘更为接近混乱状态,但是如果能加以规范,它就会逐步接近规范状态。在方向复杂性项目中,重要的是某种特定秩序不会被某一群体过早地强加于项目之上(Beinhoffer,1997;Brown 和 Eisenhardt,1998)。人们不应因为表面的现象而否定其他人的观点,应该预期到项目方向的高不确定性,并进行很好的管理,而不是将这种复杂性予以根除,最终人们会达成具有长期性的一致方向,从而进一步对项目进行详细计划与实施。不要为了使项目系统达到有序状态,在还没充分掌握信息之前就草草地进行项目决策。

项目系统需要找到一种适合的规范,而不是强加于项目的规范。在方向复杂性项目中,规范状态是所有项目参与者充分理解正在进行和已经发生的项目事件的结果。一个长期性的规范不是由某个人或利益集团指出的应有方向,中央集权所表现出的一致性只是表面现象,它会给人一种舒适的幻觉,以为情况已经被简化。然而,实际上,方向复杂性仍暗藏在项目的深处,而此时人们忽视潜在的反馈循环会使项目产生越来越多的问题。

同样,项目系统绝不允许向混乱方向走得太远。在项目找到了适合的规范后,人们需要一起开展项目实施工作。人们可以使用非标准的项目管理方式进行工作,如建立合作伙伴关系和联盟,而不是在找到一致目标之前强行通过标准合同去建立法律规定的合作关系。项目发起人的作用也很重要,他能够帮助项目经理保持必要的秩序与混乱间的平衡。在本书的后续内容中将对这一问题进行更为详细的讨论。

沟通与结构

在方向复杂性项目中,沟通往往很剧烈,特别是不同项目利益相关群体对项目方向的理解有冲突,或者有意志强硬的人士参与项目的时候。在这种情况下,该项目的沟通有可能会被破坏。如果一个方向复杂性项目变得过于混乱,在持续的争论中所进行的项目沟通将会没有任何意义。

重要的是在方向复杂性项目中构建必要的结构和秩序,一个很好的方

法是提出一种讨论和探索项目方向的结构化程序。人们需要实现项目沟通
过程的结构化,而不是在讨论任何内容或结果的时候去实现沟通的结构化。
通过这种方式,可以提供一种结构来开展沟通讨论,而又不会过分地限制沟
通的结果。在项目管理中,以澄清项目目标和谈判为目的的方法被相关研
究组织称为"沟通问题的结构化"方法,这在业界已被普遍接受(Ferrari 等,
2002;Ormerod,1999),他们还列举了实际的案例。

对初始条件的敏感度

方向复杂性项目对某些初始条件尤其敏感,结构化会影响方向复杂性
项目目标确立的方式、项目含义的谈判方式和项目未来情况的认识方式。
方向复杂性项目往往缺乏一定的结构,它们对人们提出的任何结构往往非
常敏感。随着项目的发展,这种结构化会嵌入到项目之中而成为处事的统
一方法,并且随着项目的进展越来越难以改变。

虽然方向复杂性项目是混乱的,但重要的是,项目团队不要草率地确定
一个视野中的最佳目标,而应当在项目其余的方面仍处混乱状态时就把重
点放在建立和维护一个结构化的沟通方式上。不要急于解决项目所有方面
的问题,而应先决定项目哪些部分需要人们共同商定。

采取这种办法要求项目经理承认项目团队并不完全了解所有的项目细
节,这与结构复杂性项目所使用的标准方法是违背的,该标准方法强调的是
尽快降低复杂性而去简化项目局势。因此对于那些坚信力量源于自信的项
目经理来说,这可能是非常具有挑战性的。

控制

方向复杂性项目的控制问题涉及项目如何保持现有形式并形成一个合
理的结构。在结构或技术复杂性的项目中,控制问题是指项目如何保持统
一的形式和不变的方向。然而,在项目起始阶段如果出现了方向复杂性,那
么该项目通常还没有一个可持续并保持不变的结构。在这种情况下,项目
控制问题首先就是确定一个合理的项目沟通模式。如果该项目想在足够长
的时间内保持某种形式而使项目发展更具持续性的话,那么保持有效的项
目沟通是非常重要的。如果在方向复杂性项目存续期间停止开展沟通,那
么项目也将会停滞。

项目管理的挑战

一旦项目潜在的方向复杂性已经确定,管理的挑战就是在项目持续期

间的计划中留出足够时间来解决项目的复杂性。这种项目管理的挑战通常发生在项目的最初阶段,但是也可能发生在项目的后续阶段。重要的一点是,人们一定要为项目的不确定性和项目目标的分解提供足够的时间和空间。

项目管理方法需要有足够的灵活性,以适应在此期间项目出现的不同程度的不确定性。比如,当项目存在技术复杂性时,按照严格的过程管理项目,常常会产生反作用(Benner 和 Tushman,2003)。人们应该利用好项目管理工具,多使用那些柔性的管理工具而不是硬性或封闭性的管理工具。Midgely(2000)提供了一个很好的系统干预方法。为了澄清项目的目标与意义而开发出来的问题结构化方法,可以应用在这种项目的管理之中,这可以参考 Koberg 和 Bagnall(2003)对一些柔性系统方法论的综述。

方向复杂性的项目比其他类型的复杂性项目更需要开展项目变更,而不是采用僵硬和规范化的管理方法。如果我们认为自己对项目的认识源于不断提高的共识、共享内涵和文档化管理以及吸取历史经验的话,那么这种方法可以被看做一种解释性的方法(Klein 和 Myers,1999)。人们在目标不明确的情况下设计项目的方法往往是一种探索和发现的技术方法(Fitzgerald 和 Howcroft,1998)。

人们可根据不确定性程度而选用各种有意义的项目决策工具(Kotter 和 Cohn,2002;Levine,1994;Schein,1993),并进而建立相互信任关系和形成开放性的项目文化。肯定式探寻方法(Appreciative Inquiry,Cooperrider 和 Srivastra,1987)的目的是通过发现和共享去建立项目团队成员和项目利益相关者之间的建设性沟通桥梁,并把重点放在所取得的成就、潜力、创新、实力及有远见和可能性的未来价值上(Cooperrider 和 Whitney,2001)。启发式的系统方法也为我们提供了另一种方式来管理非线性项目,其特点是允许项目方案之间的相互竞争(Ulrich,1983)。对这方面的方法和工具的详细介绍见"多元融合方法"一章。

价值管理之类的工具(Kelly 等,2004;Woodhead 和 Downs,2001)有益于完善议定的要求和优化项目设计方案。一般来说,这种工具可以用于已经达成共识的项目,或者项目问题已得到界定的情况,同时也可以成功地用于存在冲突的项目团体。建筑和工程学科中成熟的基础理论都可以应用于任何需要优化设计方法来实现项目价值最大化的问题。价值管理也被称为价值工程,它借鉴了各个不同学科的探索、分析、创造和评价技术,以便在项目设计过程中实现所期望功能的同时尽量减少项目费用。该方法可以在不牺牲项目安全、质量、环境或其他功能的条件下,消除那些不必要的功能和费用。此外,创新方法也可以用来改善项目成本效益,提高项目绩效,并促进建立项目伙伴关系(Lane Davis，2004)。基于功能分析和发现创造性解决方案的方法，可以为人们提供一种完全不同的解决问题的模式。

项目经理需要根据项目方向复杂性的性质使用各种不同的方法，当项目面临方向复杂性时，一个标准的项目管理工具应当包括全部项目利益相关者的识别方法(Curtin，2007；Cleland，2006；Huber 和 Palls，2006；Scharioth 和 Huber，2003)，因为识别和追踪项目利益相关者和他们的需求是一个项目成功的基石。具体可参见"串行多方法论"与"并行多方法论"两章。

关键的项目阶段

项目的关键阶段往往就是项目最初的阶段，在此期间，项目的目标正在界定并征求项目关键利益相关者的同意。许多方向复杂性项目的失败多是因为一个非常普遍的问题——为时过早地着手进行详细的项目规划。这些项目早期阶段对项目的成功是至关重要的，所以人们应该避免那种以详细项目计划作为主要管理办法的趋势。一项由 Dvir 和 Lechler(2004)主持的对 448 个项目开展的研究表明，项目的方向和目标与途径的变化都可能对项目最终成果产生负面影响，这种负面影响将远远超过所有项目详细计划所可能产生的积极效果，所以在项目开始阶段就应该充分探究项目目标，这样可以帮助减轻这种负面影响。

项目实施中的支持

项目实施发起人的角色是非常重要的，项目实施发起人甚至比项目经理更可能接近或参与组织的战略决策。项目实施发起人应该与项目团队一起保持对于项目相关政策安排的关注，以便在目标定义阶段能够维持和发展好团队关系。

项目的实施发起人也要在防止设定不切实际的项目里程碑这一问题上发挥关键性作用。这种作用就像是艺术总监在编排一个新的高度实验性的芭蕾舞中的作用一样，对于艺术的影响将来自许多人——编辑、作曲家、设计师和舞者自己，直至达成共同的见解。只有到此时，人们才可以开始筹备演出的制作和排练。在这个过程中，艺术总监必须提供支持和指导，并对编舞和其他同伴表现出信任，以便顺利进行芭蕾编排的主要工作。

项目经理能力

标准项目管理实践中往往倾向于尽早实现对项目的控制，然而由于方向复杂性项目的目标通常是模糊的，因此项目经理在管理这些项目时需要适应这种高模糊度和缺乏控制的状态。与项目相关的人常常会因为这种模糊性而感到诸多的不适应,为了促使项目利益相关者和项目团队成员能够适应这种模糊性,项目经理的一项关键职责就是要告诉他们,这种不确定性在项目的这一阶段是很正常的。

项目管理中的高水平沟通目标之一,就是把这种模糊性转化成一种能够为项目利益相关者接受的形式,同时又不能忽视项目复杂性本身的问题。项目经理必须认识到有必要从不同的视角对项目进行整体观察,这将帮助项目经理提高从混乱状态中寻找出路的能力。项目经理还需要识别详细项目规划中的启动点,并抵制在项目关键利益相关者目标一致之前过早详细计划项目的趋势。Dvir 和 Lechler 的研究(2004)结果明确表明,在项目目标没有澄清和达成共识前,过于详细的项目计划可能只会是浪费时间。

项目团队支持

由于项目的方向复杂性可能在一个项目的早期阶段表现得最高,所以该项目团队中需要更多负责协调工作的人,但是基于成员的专业知识,他们很可能被分配到专业的项目团队中去,而不是从事为项目管理提供咨询的协调性工作。

项目专家顾问可能需要通过与项目关键利益相关者(包括新闻媒体)进行沟通,从而与项目利益相关者一起使用更为柔性和关键性的系统思考方法,如开展项目价值管理的研究并使用其他类型的结构化管理活动,以便使项目的会议更加有意义。

项目的财务问题

复杂性的项目会给组织中的高级管理人员和审计人员带来巨大的挑战,因为在方向复杂性项目的早期阶段确定项目预算是一件非常困难的事情。直到项目目标明确之后,该项目才可能制定足够详细的计划,也才能够确定一个现实的预算。所以最初的项目预算往往是结合现有的资金情况和一定程度的猜测而得出的,但是最重要的是要让项目关键利益相关者都知道,直到项目目标方向得到澄清并获得各方同意之后,才能真正地确定项目的预算,而这些使得公司层面的项目前期计划和对于项目利益相关者的管理变得非常困难。

控制门径的使用可以在一定程度上起到协助作用,因为在这样的项目中控制门径的功能就是提供对该项目进展跟踪评估的观察点。例如,在第一控制门径的项目预算偏差可能为正负 200% 或更大,而在第二控制门径的项目预算偏差可能为正负 120%,但是到第三控制门径的项目预算偏差可能仅为正负 70%。具体解释见"虚拟门径"(Virtual Gates)一章。

　　然而严格的控制门径方法也会遇到一些问题,如控制门径的设定往往是与组织的主要报告时间安排联系在一起的,如财务董事会会议等。但是在方向复杂性项目和某些技术复杂性项目中,获得项目利益相关者一致同意的重大决策会议时间,特别是符合控制门径设置的时间计划是十分困难的。因此人们还必须认识到,设置控制门径的时间需要有一定的灵活性。例如,在项目由 1 号门径向 2 号门径前进的时候,一些排定的项目会议可能会取消。人们为了达到 2 号门径就应当达成一些必要的协议并确定一些项目目标,使某些项目计划能够开展和进行。实际上只是对那些尚不明确的项目事件,人们无法进行必要的计划。

进度问题

　　对方向复杂性项目进行进度计划安排,具有与编制此类项目预算相类似的艰难挑战。Rodney Turner (1999)认为,由于项目目标发展方向并不明确,使用项目里程碑计划安排项目进度是唯一合适的方法。项目里程碑的确定使项目利益相关者能够聚焦,并且有某种紧迫感。但是,有时人们会蓄意阻挠项目利益相关者不受这种时间表的影响,所以在有些情况下项目里程碑计划需要非常灵活。

　　根据我们的经验,在方向复杂的组织变革类项目中,早期项目阶段定义所需时间往往比项目计划与实施所需的时间多得多。一旦项目确定且目标获得一致同意以后,项目的实施往往是非常简单的,只是与该项目早期定义阶段相比,在项目实施和移交阶段所需要花的时间较长而已。一旦人们将项目定义清楚,许多方向复杂性项目就不会有太高的结构复杂性了。

风险问题

　　主要的风险是在所有项目关键利益相关者就项目方向达成一致之前提出假设目标,这样做不但会浪费某些资源,而且可能会剥夺项目关键利益相关者的否定权。在这种情况下,人们最好是将项目分解成一系列子项目的集合,从而从第一个子项目开始去逐步达成一致的目标或方向。这样就会降低项目关键利益相关者的期望值,从而使对他们期望的管理变得相对容易。在方向复杂性项目中,很可能每个项目关键利益相关者对项目最终目标的初始理解都是不同的。许多项目利益相关者会有这样的感觉,即确定项目的目标很容易,因为他们不明白有什么困难的。此时管理者的第一项任务是将目前存在的各种不同看法开列出来,并说服项目利益相关者有必要在确定项目交付物之前解决这些目标模糊性方面的问题。

采购问题

对于方向复杂性项目而言,在确定项目目标并制定项目详细计划之前,传统的项目合同是无法有效实施的。在项目的方向确定之前,使用非传统的项目合同(如联盟或伙伴关系)是可取的,特别是当项目成功关键因素不断变化时更是这样。具体可参见前章中对合作伙伴关系和联盟的讨论。

困境和结果

对于项目的成功而言,有一些困境是值得思考的。人们不要急于认为"至少我们正在做事"或"做任何事都比继续坐在一起讨论这个问题好"。因为这个态度将导致项目的失误和返工,使项目利益相关者失望,或者确定了不恰当的项目解决方案,以及因为选择过于仓促而使原有项目情况变得更糟,或者使已有的某些项目问题进一步复杂化。

如果需要使主要利益相关者对项目进展情况保持满意,那么最好能分解项目并确定更小的子项目以确保其按时完成并交付。在达成共识之前,人们不要开展项目的计划和实施工作,同样在没有就项目目标达成一致或没有充分理解项目之前也不应该继续开展项目工作。

对于项目成员和项目利益相关者来说,项目存在方向复杂性时是非常不舒服的。严重的是,在快速确定项目规范时,项目团队无法快速地就项目方向达成一致。因此,在项目其他事情仍处于混乱时,人们需要着眼于建立和维护良好的项目沟通结构,不要急于对项目的所有方面做出计划,相反,要集中精力找出需要进行协商和确定的项目问题。

方向复杂性项目往往很缺乏结构化,因此人们往往存在这样一种倾向,即试图强加给项目一个结构以创造一种控制。方向复杂性项目对强加的结构特别敏感,因为随着项目的实施,任何强加的结构都可能会嵌入项目进程之中,并可能随着该项目的进展而越来越难以改变,最终我们会发现该结构将不会带来令人满意的结果。因此,重要的是,不要强加给这种项目一个结构,而应随着人们对项目目标理解的不断深化自然生成一种结构。

在方向复杂性项目中,一些项目利益相关者往往坚持认为所有人对项目目标和意义的理解都是一致的,因此直到项目生命周期的后期,当项目资源已经投入之后才会发现人们对项目理解不一致的问题。

人们首先达成一致是非常重要的,但这也是一个非常耗时的项目早期活动。在达成表面上的协议之后,人们再想回到决策定义阶段将是非常困难的。那些有发言权的项目利益相关者往往倾向于在项目决策过程中占据主导地位,使未发表意见的项目决策参与者没有机会表达不同意见。如果是这种情况,项目产出物可能只能满足一部分项目利益相关者的要求,而且这种问题可能在项目交付时甚至交付后才会显现出来。通常这种问题的最终结果是,项目的产出物不被认可或不会被充分利用。

在项目定义与决策阶段的主导地位可能会造成只有部分项目利益相关者的要求得到了满足,这种对项目共同理解的缺乏可能导致一些风险不能被识别出来。如果项目利益相关者对项目目前的进展状况不明白,并且没有机会充分了解情况的话,那么他们的作用将是非常有限的。因此,那些有能力识别、监控或找到解决办法的项目风险,可能根本就没有被发现和解决。

同样,在项目定义与决策过程中的优势地位也会导致一些项目的关键利益相关者被边缘化的问题。如果那些未能充分发表意见的关键利益相关者,或者对项目目标有不同理解的关键利益相关者对项目不能尽心尽力,那么就有可能导致项目后续阶段的混乱和冲突,这将导致项目延误甚至最终终止。

参考文献与进一步阅读资料

Beinhoffer, E. (1997), "Strategy at the Edge of Chaos", *McKinsey Quarterly* 1.

Benner, M. J. and Tushman, M. L. (2003), "Exploitation, Exploration, and Process Management: The Productivity Dilemma Revisited", *Academy of Management Review* 28, 238—256.

Brown, S. L. and Eisenhardt, K. M. (1997), "The Art of Continuous Change: Linking Complexity Theory and Time—Paced Evolution", *Administrative Science Quarterly* 42:1, 1—34.

Brown, S. L. and Eisenhardt, K. M. (1998), *Competing on the Edge: Strategy as Structured Chaos*, Boston, USA: Harvard Business School Press.

Cleland, D. I. (2006), *Project Management: Strategic Design and Implementation*, NY: McGraw-Hill.

Cooperrider, D. and Whitney, D. (2001), *Appreciative Inquiry: An Emerging Direction for Organizational Development*, Champaign, Il: Stipes Publishing.

Cooperrider, D. and Srivastra, S. (1987), "Appreciative Inquiry in

Organizational Life", in Passmore, W. and Wodman, R. (eds), *Research in Organization Change and Development: Volume 1t.*, Greenwich CT: JAI Press.

Curtin, T. (2007), *Managing Green Issues*, NY: Palgrave Macmillan.

Dvir, D. and Lechler, T. (2004), "Plans are Nothing, Changing Plans is Everything: The Impact of Changes on Project Success", *Research Policy* 33:1, 1—15.

Ferrari, F., Fares, C. and Martinelli, D. (2002), "The Systemic Approach of SSM: The Case of a Brazilian Company", *Systemic Practice and Action Research* 15:1, 51—66.

Fitzgerald, B. and Howcroft, D. (1998), "Towards Dissolution of the IS Research Debate: From Polarization to Polarity", *Journal of Information Technology* 13, 313—326.

Fordor, J., de Baets, B. and Perny, (2000), *Preferences and Decisions Under Incomplete Knowledge*, NY: Physica-Verlag.

Hazen, M. A. (1993), "Towards Polyphonic Organization", *Journal of Organizational Change Management* 6:5, 15—16.

Helm, J. and Remington, K. (2005), "Effective Sponsorship, Project Managers' Perceptions of the Role of the Project Sponsor", *Project Management Journal* 36:3, 36—51.

Huber, M. and Palls, M. (eds.) (2006), *Customising Stakeholder Management Strategies: Concepts for Long-Terms Business Success*, Berlin; NY: Springer.

Kelly, J., Male, S. and Drummond, G. (2004), *Value Management of Construction Projects*, Malden, MA: Blackwell Science.

Klein, H. K. and Myers, M. D. (1999), "A Set of Principles for Conducting and Evaluating Interpretive Field Studies in Information Systems", *MIS Quarterly* 23:1, 67—94.

Koberg, D. and Bagnall, J. (2003), *The Universal Traveller: A Soft-Systems Guide to Creativity, Problem-Solving and the Process of Reaching Goals*, Menlo Park, Ca: Crisp Learning.

Kotter, J. and Cohen, D. S. (2002), *The Heart of Change Real Life Stories of How People Change Their Organisations*, LLC, USA: John Kotter and Deloitte Consulting.

Lane Davis, K. E. (2004), "Finding Value in the Value Engineering Process", *Cost Engineering* 46:12, 24—27.

Levine, L. (1994), "Listening with Spirit and the Art of Team Dialogue", *Journal of Organisational Change Management* 7:1, 61—73.

Ormerod, R. (1999), "Putting soft OR methods to work: The case of the business improvement project at PowerGen", *European Journal of Operational Research* 118:1, 1—29.

Midgley, G. (2000), *Systemic Intervention: Philosophy, Methodology, and Practice*, NY: Kluwer Academic/Plenum.

Pinto, J. (ed.) (1998), *The Project Management Handbook*, San Francisco: Jossey-Bass Publishers.

Rose, J. and Haynes, M. (1999), "A soft systems approach to the evaluation of complex interventions in the public sector", *Journal of Applied Management Studies* 8, 199—216.

Scharioth, J. and Huber, M. (eds.) (2003), *Achieving Excellence in Stakeholder Management*, NY: Springer.

Schein, E. H. (1993), "On Dialogue, Culture, and Organizational Learning", *Organizational Dynamics* 93:2, 22.

Turner, J. R. (1999), *A Handbook of Project-Based Management*, 2nd Edition. London, UK: McGraw-Hill.

Ulrich, W. (1983), *Critical Heuristics of Social Planning*, Bern: Haupt.

Van der Meer, F. (1999), "Evaluation and the Social Construction of Impacts", *Evaluation* 5, 387—406.

Vickers, G. (1965), *The Art of Judgment*, London: Chapman and Hall.

Vickers, G. (1967), *Towards a Sociology of Management*, London: Chapman and Hall.

Woodhead R. and Downs C. (2001), *Value Management: Improving Capabilities*, London, UK: Thomas Telford Publishing.

第六章　渐进复杂性项目

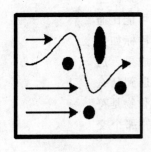

与此种项目复杂性相关的问题是："我们怎样才能有能力预测、承受或利用这些变化？""我们如何控制随时可能发生的变化？"

当你遇到这种类型的复杂性问题时可能会听到或想到的说法是：

这就像站在流沙上，一切都在不断变化着。

我们不知道还会有什么变化发生。

我的工作不断被否定，因为它们与项目不再相关。

我们见过这种事情：让我们坐下来等，直到问题被解决。

当项目面临着重大的、超出控制范围的环境变化时，渐进复杂性就产生了。我们知道这样的项目可能将发生重大变化，但可能还不清楚这些变化究竟何时发生。在私营部门，这种复杂性普遍存在于兼并和收购、更换领导和组织变革时期。在公共部门通常发生于政府和立法会更替的过程中，并一直被称为"公共部门的疑虑"(public sector paranoia)。看似简单的项目，会由于持续时间过长而变得脆弱，因为期限越长的项目受到外部环境影响的可能性越高。在所有这些情况下，变化究竟会带来什么影响以及这种影响何时才能过去，都是非常难预料的。

在渐进复杂性背景下管理一个项目，将面临与在传统的稳定环境中管理项目不同的挑战。在变化发生的过程中，即使是在项目实施团队或者组织中对项目行使监督职能的部门都无法把握局势的情况下，仍然需要对项目进行管理和实施。一个渐进复杂性项目很少考虑目标是否会改变，而是考虑何时会改变，往哪个方向变化，以及我们是否有可能预测这种变化的性质。

规模大、周期长的特点在项目中越来越普遍(De Maio 等，1994)，包括研发项目，例如新型飞机(Sabbagh，1996)、新型汽车(Quinn 和 Pacquette，1998；Clar 等，1987)、航天与国防创新(Agyres，1999；Scudder 等，1989；

Hoffman，1971)、交通运输和基础设施(Ivory 和 Alderman，2005)，还有公共部门改革，特别是国际基金援助项目(Uddin 和 Tsamenyi，2005)。虽然由于这些项目规模很大，导致它们具有很高的结构复杂性，但这并不是此类项目复杂性的主要方面。从时间的视角考察，客户利益的改变、市场的变化、强制性调整要求以及知识需求的扩张，似乎是这类项目复杂性的主要来源(Ivory 和 Alderman，2005；Alderman 等，2003)。对于绝大多数结构复杂性问题，项目团队能够通过现有知识解决。而其他方面的问题，例如顾客或主要承包人在项目半途破产或突然由于政治原因被强制管制，这些都超出了项目团队的影响范围。

对于渐进复杂性项目的成功，通过分析和预测来定时和定位，可能比通过提高效率和进行控制更为重要。环境是动荡和变化的，但不管目标如何变化，环境如何影响，项目必须在一定时间内交付相关的、适当的成果。这需要认真地确定交付时间，并在考虑产出物的多种可能以及可能遇到什么问题的情况下确定定义交付物的方法。重要的是要确保项目的交付物是符合实际交付时的要求的，而并不一定是最初在项目启动时确定的那个交付物。

复杂性理论术语的解释

渐进复杂性项目，就像在本书之前讨论的其他复杂性类型一样，是由于所涉及要素的数量、要素间的相互影响以及模糊性而表现出复杂性的。在每一种不同类型的复杂性项目中，复杂性最重要的来源有所不同。

结构复杂性项目中，复杂性源于大量的要素和要素间的相互关系，并可能意味着该项目团队可以很容易地发现自己过去的经验可以被全盘照搬。在技术复杂性和方向复杂性项目中，要素的数量可能会低于结构复杂性项目，然而，由于特定因素的不确定性水平高得多，因此重点应当放在问题空间和问题解决方案空间的模糊性上。

与此相反，在渐进复杂性项目中，复杂性既不涉及监测多个相互依存要素的能力，也不是说明具体的项目问题或解决办法，而是来源于限制条件。在结构、技术和方向复杂性项目中，所有的限制条件一旦确定下来，就会被认为具有稳定性。这种假设在渐进复杂性项目中是不正确的。相反，在处理这种复杂性时，需要基于多种潜在的限制方法来制定项目计划，而具体遇到的限制条件在项目实施过程中是不断变化的。

至少在开始阶段，渐进复杂性项目的问题和解决方案的空间可能是相对明确的。但是它们可能会随着时间而改变。所有系统在不断变化，因此，复杂的系统并没有达到静态的平衡点(Dooley 和 Van de Ven, 1999)。在渐进复杂性项目中,这种状况最为明显并随着该项目持续时间的延长而加剧。复杂性源于无法明确地认识到在项目交付时哪些项目要素仍然是相关和适当的,以及如何把信息从不同的子系统整合起来,而这些子系统本身有可能受到一些变化的影响。渐进复杂性如图 6.1 所示,潜在的限制条件用灰色区域表示。

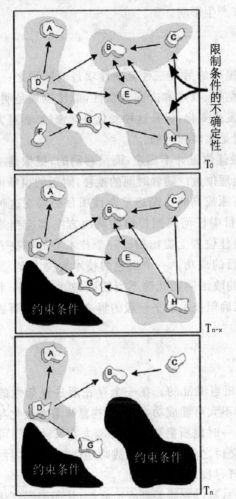

图 6.1　渐进复杂性项目的不确定性

图 6.1 中,项目开始时(即 T_0 状态),有 8 种不同的相互关联的项目要素(A—H)。在这时大多数项目要素都可能受到潜在限制条件的影响,但目前还没有成为现实。这些项目要素结合在一起就可以最终实现项目目标。

T_{n-x} 代表的是项目实施过程中的某一时刻,其中一个潜在限制条件已经出现。F 部分被停止了,或者与项目已不再具有相关性了。然而,其他部分的工作仍在进行。该项目结束时,即 T_n 状态,情况再次改变。又一个潜在限制条件成为现实,因此 E 和 H 部分成为无效部分,然而 B 和 C 周围潜在的限制条件已经不存在了,因此 B 和 C 可以自由发展。在交付时,该项目的产出物是由 A、B、C、D 和 G 结合而产生的。A 和 D 的限制条件仍然有潜在约束力,并可能在未来产生影响。

最佳的位置和时间

渐进复杂性项目与书中提到的另外三种复杂性项目的区别之一,就是它们的最佳位置不同。对于结构、技术和方向复杂性,最佳位置是明显的。随着时间的推移最佳位置会发生变化,但是这种变化是缓慢的,而且大部分项目所探索、寻找的最佳位置是相对固定的。

在渐进复杂性项目中,最佳位置并不固定,而是移动的,更像是一片涌动的海,而不是一个静态的地理位置。随着时间的推移,附近的顶峰可能成为低谷,而低谷也可能变成高原或高峰。渐进复杂性项目必须在这种变化的环境中不断推进。针对项目中任何问题提出的解决方案都应当是及时的,而且应当是站在当时的最佳位置上提出的。一个技术上的解决方案并不一定能保证渐进复杂性项目的成功。一个出色的技术解决方案,发表在错误的时间或对可能被忽略的政治问题处理不当的话,就可能是一个政治灾难。相比之下,时机把握准确但技术水平一般的解决方案,更有可能为成功解决目前的问题做出贡献。

规范与混乱

渐进复杂性项目通常是相当混乱的。在一个存在渐进复杂性的背景下,严密的结构和僵化的计划不太可能成功,刚性结构意味着专业化与有限的选择能力。然而,项目在某一时刻所需要的某种能力在其他时间可能就不需要了。在项目确定可以交付之前,更成功的战略往往是谋求多种选择,以使项目能以更为广泛的视野寻找最佳位置。

由于该项目是非常混乱的,所以它需要具有适应性,从而根据变化的环境采用新的形式。而且,由于项目高度的混沌性质,控制和维持某种一致的形式可能会产生问题。如果环境变化太快,则该项目将有巨大的失败危险。

沟通

渐进复杂性项目中,沟通的关键是保持某种内部完整性。沟通方式应当是丰富、经常和非正式的，重要的是使利益相关者和项目团队成员都能充分了解环境的变化。利益相关者对于环境变化的洞察力往往比项目团队成员更强。让项目团队成员都能了解环境的变化也是非常重要的，这样的话，由于突发的限制导致项目终止时，任何个人都不会抱怨。

在渐进复杂性项目中通常会有明确的阶段转换过程，而这在结构复杂性和方向复杂性项目中基本不会涉及。在项目实施的大部分时间里，主体工作会在不同部分之间平行推进，不同部分会产生不同的潜在限制条件。这个阶段会一直持续到相关的潜在限制条件已经被解决，从而不会影响项目后续的进展，或者该限制条件被推迟到将来才有可能出现。当情况稳定下来后（尽管可能只是一时的），该项目会经历一个过渡阶段。多个可能部分并行的情况将停止，此时应尽快将项目资源投入到那些对最终交付物有贡献的部分中去。依赖于政治批准的项目往往采用这种方式。项目经理伺机而动，直到正确的时间，根据正确的选择开展活动。与传统的项目管理办法相比，更重要的是在适当的时间交付项目，而不是按时交付项目。这些渐进复杂性项目往往对进度计划很反感，因为进度计划中所表明的实施项目的合适时间通常都是无法控制的。

结构

渐进复杂性项目在结构和层级上更像是演奏爵士乐而不是交响乐。乐手需要准备多种可选方案。这意味着将有大量的冗余（Grant, 1996；LaPorte 和 Consolini, 1991；Perrow, 1984）。项目各个部分所做的事情可能非常类似。就像一群爵士乐音乐家组成的项目团队，他们会分别研究各自的音乐主题，也会一起探讨合奏的音乐主题。该项目团队需要不断交流。因此，最好不要让许多不同团队单独开展工作，而应让尽可能多的人一起就尽可能多的部分开展讨论。这就是说，当你想放弃一个部分时，应该广泛考虑多种选择而不是单独只考虑某一个选择。直到确定不需要某个问题的解决办法前，所有问题解决方案都应保持开放状态。不应终止某些人针对他们认为可行的解决方案进行的争论。

在渐进复杂性项目中，同样会有结构、技术和方向复杂性因素，阶段的转换可能发生在项目生命周期的任何时间，而且项目在由可控到不可控的迅速变化中，可能存在着一个以上的阶段变化。特别是那些大型基础设施项目和工程项目，如航空航天、交通运输和国防项目，时间越长其渐进复杂性就会体现得越明显。

项目管理的挑战

项目管理面临的主要挑战包括保持尽可能多的开放和有活力的选择，直到在一个合适的时间开始实施项目并预测在项目生命周期中何时会发生什么问题。在大型的结构复杂性项目中，人们逐渐认识到管理知识网络的不断拓展也是一项主要的挑战（Ivory 和 Vaughan，2004；Söderlund，2002；Glynn 等，1994）。

对渐进复杂性项目进行计划是对将要面临的状况的一种预测，提前了解将要发生什么。如果预测的事情没有发生，那么就会留下更多开放性的选择空间。但备选方案在后续时间仍有被否定的可能。计划包括应变计划和计划选择。正如那句箴言所讲："预测那些无法预测之事，并时刻做好应对的准备。"项目的限制条件会随项目的生命周期而变化。在渐进复杂性项目中做出单一的决定，就像把鸡蛋都放入一个篮子里。一个单独的限制变化就会使项目所做的一切付之东流。相反，多种备选方案就可以应对之后的限制条件变化。有了多种选择，项目团队就可以在合适的时间满足项目需要，在合适的时间交付成果。

另一方面，在大型的项目中准备多种备选方案，可能是唯一有用的战略。在一项对失败项目的分析中，Ivory 和 Alderman（2005）指出，这种类型的项目应"把项目看成一系列相互关联的节点"以发现项目的潜在弱点。项目经理接下来就可以询问以下问题了：在给定的节点上，传统的做事方式对于实现项目目标究竟是起支持作用还是破坏作用？他们建议，对于那些可能存在问题的节点，可能需要更多的管理支持和分配更多的资源，这些都应该在项目早期进行识别（Ivory 和 Alderman，2005）。

渐进复杂性也与项目管理知识有着千丝万缕的联系，尤其是在那些需要许多技术性集成的项目。成功的集成取决于有效率的知识转换。Söderlund（2002）通过对产品开发项目的研究指出，知识积累过程取决于时间，因为"知识是经过当前的过程检验的，因此它取决于过程中活动的同步性"。他还指出，准备时间在渐进复杂性项目中也是非常重要的，对集成项目的其他部分起着决定性作用。这表明成功的集成不是使用既定的集成标准，而是在某个时间及时制定出适应整个系统的标准。也就是说，整个系统基于当时的特定情况达到了一个满意的状态，同时满意的解决方案是随时间而变化的。项目的产出物将处于变化的状态中，而不是达到一个静态的最终状态。

关键的项目阶段

渐进复杂性项目的特点是所有阶段都至关重要。在高度动荡的环境中,项目团队可能在项目生命周期的任何时候改弦易辙。例如,政党领导人的一个意想不到的需求可能需要项目团队暂时停止该项目,把它暂时或者永久地搁置起来,然后去做别的事情或者从根本上改变项目的实施过程。公共部门的工作人员对这种情况都非常熟悉。在一个工程项目中,如 Pendolino 摆式列车项目(Ivory 和 Alderman,2005;Williams,2002),涉及许多技术挑战和复杂的设计变更,使得渐进复杂性程度不断升级。

实施中的支持

如果有一个以上的机构参与,项目高层管理人员就应该非常关注组织结构,以及如何利用现有的组织结构对项目产生影响。Wheelwright 和 Clark(1992)强调,项目管理的难度体现为在一个成熟的、层级结构根深蒂固的组织中开展创新和变革。在接受调查的两个非常成功的项目——沃尔沃和爱立信中,Söderlund(2002,428)发现,在子系统团队和项目各阶段性团队之间有着紧密的联系。他认为,项目管理必须既处理各子系统之间的关系,又处理上下游活动之间的关系。

项目团队要随时把握整个系统的要求,这一点也是非常重要的。从组织和环境的视角进行分析,很容易得到这一结论,因此高级管理人员需要不断对组织和环境进行审视。采访一个成功的由卫生部门开展的渐进复杂性项目时,项目经理报告说,一个好的项目实施发起人应该起到如下作用:

> 她不断给我大量的信息,使我能脚踏实地,朝着正确的方向前进,把我从关注技术问题拽向关注环境问题,这是非常有益的(Interview L1:Helm 和 Remington,2005)。

选择合适的人以满足管理角色的要求,也是一项关键的任务。选择了正确的人之后,在项目的实施过程中就需要充分信任项目经理和项目团队。由于该项目的管理团队可能包括具有丰富经验的人,如果经理认为需要将每天都出现的问题交给他人管理,而将精力集中于管理那些随着环境而不断升级的问题时,管理支持就会非常有效率(Helm 和 Remington,2005)。

无论是为了减少项目风险,还是为了开展知识管理,项目实施发起人都必须认识到,在一些关键领域中留出富余量是有必要的。尤其是当我们需要开发和维护一些项目方法时,或者当项目的知识需要自由穿梭于多个时。

富余量已经被证明对开展有效的知识管理是至关重要的(Grant，1996；La Porte 和 Consolini，1991；Perrow，1984)，这时审计似乎是非常没有必要的，而且高级管理人员必须做好准备去捍卫这种方式。

项目沟通结构应当支持整个系统的交流，以达到信息共享、问题解决和维护项目的目的。信息交流需要穿越尽可能多的系统和子系统的边界。Söderlund(2002)发现，他所研究的许多成功的有时间约束的项目都在努力实现跨边界的信息共享。Ivory 和 Alderman(2005)发现，在那些失败的有时间约束的项目中，信息共享影响了知识管理能力和从实践中吸取经验的能力。

"朝令夕改"将会使那些工作还没完成就发生了变化的项目团队成员非常失落，特别是当这种变化导致他们的那部分工作完全终止时。领导力在实施层面对士气将起到重要作用。举例来说，当项目发起人就任何明显的变化与项目团队进行沟通，并决定要终止项目的某些活动时，都应采取面对面的交流方式，而不是通过电子邮件！至少实施发起人应当向项目团队解释为什么终止或暂时搁置前一个项目，以及可能会涉及的任何新的指示。在这些类型的环境中，项目经理和项目团队经常抱怨说，他们"厌倦变化"。这通常意味着变化发生得非常之快，甚至是重叠的，导致人们不仅困惑，而且失去动力。

项目经理能力

渐进复杂性项目中，项目经理的一个关键作用就是创造知识传播的环境。项目经理必须将其沟通网络扩大到那些不熟悉的组织中(Garrety、Robertson 和 Badham，2004)。灵活性和技能在管理多个接口和多种备选方案时也有明显的优势，因为有了多种选择，不管发生什么情况都可以应对。重要的是永远不要停留在过去，因为所有前期工作已不再有效了。因此，应始终保留其他的选择。项目经理必须适应同时保持多个项目备选方案，一旦时机成熟也要有能力集中于其中的某一项方案。管理多个项目子系统时，重要的是应时刻关注那些可能对项目产生影响的其他团队、其他项目利益相关者群体和外部问题。这是一个超人才能完成的任务，因此必须由管理团队和项目团队合作完成，所以培养合作态度和共同解决问题的态度是非常有益的。

项目经理需要协助项目团队放弃那些已经没有用的方案，并激励项目团队在快速变化的环境中保持高昂的士气。应当将变化的理由告知项目团队成员，即使这只不过相当于向他们传达"部长已改变了他们的想法"这一信息。激励团队成员可能涉及人为地构造阶段性的完工点和移交点，使该团队成员有一些成就感。我们的团队成员常常抱怨说,在新的要求实施前没有正式终止当前活动的指令,结果是小组成员对于应该进行什么工作感到困惑。旧的任务应该在新的任务开始前正式完结。

以上对项目经理角色的说法表明,要找到一个"超人"来管理项目是不切实际的,而建立项目管理小组是更为可行的选择。但是项目管理小组的管理方式可能会产生问题,而且项目管理小组需要认真地去建立和维护。

团队支持

渐进复杂性项目能够顺利进行是一个项目团队共同努力的结果,这种类型项目的工作团队可能会在相当长的时间内存在并不断变化,他们的过去和未来均将影响目前的项目业绩(Arrow、McGrath 和 Berdahl,2000;McGrath,1990,1991)。Arrow 和 McGrath (1993)指出,成员在一起开过几次会议的项目团队要比成员不断变化的项目团队具有更多的冲突,其他的研究结果也有类似的发现(Harrison 等,1998;2002)。因为随着时间的推移,那些文化多样性的项目团队的凝聚力会不断减少,而成员行为差异性程度会提高。他们得出的重要结论是,有效的团队精神对于项目成功是至关重要的,因此可以合理地得出这样的结论:建设和维护项目团队是十分重要的,这在项目各项工作中应当具有优先权。基于对一个十分成功且拥有包括 1000 个工程师的新产品开发单位进行的超过 15 年的研究,Jokinen 等人 (2006)认为,密集的、全面的培训是必不可少的发展和维持高效能项目团队的因素。

通常的做法是由那些有项目相关经验或对当前任务有经验的人组成项目团队,因为与任务有关的经验可以显著提升项目业绩(Schmidt、Hunter 和 Outerbridge,1986)。然而,只关注专业知识而忽视其他可能有影响力的成员,会影响这些项目团队成员的合作有效性(Colarelli 和 Boos,1992)。如果项目团队必须连续在一个较长的时期内工作的话,人们的个性问题可能会影响知识共享和转让。还有一些证据表明,如果项目团队成员较为熟识,就会支持知识的转移过程(Harrison 等,2002),尽管这还需要由其他强调行为重要性的研究来印证。

财务问题

渐进复杂性项目在财务上具有挑战性,因为随着时间推移,必然会有一定程度的不确定性出现。出于这个原因,项目的预算中必须有一定的应急费。正如前文所述,许多项目财务上的失败都是由过于乐观的项目预算导致的(Flyvbjerg,2006;Flyvbjerg 等,2003)。

然而,仅仅为整个渐进复杂性项目的一部分进行成本估算将是很困难的,只有那些能够被清楚定义的项目部分是可以进行成本估算并且不会有变化的。这个领域还需要做大量的研究(Söderlund,2002)。在公共部门中,项目预算还要与财政周期相联系,这会使得问题的复杂性进一步加剧。重要的是,要明确认识到项目在预算审批时就会受到渐进复杂性的影响,所以不仅要进行项目成本估算以便有足够的应急费,也必须允许有足够的资金富余量,在关键时刻确保这方面知识的转移(Grant,1996;La Porte 和 Consolini,1991;Perrow,1984)。

进度问题

政治因素对项目带来的影响将会持续较长时间。Miller 和 Hobbs (2002;2005)分析了那些平均周期为七年的项目。对这种类型的项目进行项目进度安排与那些项目里程碑模糊的项目不同,对那些项目里程碑模糊的项目进行进度计划可能是一种时间的浪费。然而,正如 Miller 和 Hobbs (2005)指出的那样,大型的基础设施项目既有很高的可视性又有很高的争议性。可视性意味着对公共期望的管理是很困难的,尤其是涉及项目支出与交付时间的方面。另外,项目的时间要求经常与政策相联系(如电力项目),政治上的承诺常常无法兑现或者只能在一定程度上兑现,因为项目团队发现项目的完工时间需要大幅度推迟。我们的同事每天看起来很疲倦,问他为什么时,他答道:"你知道的,电力工程项目要提前完成,而在那之前我要完成五条主干公路项目。"

项目是否会延误或提前将受组织和财政的影响,因为组织和财政会对项目治理产生实践层面和道德层面的影响。

研究者认为,在渐进复杂性项目的实施阶段,项目进度计划应该与其他项目关键活动同步进行(Söderlund,2002;Ancona 和 Chong,1996;McGrath,1990)。这种被称为"共振"的考虑对项目进度计划和项目生命周期都有影响。"共振"一词是在 17 世纪由物理学家 Christian Huygens 提出的,它的定义是两个振荡趋势趋同,使它们产生共同的振动。Brown 和 Eisenhardt(1997)指出,这种现象与项目的市场约束有关,然而 Letiche 和 Hagemeijer (2004)认为这种"共振"不同于一致性。在复杂性项目中,关系是动态的,不和谐也是不可预测的。这说明传统的项目计划方法不适用于渐进复杂性项目,于是人们提出了另一个角色——"步测者"。Söderlund (2002)所做的项目管理案例研究认为,这是一个强有力的角色,会"形成一个临时性的占统治地位的秩序或循环"。

风险问题

渐进复杂性项目的风险主要来源于外部强加的、困难的、有时甚至是不可能完成和无法提前预测的项目环境变化,这种项目风险包括在错误的时间提交错误的项目成果。这对人们的有限职业生涯会造成极大的负面影响。在大型项目中,风险经常与项目子系统间的知识转移不足有关,从而造成项目的返工以及由此带来的项目成本增加和工期拖延。这可能是由发生变化的单个项目子系统与其他项目子系统间的沟通不足造成的,如一些局部的项目需求变化将意味着其他项目子系统和整个项目系统需求的变化。类似的影响包括在进行不熟悉的项目工作时会发生对特定项目子系统的误解等。

传统的项目风险管理涉及将项目任务逐步分解为规模更小和更易于管理的项目子任务,但是 Ivory 和 Alderman(2005)认为这样做将很容易使人们关注的焦点从复杂性转移到"不断扩大的项目网络集成"方面,从而使项目复杂性的问题被隐藏起来。如上所述,他们发现"控制室"的方法可以通过绘制相互关联的项目节点来识别项目的弱点,然而"控制室"必须明白"多数情况的发生是无法监测的,视线不可及并超出其控制范围"(Flyvbjerg,2003)。

在规模不是很大但对时间很敏感的项目中,项目备选方案分析可有助于减轻项目风险。在适当的时候,项目团队能找到自己的位置,他们必须迅速采取行动,实施最合适的项目备选方案。为了迅速采取行动,项目团队必须有一个适当的项目备选方案范围。这意味着,有关的项目风险与项目备选方案必须得到充分的分析论证,以便在拥有完全信息时能够决定去选择继续进行项目或停止项目。如果项目团队无法采取行动或未能迅速抓住时机采取行动,项目环境可能将在项目交付之前再次发生变化,这样会造成一个永远无法完成的项目。这些会使项目团队士气低落,并大量浪费项目的资源。

采购问题

对于改善和维持项目长期质量问题的关注,促进了建设－运营－移交(BOT)项目合同和更新－运营－移交(ROT)项目合同在重大基础设施项目中的应用。这些方法通过将许多风险转移给项目业主的方法,有效地保护了项目顾客和最终用户的利益,然而这使得项目的渐进复杂性大幅度提高。一个需要使用一年的项目,现在经过重新定义,其项目生命周期可能是5 至 10 年了。这一趋势在 2000 年悉尼奥运会中得到很好的验证,当时政府要求确保那些奥运设施在未来的很多年内持续运营。这一方法的目的是确保项目质量，但同时也增加了项目的渐进复杂性。

　　项目采购需要允许有预期的变化，所以在许多情况下需要结合使用多种项目采购方法。重要的是，一定要在有项目选定备选方案并可以付诸实施后再签订项目合同。快速签署项目合同对那些有复杂采购程序的组织机构来说，一旦项目情况发生变化，这些繁琐的采购程序就很可能会给项目带来问题。这通常存在于公共部门的采购中，因为他们的采购往往与财政周期相关，而很少与项目阶段相联系，并且他们的采购审批程序非常复杂。对于那些大型的、渐进复杂性的项目而言，将项目采购分解为可管理的模块会有助于减少因项目采购带来的诉讼费用。

困境和结果

　　对于渐进复杂性项目，往往有一种观点认为项目情况将会趋于稳定，项目的渐进复杂性将完全消失。有时候确实是这样，项目的某个备选方案能够顺利完成；但是真正的稳定状态是不可能的，最好不要徒劳地等待。人们必须先为项目实施制定项目备选方案，而不是等待一切都变得稳定了再实施项目。如果人们在等待局势稳定之前什么项目工作也不开展的话，就会使项目团队失去动力。

　　人们很容易锁定在项目早期的想法或者花了很长时间所形成的想法之上，而随着时间的发展这些想法只适用于过去的情形，现在已经不再适用了。同样，重要的是确保项目团队成员不要自我依附于特定的项目备选方案。审议多个项目团队成员做出的多个项目备选方案将会有助于减少这种锁定想法的产生。

　　项目的不断变化将会大大降低项目经理和团队成员的士气，因为项目经理和团队成员在这种快速变化的环境下可能很少看到他们的某个想法可以完全解决问题和得到落实。

　　这些项目在公共部门是非常难以管理的，因为公共部门的预算与财政周期相关。为了保持项目预算分配的水平，有时在某些项目备选方案上花的钱可能很快就变成不恰当的了。

　　项目的渐进复杂性产生的困境和结果会呈现出一种指数增加的趋势，原因在于项目的规模和持续时间往往会由于该项目的一些关键利益相关者而延长，在此期间项目风险被触发的可能性将急剧增加。

参考文献与进一步阅读资料

Alderman, N. , McLoughlin, I. , Ivory, C. J. , Thwaites, A. T. and Vaughan, R. (2003), "Trains, Cranes and Drains: Customer Requirements in Long-Term Engineering Projects as a Knowledge Management Problem", in von Zedtwitz, M. , Haour, G. Khalil, T. and Lefebvre, L. (eds), *Management of technology: Growth through business, innovation and entrepreneurship*, Oxford, UK: Pergamon Press, 331—348.

Ancona, D. and Chong, C. —L. (1996), "Entrainment: Pace, Cycle and Rhythm in Organizational Behavior", *Research in Organizational Behavior* 18, 251—284.

Argyres, N. S. , (1999), "The Impact of Information Technology on Coordination: Evidence from The B-2 Stealth Bomber", *Organization Science* 10, 162—180.

Arrow, H. and McGrath, J. E. (1993), "Membership matters: How member change and continuity affect small group structure, process, and performance", *Small Group Research* 24, 334—361.

Arrow, H. , McGrath J. E. and Berdahl, J. L. (2000), *Small Groups as Complex Systems: Formation, Development, and Adaptation*, Thousand Oaks, CA: Sage.

Brown, S. and Eisenhardt, K. (1997), "The art of continuous change: linking complexity theory and timepaced evolution in relentlessly shifting organizations", *Administrative Science Quarterly* 42:1, 1—35.

Clark, K. , Chew, B. and Fujimoto, T. (1987), "Product development in the world auto industry", Brookings Papers on Economic Activity 3, 729—771.

Clark, K. and Fujimoto, T. , (1991), *Product Development Performance: Strategy, Organization and Management in the World Auto Industry*, Boston, MA: Harvard Business School Press.

Colarelli, S. M. and Boos A. L. (1992), "Sociometric and Ability-Based Assignment to Work Groups: Some Implications for Personnel Selection", *Journal of Organizational Behavior* 13, 187—196.

DeMaio, A. , Verganti, R. and Corso, M. (1994), "A Multi-Project Framework for New Product Development", *European Journal of Opera-

tional Research 78, 178—191.

Dooley, K. and Van de Ven, A. (1999), "Explaining Complex Organizational Dynamics", *Organization Science* 10:3, 358—372.

Flyvbjerg, B. (2006), "From Nobel Prize to Project Management: Getting Risks Right", *Project Management Journal* 37:3, 5—15.

Flyvbjerg, B., Bruzelius, N. and Rothengatter, W. (2003), *Megaprojects and Risk. An Anatomy of Ambition*, Cambridge: Cambridge University Press.

Garrety, K., Robertson, P. L. and Badham, R. (2004), "Integrating Communities of Practice in Technology Development Projects", *International Journal of Project Management* 22:5, 351—358.

Glynn, M. A., Lant, T. K. and Milliken, F. J. (1994), "Mapping Learning Processes in Organizations: A Multi-Level Framework Linking Learning and Organizing", in Garud, R. and Porac, J. (eds), *Advances in Managerial Cognition and Organizational Information Processing*, 5. (JAI Press, Greenwich, CT), 43—83.

Grant, R. M. (1996), "Toward a Knowledge-Based Theory of the Firm", *Strategic Management Journal* 17 — *Special Issue*, 109—122.

Harrison D. A., Price K. H., Gavin J. H. and Florey, A. T. (2002), "Time, Teams, and Task Performance: Changing Effects of Surface-and Deep-Level Diversity on Group Functioning", *Academy of Management Journal* 45, 1029—1045.

Harrison D. A., Price K. H. and Bell M. (1998), "Beyond Relational Demography: Time and the Effects of Surface-and Deep-Level Diversity on Work Group Cohesion", *Academy of Management Journal* 41, 96—107.

Helm, J. and Remington, K. (2005), "Effective Sponsorship, Project Managers' Perceptions of the Role of the Project Sponsor", *Project Management Journal* 36:3, 36—51.

Hobday, M. (1998), "Product Complexity, Innovation and Industrial Organization", *Research Policy* 26, 689—710.

Hoffman, E. (1997), "NASA Project Management: Modern Strategies For Maximizing Project Performance", *Project Management Journal* 28:3, 4—6.

Horwitch, M. (1982), *Clied Wings: The American SST Conflict*,

Cambridge, MA.: MIT Press.

Ivory, C. and Alderman, N. (2005), "Can Project Management Learn Anything from Studies of Failure in Complex Systems?", *Project Management Journal* 36:3, 5—16.

Ivory, C. and Vaughn, R. (2004), "Managing Projects Through Making Sense of Project Discourses: The Case of Long Term Service—Led Engineering Projects", in Conference Proceedings of EURAM 2004 Conference (Governance of Projects Track), 5—7 May.

Jokinen, T., Muhos, M. and Peltoniemi, M. (2006), "Project Teams and High Performance Culture", *Proceedings of IRNOP VII Conference*, Xi'an, China: Northwestern Polytechnical University, 176—185.

La Porte, T. R. (1994), "Large Technical Systems, Institutional Surprises, and Challenges to Political Legitimacy", *Technology in Society* 16:3, 269—288.

LaPorte, T. R. and Consolini, P. M. (1991), "Working in Practice but Not in Theory: Theoretical Challenges of 'High—Reliability Organizations'", *Journal of Public Administration Research and Theory*: J—PART 1:1, 19—48.

Letiche, H. and Hagemeijer, R. E. (2004), "Linkages and Entrainment", *Journal of Organizational Change Management* 17:4, 1032—1048.

Lindkvist, L., Söderlund, J. and Tell, F. (2004), "Managing Product Development Projects: On the Significance of Fountains and Deadlines", *Organization Studies* 19:6, 931—951.

Loch, C. H. and Terwiesch, C. (1998), "Communication and Uncertainty in Concurrent Engineering", *Management Science* 44, 1032—1048.

McGrath J. E. (1990), "Time Matters in Groups", in Galagher J (Ed.), *Intellectual Teamwork: Social and Technological Foundations of Cooperative Work*, Hillsdale, NJ: Erlbaum, 23—61.

McGrath J. E. (1991), "Time, Interaction and Performance (TIP): A Theory of Groups", *Small Group Research* 22, 147—174.

Miller, R. and Hobbs, B. (2005), "Governance Regimes for Large Complex Projects", *Project Management Journal* 36:3, 42—50.

Miller., R. and Hobbs, B. (2002), "A Framework for Analyzing the Development and Delivery of Large Capital Projects", in Slevin, D., Cleland, D. and Pinto, J. (eds.), *The Frontiers of Project Management Research*, Newtown Square, PA: Project Management Institute, 201 — 210.

Perrow, C. (1984), *Normal Accidents: Living with High Risk Technologies*, NY: Basic Books.

Quinn, J. B. and Pacquette, (1988), *Ford: Team Taurus*, Dartmouth, USA: Amos Tuck School, Dartmouth College.

Sabbagh, K. (1996), *Twenty-First-Century Jet: The Making and Marketing of the Boeing 777*, NY: Scribner.

Schmidt F. L, Hunter J. E, Outerbridge A. N. (1986), "Impact of Job Experience and Ability on Job Knowledge, Work Sample, Performance and Supervisory Ratings of Job Performance", *Journal of Applied Psychology* 71, 432—439.

Scudder, G. D., Schroeder, R. G., Van de Ven, A. H., Seiler, G. R. and Wiseman, R. M. (1989), "Managing Complex Innovations: The Case of Defense Contracting", in Van de Ven, A. H., Angle, H. L., and Poole M. S. (eds), *Research on the Management of Innovation*, NY: Harper & Row, 401—438.

Söderlund, J. (2002), "Managing Complex Development Projects: Arenas, Knowledge Processes and Time", *R&D Management* 32: 5, 419—430.

Uddin, S. and Tsamenyi, M. (2005), "Public Sector Reforms and the Public Interest: A Case Study of Accounting Changes and Performance in a Ghanaian State-Owned Enterprise", *Accounting, Auditing and Accountability Journal* 18:5, 648—657.

Wheelwright, S. C. and Clark, K. B. (1992), *Revolutionizing Product Development*, NY: McGraw-Hill.

Williams, T. (2002), *Modelling Complex Projects*, Sussex, UK: John Wiley & Sons.

第二部分

工具与技术

第七章　这些工具的指南

本章的作用是在前六章的理论阐述和后续章节介绍的实践方法之间起到连接的作用。正如第一章中提到的那样，管理复杂性项目所需的方法比管理那些传统的相对简单与稳定的项目所使用的方法要多且复杂。复杂性项目的管理也是一种高度规范化的管理活动，所以人们应该按照规范去进行管理和项目资源的配置。项目经理在管理项目时就像艺术家一样，需要从很大的调色板中选择最适合的工具和方法，并利用这些工具来产生颜色、形式和纹理以适应当前项目工作的需要。他们会更倾向于开发自己的方法，并且会根据不同的项目而采用不同的项目管理方法。因此，由于项目大小、价值和环境的变化，我们不能只采用一种项目管理方法，项目团队应该开发出适合自己所开展项目需求的项目管理方法（Payne 和 Turner，1999；Shenhar，2001）。

本章中的项目管理工具和方法主要来自我们自己的经验，其他复杂性项目参与者的经验，我们在讲授研究生的项目管理课程时总结的经验，以及我们自己的研究结果和对专业项目经理工作的观察结果。许多高级项目管理人员为此也贡献了他们的智慧，扩大了我们的视野和分析的维度，尤其是在我们不很熟悉的工业部门。另外，最近的项目管理研究还提出了一种观点，就是传统的管理方法可能无法得到最好的管理结果。

我们已经开发了一些项目管理工具，以帮助管理那些特殊的项目，或帮助我们的研究生解决项目管理的困难问题。还有一些项目管理工具和方法经过了一些有经验的从业者在不同行业中的应用，从而已经证明了这些项目管理工具和方法有效性。需要强调的是，我们在此讨论项目管理工具或方法的目的是如何开展项目管理，这比讨论项目管理工具本身更重要。下面我们提到的项目管理工具与方法并不是实际中存在的全部项目管理工具和方法，在许多情况下人们还可以使用其他的替代工具和方法。同时，有很多优秀的项目管理工具和方法在我们的书中只是一般提到而没有进行详细说明，这样做的目的是通过对每个项目管理工具和方法进行讨论而能够给从业者提供一个思路,使他们可以按照项目的管理需要进行改变。项目管理的艺术就是选择合适的项目管理工具和方法,并进行合理和必要的组合,最终能在正确的时间创造出适合于特定情境的项目管理工具和方法。

理论、方法论和工具的关系

在这本书中我们对理论、方法和工具都进行了必要的介绍。关于理论、方法和工具的关系有一种流行的解释方式,那就是把它们看做一种层级关系。在这种层级关系中,人们通常认为理论处在最顶端,方法在理论的下面,而工具则在最低端(如图 7.1)。在这种层次结构中,层级越高就会被认为越偏向哲学层面或者更加理论化,因此它会与实践应用存在着一定距离。相反,在这种层次结构中偏下的层级则具有务实性,并且可以用来对理论进行检验。很多学者和实践者都认为这种关系应当被看做抽象的层级关系(Mingers 和 Brocklesby,1997;Fitzgerald 和 Howcroft,1998;Ragsdell,2000)。

在这个层级结构中,上层构成了一个概念基础和理论支撑,对下面层级的发展起到积极的作用。同时,这些处于较高位置的层级也为下面层级的一致性检验提供了平台。这些哲学层面的理论问题解决的是方法论中关于"为什么"的问题,而方法论中关于"做什么"的问题是由管理方法层面解决的,管理工具和技术层面则是说明"怎么做"(Mingers,1997b)。通过明确这些层级之间的联系,我们可以学到更多的下级应用层面的东西。一个人可以"通过思考理论与方法的联系或者方法与工具的联系,从而学到更多有关工具方面的知识"(Jackson,1999:19)。

在实践中,各级层次在这个层级体系中所起的作用是不同的。但是如果理论与实践没有任何关系,那么理论就没有多大的实用价值,因为只有将理论付诸行动,这种理论才具有价值。理论需要在实践中进行应用和检验。在实践检验中理论带来了工作效率,人们就可以证明理论和哲学的正确性。实际上,这个层级中的下层可以检验上层论述的有效性,从而对理论的有效性进行确认,并对世界本质的理论解释进行再评价,所以模型中的低层次被看做高层次的反馈系统。

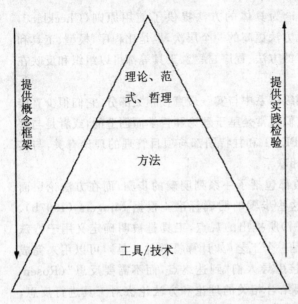

图 7.1　理论和实践的层级关系

什么是理论、方法和工具？

　　要对理论和哲学进行清楚、简明的定义是很困难的,因为在不同的场合不同的人们使用不同的方法就会给出不同的定义,所以也许最合适的方法就是基于其各自功能来给出定义。如此一来,人们就可以这样定义哲学和理论:理论就是人们为检验世界提供的一个正式的概念框架,就是人们如何通过一个明确的视角来审视这个世界。所谓的"范式"则被广义地定义为"世界观,跨越本体论,认识论和方法论……"(Healy 和 Perry, 2000)"……根据一系列基本的哲学假设,定义可能的研究领域的主导本质"(Mingers, 1997b)。人们如果希望更深入地了解范式的本质,那么可以参考库恩的有关著作和观点(Kuhn,1962)。所以,复杂性理论就是一系列描述复杂系统行为的观点、模型和说法,这是本书所使用的最主要理论,当然其他的理论在本书中的某些地方也是适用的。

　　所谓"方法论"则是一套结构化的准则,它用于提高项目的管理效率(Mingers, 1997a)。方法论是从特定的范式中开发出来的,方法论体现了特定的哲学和理论原则(Mingers 和 Brocklesby, 1997; Mingers, 1997b)。然而,方法论本身又不同于理论和哲学,因为它包含了实际的指导方针和做法。Checkland (1981: 162)认为,方法论是处于哲学和技术之间的东西,它既包括哲学的要素,也包括技术的要素。实际上,"技术告诉你'如何做',而方法告诉你'做什么',但方法论则既包括'如何做',也包括'做什么'"

(Checkland，1999)。方法论为具体的方法提供了使用原则(Checkland，2002)，所以可以被看做"比方法更高的一个层次，也是比程序、模型、工具和技术更高的一个层次，所有的方法、程序、模型、工具等都可以组织和反映在方法论之中"。

工具、方法和技术是层级体系中与实践最直接相关部分，它们很少直接涉及理论或哲学。然而，它们通常是基于理论和哲学而创造的，或者是与理论和哲学相联系的。例如 PERT 和甘特图都与项目管理的理论有关，与实证主义和现实主义的哲学相联系。

工具、方法和技术一般都包括了一系列明确的步骤，而在方法论层面上，人们就很难给出使用这些步骤的明确标准。根据 Mingers (1997b)、Mingers 和 Brocklesby(1997)所提出的观点，工具是被明确定义用于特殊的某种活动的。工具可以是一个工艺(如计算机软件工具)，可以用来完成特殊的技能。工具可以直接引导人们"到达终点，而不需要反思"(Rosenhead，1997)，但是人们需要结合相关的理论和方法论去对工具进行反思，因为这样可以从过去的错误中吸取经验来改进工具，以提高未来的工作绩效。

非层级关系

能够充分说明理论、方法和工具三者之间关系的最好方式，就是把它们作为一个层级结构，然而这种说明方式并没有得到系统研究领域和项目管理领域学者的普遍认可。Midgley (2000) 认为，这种层级关系在系统理论和哲学中具有特殊价值是毋庸置疑的，但是他也认为："如果人们认可这种层级关系的话，那么就会导致人们认为一旦工具在实践中遇到问题就会预示着其理论和哲学存在不足，而这种观点是不可取的。"(Midgley，2000：21)但是在现实中，哲学和理论常常会受到实践的挑战，如 Midgley 认为哲学、方法论和工具应被看做是相互支持和作用的。

除了把这种理论、方法和工具的关系看做层级体系之外，还有一些其他的观点。其中 Paton (2001)描述了一个用于管理复杂性项目的有用模型。Paton 的模型是基于许多不同的系统方法论而开发的一个调查和行动的循环模型。这个模型并不关注理论和原理，而是关注如何从实践中创造出管理方法。Paton 在 Midgley (1990；1997)所提出的以创造性方式设计管理方法的基础上构造了这个模型，他发现通过综合多种方法论中的元素来开发满足某种情况要求的管理方法是很有必要的。

实际上，所谓方法就是相互关联的一系列工具，在实践中使用这些方法就可以实现明确而具体的目标(Midgley 等，1998)。方法中包括了一些具有代表性的规则,如建模技术、程序准则等用来描述工作如何进行的东西(Lind 和 Goldkuhl, 2002)。对于 Paton (2001)而言,构造一种方法是为了管理一个特别的问题,所以这个方法是独特的、个别的。方法论则"提供了一种逻辑,帮助我们在给定的一系列工具和技术之上去构建具体方法"(Paton,2001)。所以方法可以被看做方法论与工具的结合,从而在实践领域中所生成的产出物(图 7.2)。

图 7.2 推导和设计方法

资料来源:根据 Paton,2001:99 改编。

方法论作为一种背景和原则指导整个项目过程,在这个过程中我们可以选择或合并特定的工具来实现特定的目标。工具可以用来实现项目实施中特定的需求,在实践中工具实际上是方法的一部分。方法论说明了如何选择方法和工具以及如何将方法和工具用于项目中。"系统方法论使用者们的任务就是将方法论的原理具体到系统方法之中,以适合系统具体情况的需要。"(Checkland, 2002)

虽然图 7.2 这个模型所关注的重点不是理论,但是其也不主张完全放弃理论而纯粹讨论务实。Paton 强调以理论为指导对实践进行反思是很有必要的,而且应当把这种反思看做一种学习的方法。通过对理论的关注,"我们的思维就可以超越那些仅在短期内起作用的简单方法,去分析人们为什么这样做以及如何这样做,这就提高了我们在与实践者进行交流方面的能力,从而我们会有能力开发出更好的方法"(Paton, 2001:100)。这并不是 Paton 一个人的观点,很多系统研究领域的学者都赞同这一观点,即结合相关的理论和方法来进行反思和学习(Checkland 和 Holwell, 1998; Checkland 和 Scholes, 1990; Jackson, 1999,2000)。

因此在本书中我们基于将理论、方法论和工具相结合的办法来帮助项目经理应对各种复杂性的项目。在接下来的章节中,我们将更多地从实践的视角,首先对方法论和完成整个项目的方式方法进行选择,从而帮助人们去管理复杂性项目。之后将提供一系列可供选择的项目管理工具以满足复杂性项目管理的特殊需求。

如何选择方法和工具

　　许多标准的项目管理方法论均假定在项目实施过程中人们会以某种特殊的顺序使用一系列的管理工具,而且管理方法论中所有的管理工具在项目管理中都是有用的。本书并没有提供一种放之四海而皆准的标准项目管理方法,而是主张由项目管理者根据环境和项目的需要从方法论中选择、改变和进一步增加各种方法。当人们管理复杂性项目时,我们认为最有效的管理方法是基于系统理论(在第一章介绍的)的管理方法。在使用系统理论的管理方法时,管理者必须首先识别复杂性项目的类型,然后像艺术家一样,从一系列的方法中进行必要的选择,这些项目管理工具将提供从不同视角去认识和管理不同形式的复杂性项目的具体方法,从而使项目变得能够更好地被管理。

　　第二部分的第 8～16 章描述了如何思考和构建所有项目和项目群管理的方法,这些整体性项目管理方法的作用更像一种方法论,所以这一部分说明了如何将项目作为一个整体进行思考和组织管理。一些组合型管理技术可以用于整个项目的管理中,而其他的管理技术则更加强调如何对项目进行构思和安排。

　　第 17～21 章给出了更多具体的管理工具,项目经理可以使用它们来管理项目生命周期中的复杂性。这些管理工具可以与传统或者非传统的项目管理方式相结合,用来管理复杂性项目,有时候人们可以使用传统的项目管理工具,有时候人们需要使用非传统的项目管理方法。

如何开始使用方法和工具

　　也许通过预测和分析可以给出何时需要使用哪种项目管理工具的答案。管理工具和方法可以作为一种思维方式指导整个项目的进程,但是在确定使用何种管理工具去开展管理在很大程度上取决于项目的规模和复杂性。

　　使用每种管理工具的困难程度表示如下:

使用相对容易的管理工具

 需要有一定经验才能使用的管理工具

 有经验的实践者才能使用的管理工具

还可针对使用该管理工具所需管理人员的数量加以说明：如某种管理工具是你自己就可以使用，还是这种管理工具要由一组人共同使用。

由于所有的项目分类都是人为的，而且多种来源的复杂性可以在任何一个项目中同时存在，因此严格地对管理工具进行分类是不可能的。项目中每一种类型的复杂性可用下面的图形给出示意：

 结构复杂性

 技术复杂性

 方向复杂性

 渐进复杂性

在关于管理工具的讨论开始之前，人们需要对拟解决的问题进行简短描述，包括该问题与复杂性理论的联系方面的描述，以及一些有关的管理理论背景。在说明使用某一管理工具的具体步骤、注意事项以及在管理实践中使用工具的实例之后，人们就可以详细地讨论如何使用该管理工具了。

表 7.1　本书各章所涉及管理工具的总结

章	标题	项目复杂性类型				方法使用时间	
		结构	技术	方向	渐进	生命周期	特殊事件
8	复杂性地图——一种说明项目复杂性来源的简单方法，以及它们如何在项目生命周期中发展变化					*	
9	系统解剖方法——通信产业开发的一种方法，包括用简单图表方法进行项目相关部分协调的方法					*	
10	目标结算成本方法——基于协同工作的项目协议，这是针对建筑工程项目所开发出的管理方法					*	

续表

章	标题	项目复杂性类型				方法使用时间	
		结构	技术	方向	渐进	生命周期	特殊事件
11	项目群管理工具——用来帮助定义不同的管理战略，根据项目类型和复杂性进行项目管理					*	
12	角色定义方法——使用清单定义项目的管理角色,用来管理不同类型的复杂性项目					*	*
13	与时间相关的半结构化(JAZZ)——用于思考复杂性项目组织结构,从而平衡好创造性和项目产出					*	
14	串行多方法论——将"软"系统逻辑的思维方式用于项目或项目阶段的起始和结束的方法论					*	
15	并行多方法论——将"软"系统逻辑方法用于整个项目生命周期中的方法论。					*	
16	虚拟门径——使用各种管理控制门径来帮助管理项目风险的方法					*	*
17	风险的相关性分析——在中小型项目中迅速识别突发风险的项目管理工具						*
18	实时的时间/成本比较——利用不确定性分析的工具来编制项目预算的方法						*
19	可可托维奇(Kokotovich)方法——一组用于协助激发人们寻找创造性项目问题解决方案的管理方法						*
20	斯坦尼斯拉夫斯基(Stanislavski)方法——在特定情况下,帮助人们开拓观点和视角的管理工具						*
21	多元融合方法——帮助项目沟通和管理项目利益相关者之间关系的方法						*

参考文献与进一步阅读资料

Checkland，P. (1981)，*Systems Thinking*，*Systems Practice*，Chichester，UK：John Wiley & Sons.

Checkland，P. (1999)，"Soft Systems Methodology：A 30-Year Retrospective"，in Checkland，P. and Scholes，J. (eds)，*Soft Systems Methodology in Action*，Chichester，UK：John Wiley & Sons，A1—A65.

Checkland，(2002)，"Thirty Years in the Systems Movement：Disappointments I have Known，and a Way Forward"，*Systemist* 24：2，99—112.

Checkland P. and Holwell, S. (1998), *Information, Systems and Information Systems-Making Sense of the Field*, West Sussex, UK: John Wiley & Sons.

Checkland P. and Scholes, J. (1990), *Soft Systems Methodology in Action*, Chichester, UK: John Wiley & Sons.

Fitzgerald, B. and Howcroft, D. (1998), "Towards Dissolution of the IS Research Debate: From Polarization to Polarity", *Journal of Information Technology* 13, 313—326.

Healy, M. and Perry, C. (2000), "Comprehensive Criteria to Judge the Validity and Reliability of Qualitative Research within the Realism Paradigm", *Qualitative Market Research: An International Journal* 3, 118—126.

Jackson, M. (1999), "Towards Coherent Pluralism in Management Science", *Journal of the Operational Research Society* 50, 12—22.

Jackson, M. (2000), *Systems Approaches to Management*, NY: Plenum.

Kuhn, T. (1962), *The Structure of Scientific Revolutions*, Chicago, USA: University of Chicago Press.

Lind, M. and Goldkuhl, G. (2002), "Grounding of Methods or Business Change: Altering Between Empirical, Theoretical and Internal Grounding", Remenyi, D. (ed.), Proceedings of the European Conference on Research Methodology for Business and Management Studies. (Reading, UK) MCIL.

Midgley, G. (1990) "Creative Methodology Design", *Systemist* 12, 108—113.

Midgley, G. (1997), "Mixing Methods: Developing Systemic Intervention" in Mingers, J. & Gill, A. (eds.), *Multimethodology: The Theory and Practice of Combining Management Science Methodologies*, Chichester, UK: John Wiley & Sons.

Midgley, G. (2000), *Systemic Intervention: Philosophy, Methodology, and Practice*, NY: Plenum.

Midgley, G., Munlo, I. and Brown, M. (1998), "The Theory and Practice of Boundary Critique: Developing Housing Services for Older People", *Journal of the Operational Research Society* 49, 467—478.

Mingers, J. (1997a), "Multi-paradigm Multimethodology", in

Mingers, J. and Gill, A. (eds.), *Multimethodology: The Theory and Practice of Combining Management Science Methodologies*, Chichester, UK: John Wiley & Sons, 1—20.

Mingers, J. (1997b), "Towards Critical Pluralism", in Mingers, J. and Gill, A. (eds.), *Multimethodology: The Theory and Practice of Combining Management Science Methodologies*, Chichester, UK: John Wiley & Sons, 407—440.

Mingers, J. and Brocklesby, J. (1997), "Multimethodology: Towards a Framework for Mixing Methodologies", *Omega, International Journal of Management Science* 25, 489—509.

Paton, G. (2001), "A Systemic Action Learning Cycle as the Key Element of an Ongoing Spiral of Analyses", *Systemic Practice and Action Research* 14:1, 95—111.

Payne, J. H. and Turner, J. R. (1999), "Company-Wide Project Management: The Planning and Control of Programmes of Projects of Different Type", *International Journal of Project Management* 17:1, 55—59.

Ragsdell, G. (2000), "Engineering a Paradigm Shift? An Holistic Approach to Organizational Change Management", *Journal of Organizational Change Management* 13, 104—120.

Rosenhead, J. (1997), "Foreword", in Mingers, J. and Gill, A. (eds.), *Multimethodology: The Theory and Practice of Combining Management Science Methodologies*, Chichester, UK: John Wiley & Sons, xii — xiv.

Shenhar, A. J. (2001), "One Size Does Not Fit All Projects: Exploring Classical Contingency Domains", *Management Studies* 47:3, 394—414.

第八章　复杂性地图

使用时间：每次使用大约需要 60 分钟

困难程度：

使用者：关键的项目决策者应该在场，同时项目所涉及的各部门的专家也应当在场。

适合的复杂性类型：

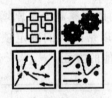

问题

很多复杂性项目的失败都是由于关键决策制定者们很晚才认识到项目是复杂的，但到那时项目已经处于失控状态了。人们应当在项目一开始就认识到项目所具有的复杂性，并且应该马上使用复杂性地图这种项目管理工具，而且你应该使用复杂性地图与项目决策者就项目的复杂性进行交流。此后，在项目每个阶段的起始过程中和每个控制门径中，你都需要再次使用复杂性地图。

目的

复杂性地图能帮助你理解项目面临的复杂性的类型，并在项目决策中结合项目预算、项目计划和项目资源做出合理的项目决策。在每个项目阶段开始的时候,使用复杂性地图可以帮助你绘制出不断变化的项目复杂性类型。

复杂性的类型

用复杂性地图可以发现项目复杂性的类型,因此复杂性地图对所有类型的复杂性项目都是适用的。

理论背景

Turner 和 Cochrane (1993)最早在这方面做出了开创性的工作,就是创造了一个很好的工具——目标和方法矩阵。这种工具就是通过回答一些问题来判断目标是否明确以及方法是否确定,并使用 2×2 的矩阵做出最终判断。Turner 和 Cochrane 根据分类把项目分成了四个区域:第一种类型的项目有明确的目标和确定的方法,这些项目非常简单并可以利用标准的项目管理方法进行管理;第二种类型的项目目标明确,但是管理方法不确定;第三种类型的项目目标不明确(非静态的),但管理方法确定;第四种类型的项目是目标不明确和没有确定管理方法的。Turner 和 Cochrane 的矩阵说明,项目目标与方法越清晰,则项目成功的概率越会急剧增加。

这是一个很有效的项目管理工具,它可以帮助人们确定项目未来是否存在复杂性,及其复杂性是否来自技术或其他的方面。

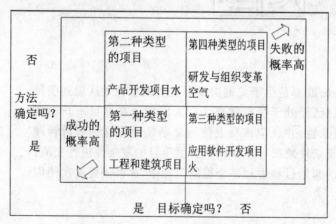

图 8.1　目标和方法矩阵:处理没有明确的目标或实现方法的项目

资料来源:Turner 和 Cochrane (1993)。经过 J. Rodney Turner 教授许可,在此使用。

讨论

有很多学者,包括 Turner,都认为使用这种方法论是非常有用的,这样就可以在不同项目中使用不同的方法（Payne 和 Turner,1999；Shenhar,2001；Engwall 等,2005）。同时,这种方法论非常简单,它可以帮助项目决策制定者识别项目中可能的复杂性来源。这种方法论在下面的情况中是非常有效的,即当你发现需要提高关键的项目决策者对复杂性来源的认识,从而更好地采取各种合适的项目管理行动时。因为此时人们需要在非线性的项目风险出现之前,提前提供项目资金、治理结构和资源方面的保证。

这种工具

复杂性地图用起来很简单,人们可以通过在图表或白板上标记的方式实现。人们也可以通过召开快速研讨会的方式确定复杂性地图,关键的项目决策者应该出席研讨会,同时也需要来自项目不同部门的专家参与研讨会,专家可以基于他们的经验就复杂性的程度提出自己的建议。

第一步

画出图 8.2 这样的图表。

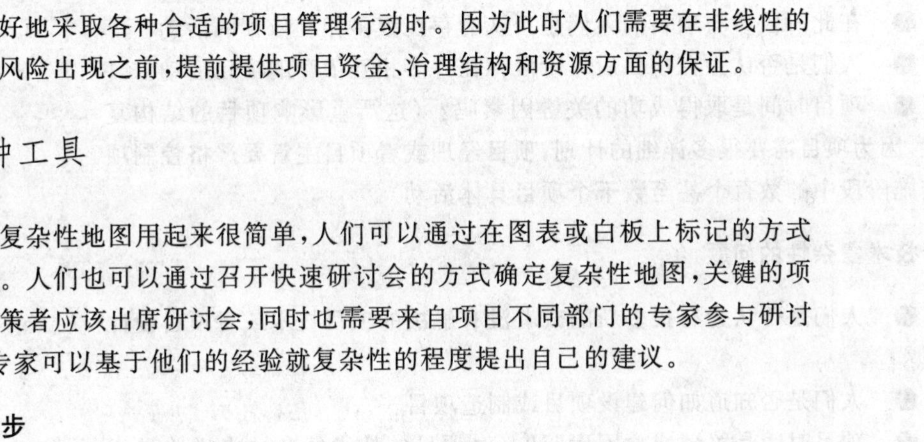

	低复杂性	中等复杂性	高复杂性	
结构（相互联系要素的数量）				
技术（未解决的技术/设计问题）				
方向（模糊性/缺乏目标一致性）				
渐进（关键项目阶段时间推迟）				

低水平 ────────────────── 高水平

图 8.2　绘制项目复杂性地图的基础

使用复杂性地图,应对各种类型的项目复杂性分别进行讨论。首先要对项目每个主要阶段的复杂性进行讨论,因为随着时间的变化,各种项目的复杂性也会发生改变,所以要围绕下面给出的问题对与会的每个人进行提问。

关于结构复杂性的问题

- 项目有多大?
- 有多少项目的承包商、分包商、供应商参与?
- 在此阶段参与项目的人们是否认为存在很多相互依存的活动?
- 人们是否认为在项目后续阶段存在许多相互依存的项目活动?
- 项目时间是取得成功的关键因素吗?(这严重影响项目的结构复杂性,因为项目需要很多详细的计划,项目经理或者项目主管要严格控制项目实施阶段中的数百个甚至数千个项目具体活动)

关于技术复杂性的问题

- 人们是否认为有很多新的或者没有解决的项目技术或者项目设计问题?
- 人们是否知道如何建设项目或制造项目?
- 项目时间是关键成功因素吗?(对项目的技术复杂性来说这是很重要的,因为如果项目时间有限,人们就很难找到满意的项目解决方案)

关于方向复杂性的问题

- 人们认为目标是什么?(每个人都要单独回答此问题——人们很容易做出这样的推论,即"如果我认为很清楚,那么其他人也一定很清楚",实际上不是这样)
- 人们是否都同意项目的目标?(全面地回答这个问题会使人们意识到项目的方向复杂性程度)
- 人们认为项目具有多少站在不同立场上的利益相关者?
- 项目有时间方面的约束吗?(这会增加项目的方向复杂性,因为在时间限制下人们面对各种不同的需要和欲望时,要产生一致的解决方案是很困难的)

关于渐进复杂性的问题

- 有固定的项目开始/完成的日期吗?
- 是否有需要解决的、关系项目成败的政策和环境问题?

● 在项目实施过程中如果产生问题,会出现推迟项目的情况吗?
● 项目分包商和供应商是否存在可能影响项目供应的垄断问题?

一旦回答了上述问题,人们就可以画出项目的复杂性地图了。图 8.3 就是关于 IT 开发项目的复杂性地图。在 IT 开发项目生命周期的早期阶段绘制出项目的复杂性地图,可以说明项目团队对项目目标的认识基本上是一致的,这样项目就会有相对较低的方向复杂性。由于项目的规模不同,因此项目的结构复杂性程度就有高低之分。在项目的技术分解时,如果有新的技术领域,那就会有较高水平的项目技术复杂性。另外,由于项目技术开发的速度非常快,因此项目很有可能发生变化,所以就会有中等到高等的项目渐进复杂性。

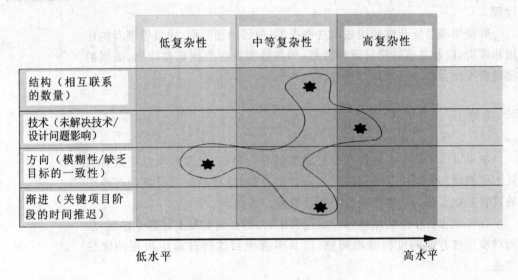

图 8.3 IT 开发项目的复杂性地图

在整个项目生命周期中的每个主要阶段都要重复上述过程,这样人们就可以绘制出整个项目各阶段的复杂性地图了。

在每个项目决策点和控制点上,人们都可以再次绘制项目的复杂性地图,因为项目复杂性地图会随着项目的进展而发生变化。

根据项目复杂性地图可以制定项目的某些决策,这包括关于项目管理结构、角色和责任以及其他的项目管理战略,如项目应急预算和控制、合理的项目资源配置以及项目采购方法等。

步骤

1. 召集项目决策制定者和关键项目领域的专家。
2. 绘制基本的项目复杂性地图。
3. 解释不同类型的项目复杂性。
4. 提出问题并针对每种类型的项目复杂性达成一致。
5. 划分好层次并绘制出各层次的项目复杂性地图。
6. 在每一个项目主要阶段重复上述过程，从而得到整个项目生命周期的复杂性地图。
7. 在每一个项目主要阶段或在重大项目决策点开始时，重复上面的过程。
8. 使用项目复杂性地图做出这些决策：项目治理结构，项目管理者的作用和职责，以及其他的项目管理战略，如各级项目应急预算和计划、适当的项目资源配置和项目采购方法等。

注意事项

如果可以围绕上表收集到充足的项目专业知识，关键的项目决策者会从不同侧面拥有对项目不同层面复杂性的经验，这样绘制项目复杂性地图的过程就能实现人们期望的最大项目收益。

在每个项目阶段的结束和开始过程中，人们必须重复上述这个过程，从而对项目这方面的过程做出调整，以及审查项目这种过程中出现的隐性信息。

请记住，由于人们所依据的资料都是手头上的即时信息，在项目各个阶段初步估计的项目复杂性程度往往会有错误，这就是人们必须频繁地重复这种项目复杂性地图过程的最重要原因。

对于复杂性程度的估计情况取决于人们对复杂性构成的理解，反过来项目的复杂性也与人们的管理经验多少有关，二者具有很高的关联性。例如，一个经常管理小型基础设施建设项目的经理，就可能把一个较大的项目看做结构复杂性的项目，但是对于一位经验丰富的项目经理，他看待同样的项目就不会觉得那么复杂了，因为他已经习惯了管理大型工程项目。这说明人们需要找到正确和具有合适经验的人来管理项目，这对项目的成功是很重要的。

实际案例

以地区医疗服务项目为例,在这个大项目开始时,潜在的复杂性如图8.4所示。

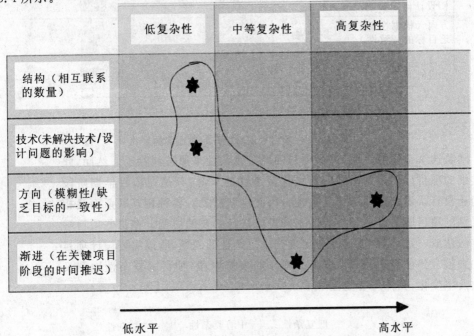

图8.4　医疗服务项目定义阶段的复杂性地图

主要项目利益相关者在医疗服务项目定义阶段的预计是,这种项目的结构复杂性和技术复杂性很低,而且此时也不会打算建立任何大型的基础设施,他们依据的假设是现有地区医疗设施可以通过简单的升级改造继续使用。然而,此时他们认为项目的方向复杂性是很高的,因为进一步分析表明,项目的目标是不明确的,当然这也就无法在项目主要利益相关者之间达成一致。特别是从政客的承诺中可以看出存在着矛盾的观点,大部分项目的条款都是非常模糊且华而不实的。这种项目的渐进复杂性也被认为是相对高的,因为这个项目是在选举年发起的。

到项目计划阶段时,这一项目的复杂性地图就变了,基于对项目的方向复杂性感知,人们举行了一些研讨会并使用了鉴别查询技术,紧跟他们举行了价值管理研讨会,确定具有最佳经济效益的项目解决方法。到项目计划阶段开始的时候,项目的复杂性地图就变化到了如图8.5所示的样子。

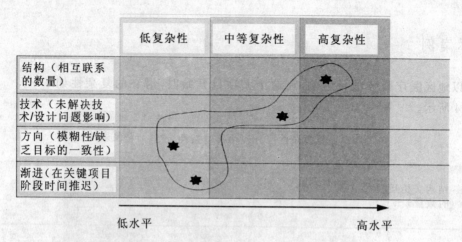

图 8.5　在项目计划阶段开始时地图的变化

随着选举工作的完成,许多项目的渐进复杂性来源被消除了。然而,此时详细的项目计划暴露出了项目结构复杂性的来源,只是在项目早期阶段人们还没有认识到这些结构复杂性。因此这就需要对各种相互联系而又相互区别的项目所需设备和必要的基础设施进行必要的协调。在这些项目解决方法达成一致之后,项目就会出现技术复杂性的问题,所以需要设计项目软件去整合各种不同的项目服务。在项目实施阶段,项目的复杂性地图又一次发生变化,具体可参见图 8.6。

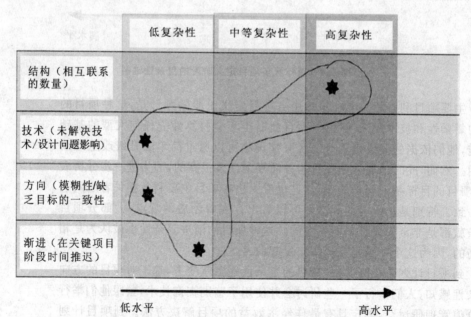

图 8.6　在项目实施阶段开始时地图的变化

　　在这一项目阶段,项目的技术和方向复杂性都会被剔除掉,从而只剩下一些时间复杂性。由于项目服务的垄断性,即没有其他可行的服务替代供应方,所以可能造成项目的延误,从而产生项目的渐进复杂性。然而,直到项目结束,项目的结构复杂性仍然会相对较高。

　　在通常情况下,人们为了减少项目的复杂性,在很大程度上需要依赖项目关键利益相关者在项目目标上达成一致,并找到达到这些项目目标的方法。最初那些华而不实的项目问题会导致对项目问题分析的不完整性,只有到了所有项目关键利益相关者聚集在一起时,他们才会发现不同部门人员的需求是不同的,此时项目问题的真正本质也才会显现出来。最初人们认为项目有结构复杂性,这对于项目而言并不是大问题。最后确定的项目解决方法会给出项目的结构复杂性水平,项目的结构复杂性虽然程度不同,但这种复杂性会一直持续到项目结束。参与绘制项目复杂性地图的人们必须认识到,这一复杂性地图的编制过程对于制定项目管理战略是非常有用的。

参考文献与进一步阅读资料

Engwall, M., Kling, R. and Werr, A. (2005), "Models in Action: How Management Models are Interpreted in New Product Development", *R & D Management* 35:4, 427−439.

Payne, J. H. and Turner, J. R. (1999), "Company-Wide Project Management: The Planning and Control of Programmes of Projects of Different Type", *International Journal of Project Management* 17:1, 55−59.

Shenhar, A. J. (2001), "One Size Does Not Fit All Projects: Exploring Classical Contingency Domains", *Management Studies* 47:3, 394−414.

Turner, J. R. and Cochrane, R. A. (1993), "Goals-And-Methods Matrix: Coping with Projects with Ill-Defined Goals and/or Methods of Achieving Them", *International Journal of Project Management* 11, 93.

第九章　系统解剖方法

使用时间：适用于整个项目的全过程

困难程度：

使用者：每个阶段的项目利益相关者

适合的复杂性类型：

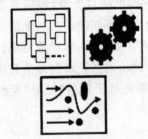

问题

　　对项目经理和项目团队成员而言，协调大型跨国的项目就表示有很高的复杂性程度。为了应对管理某些复杂的通信系统开发项目的挑战（如第三代移动通信网络），爱立信的项目管理实践者开发了这种系统分解的方法。这些大型跨国的项目经常处在全球化的项目开发环境中，所以要完成项目就会涉及很多不同的组织。协调和管理好这些大型的项目，会涉及技术、市场和组织之间的相互依存。另外，这些大型跨国的项目也面临着该项目领域专业技术高速发展，以及不断发展变化的标准和客户需求方面的挑战。

在项目开发过程中,任何项目管理的办法都必须具备灵活性,以便能够吸收新的项目解决办法或功能。为了满足既定的和突变的项目目标,人们必须动态地管理整个项目所面临的新形势和新机遇。

目 的

系统解剖方法的目的是帮助项目关键利益相关者在电信业开发项目中对相互依存的项目活动进行计划和交流,因为这些开发项目都是具体的、大型的、国际化的和多地点的项目。然而,系统解剖的基本方法可以扩展到任何在开发和实施过程中存在类似限制条件的行业项目之中。

系统解剖方法能够有效地解决这一问题,这种方法就是由主要的项目利益相关者把总体项目规划和项目交流文件有效地压缩成一页纸,即项目"框架"。在定义项目"框架"的过程中,项目关键利益相关者要就这些大型的全球性项目中相互依存的关系进行沟通并得出共同理解。把项目关键文件放在单独一页纸中,项目利益相关者就能掌握项目的复杂性,以及项目各个系统部分的变化会带来的结果。

系统解剖方法是一个整体性的方法,然而这种方法绘制的项目决策模型(如何在考虑经济、资源以及商业机会的情况下做出项目决策)和项目工作模型(决定如何开发项目系统)与传统的项目模型是不同的。在通常情况下,项目决策模型和项目工作模型都是以线性的方式实施的,即特定的项目文件应该在特定的项目决策点上准备好。本书所建议的系统解剖方法是项目决策模型仍以线性方式进行,而项目工作模型则是基于项目"框架"所给出的依赖于功能和项目实施计划的方法。

复 杂 性 的 类 型

系统分解的方法可以处理三种类型的项目复杂性:结构复杂性、技术复杂性和渐进复杂性。这种方法是通过建立对项目中的相互依存关系方面的共同理解,来管理项目的结构复杂性的。该方法通过提供一个简单明了的交流方式,来传达整个网络中的任何相关元素变动的后果,从而对各种项目因素的发展变化进展情况进行监控。在大型设计和开发项目中,项目的复杂性来源于大量的互相依赖的项目元素,在理解和交流这些相互依赖的项目元素时产生的困难,以及项目系统中由于设计变更而带来的各种变化。

这里特别针对电信业的开发项目解决项目技术复杂性问题进行说明,因为这些项目的特点是:在项目系统的任何部分可以开展项目"活动"之前,人们需要解决多种项目的设计问题,包括项目质量的测试、修改和调整等。

　　项目的渐进复杂性要求所有的项目利益相关者快速对项目的变化进行交流,而管理项目的渐进复杂性关键就在于这种灵活性。系统解剖方法可以使所有的项目关键利益相关者能够明显地看到项目变化所带来的结果,从而可以快速制定新的项目计划。在由政策主导的项目环境,如通信全球化的环境中,灵活性与快速反应能力是项目成功所必需的。

　　另外,由于项目工作团队的国际化,以及项目工作地点的多点化,使得有必要将项目系统中所有部分的发展变化和由此所导致的相互依存关系的变化,以及由这两方面所产生的结果,通知到项目的每一个人,而这些就构成了项目的结构复杂性。

理论背景

　　在这种项目情境下,最困难的任务就是:通过沟通交流去确立一种共同的工作方式,这个方式可以解决所有人所关注的需要协调的事情以及如何进行协调的问题(Taxén,2003；Lilliesköld,2003)。在大型国际化项目中,人们从事的项目和所处的项目团队在地理上可能是分散的,同时来自不同文化和讲不同语言的团队成员都有不同的角色 (Taxén,2004；Eriksson et al.,2002)。这种情况下,协调可能需要随着新情况、新观点和新的市场需求等发生变化。

　　人们往往对某一特定专业领域非常精通,如系统分析、软件或者硬件设计等。Lilliesköld 和 Taxén (2004) 在其研究成果中提到了某特定的个人或群体的工作方式会受到他们的专业领域、位置或文化的影响,这样就会形成特定的"工作方法"。每种"工作方法"都有其自己的思考方式,特定的工具、方法和规范等。在某种"工作方法"中人们所采取的行动都会固定下来,然而这些行动可能会影响到其他人的"工作方法"。这些"工作方法"将影响到项目的管理。

　　由于项目具有复杂性,因此要从整体上预测任何项目开发任务的行为和结果都是困难的。例如,某个项目行为可能在一个特定的"工作方法"中看起来是合乎逻辑的,而在其他"工作方法"中可能被认为会产生不可管理的后果。因此,在复杂系统开发中,人们就需要有一种可以调和不同"工作方法"的办法。任何方法都应至少具有两种特征:其一是在每种"工作方法"中和各种"工作方法"之间都很有意义;其二是让这些"工作方法"中的人们认识到可能采取什么行动,并预测这些行动对其他"工作方法"的影响。

讨论

电信网络是一个真正的复杂系统，它被称为世界上最大的机器。它包括许多交互节点，每个节点实施某种功能，如追踪手机或个人手机收费等。它使用多种技术，包括无线电、光学、软件、硬件和机械技术。现有旧的系统与最先进的系统会并存，如发展中国家在这些系统中所使用的方法被称为分布式软件开发（Distributed Software Development，DSD），也被称为全球软件开发和离岸开发，这种开发方式是为了满足降低成本的需要，以及开展24 小时开发和联系世界各地的客户。有一个项目旨在开发一个第三代移动通信系统网络的节点，大大地扩展通信数据传输的能力。项目实施一年多以来涉及了几千名参与者。开发项目通常在全球各地许多不同的地点进行，每一个工作地点都可能有一定程度的自主权。

20 世纪 90 年代，Lars Taxén 和他的同事们在爱立信公司开发了独特的离岸软件开发（DSD）方法，现在被称为集成中心开发（Integration Centric Development，ICD）方法。该方法基于两个基础：第一个被 Taxén 称为"基于解剖的工程过程"（Anatomy－Based Engineering Process，ABEP），其目的是管理项目中关键功能之间的依赖关系。第二个是"主导构造过程"（Domain Construction Process，DCP），这是在项目过程中的运作协调，目的是为了提供全球化的协助支持，也是为了就应该协调什么以及如何协调，使人们就项目问题达成共识。

基于解剖的工程过程的动机来源于对复杂项目进行理解的需要——需要理解在任意时间活动和结果之间如何互相依赖。传统项目管理的过程没有对这个问题给出很满意的说明。这种方法用"框架"说明这方面问题的好处就在于，它在一个页面上就展示了系统从开始到运作中功能之间的互相依赖。这种功能依赖性说明了系统中某些特定元素的属性，这种属性提供了系统中其他要素所需的能力。这种方法就是为了以一定的顺序来设计和测试系统，从而实现特定的系统功能，因此人们需要开展对系统的分解。

例如，为了使一个汽车的发动机正常工作，首先需要打开汽车启动按钮，如果汽车电池有电则启动电机开始运转。汽车机轴开始转动并提供润滑，然后四冲程汽车发动机开始转动。接着，内燃机汽化器给汽车发动机提供油料和空气。汽车发电机为火花塞提供电力，然后点燃油料使得汽车发动机引擎在空闲状态下启动运行，并随时准备为汽车行走而工作。

促进主导构造过程产生的动机来自需要为基于解剖的工程过程提供工具，从而可以管理需要协调项目的多种元素。这些项目元素包括项目需求、项目变更、对系统进行描述的产品和文件、测试系统功能的案例、给客户的交付物、项目里程碑和基线等，人们需要通过这些元素对项目的进程进行计划和控制。提供支持性的项目管理工具非常重要，因为这样就可以达成关于所有项目元素的特点及其相互联系的共识。"构造"这个词用来说明项目协调的内涵，即应当由项目所涉及的团队进行持续的开发而形成"结构"。很显然，这个项目团队并不能包括整个组织，它仅仅是一个较小的组织或者组织"范围"，这个组织有责任使用该项目管理工具来实现更加有效的项目协调。

这种工具

基于解剖的工程过程(ABEP)

Taxén 和 Lilliesköld（2005）的研究成果描述了项目"解剖"的过程：

1. "解剖"的定义

2. 逐步完善的计划

3. 逐步完善的定义

1."解剖"的定义

项目"解剖"中的方框表示功能，线条表示依赖关系（见图 9.1）。项目"解剖"是自下而上的结构，这就像一棵树一样。这个项目"解剖"是通过一些项目会议创建的，并且是通过回答下面这样的问题而开发出来的。例如，"如果你打开电源开关，接着会发生什么呢？"这一问题需要重复，直到实现了最终的功能。在确定项目"解剖"所包括的功能时，人们需要强调它的集成性和可测试性，因为这个项目"解剖"不仅用于项目计划也用于项目的监控。对构造项目"解剖"的人而言，最后得到的项目"解剖"形式是很具体的，因为这个项目"解剖"最终是要被大家共享的。因此，需要所有的项目关键利益相关者都参与到项目"解剖"的构建中，这一点也是非常重要的。

2.逐步完善的计划

第二步的目的就是确定项目如何实施，项目功能被逐渐归类、开发和整合，通过这种方式的每次完善所产生的附加功能都是可以实施和检查的。我们的目的就是尽可能同时地进行项目设计和检测，以减少准备时间。决定如何对项目开发工作进行分配是在以下基础上进行的，包括对现有资源的分析、客户的反馈（如交付功能的优先顺序）、功能实现的困难程度、资源的地域分配、功能是联合测试还是单独测试等。例如,在图 9.2 中将"SPU 重设"功能和"SPU 自检测"功能的同时测试增加进来就是合理的,因为这些功能极可能是由同一组掌握信号处理器(SPUs)相关知识的人开发的。再举一个案例,为了给系统的其余部分提供一个测试合格的、固定的平台,人们就需要"启动"、"MAI 循环"和"MAI 重设"这些功能(这些功能都是基于"MAI 重设"功能之上的)。因此,把这些基本功能放在一个"平台"上去完善就是合理的。

在这一步所强调的是,每次完善过程中间的相互依存关系,而不是功能之间的联系。然而人们必须记得的是,前一步骤所得出的"解剖"是每次进行完善的基础。

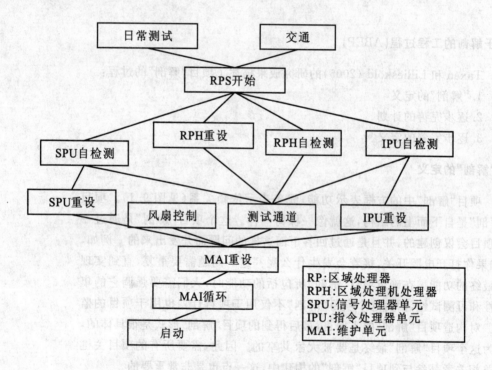

图 9.1   电信项目的解剖图

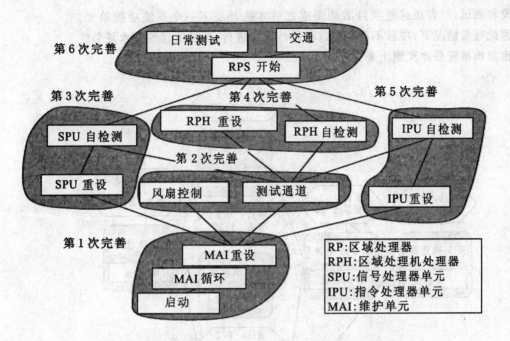

图 9.2　基于相互关系的持续完善的解剖结构示意图

3. 逐步集成的计划

第三步是划分子项目之间的工作,确定这些工作由谁来交付,什么时候交付成果,并就这些问题达成共识。在这个阶段,一旦经过项目关键利益相关者的协商同意,人们就可以使用传统项目管理中的时间和资源计划为实施每次完善过程分配资源和确定时间了。

在项目实施过程中,项目集成计划是一个交流的工具,用来说明项目在任意时刻的进展情况。使用"交通信号灯"(绿灯代表行,黄灯代表警示,红灯代表停)能够清晰地表示出由于延误所产生的影响,使项目管理团队有时间采取纠偏行动。

乍一看来,项目集成计划好像是传统的优先顺序图(如 PERT 图),专门用来说明任务之间的相互依赖关系,然而项目集成计划和顺序图的创建方法是完全不同的。项目集成计划关注于功能和每次完善过程之间的相互依存关系,而传统的优先顺序网络图关注的是项目活动之间的相互依存关系。优先顺序网络图是基于项目各个活动之间的严格顺序关系绘制的,一个项目活动完成后就会进入到下一个独立的项目活动。在这种项目方法中,功能之间相互依赖关系是嵌入在活动之间的相互关系中的,因此并不是人们关注的焦点。这些项目方法包括对系统的某个元素或元素群的循环开发和测试,只有在这些项目活动完成之后才能开发下一个系统功能单元。因此通常情况下,项目不可能以这种线性形式进行,同时项目的技术复杂性也很难被轻易地预测出来。

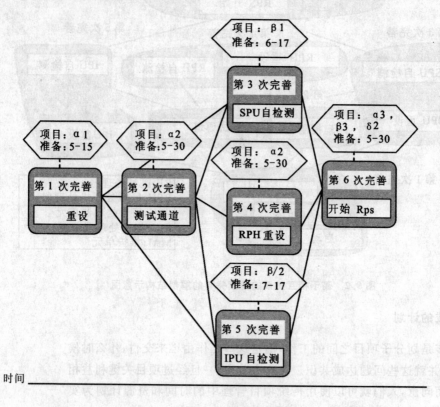

图 9.3   项目集成计划

另外,项目集成计划关注的重点在于重要性、明确性以及可操作性,其目的在于就"交付什么项目功能才能实现系统的整合"这一问题去形成共同的认识。在优先顺序图中很少强调这一点,因为创造这种图的目的是为了开展项目的进度安排,解决项目设计上的问题。在开展多个项目设计决策的同时,要关注详细的项目活动顺序并创造大量的信息,帮助人们建立对该项目的共识。系统解剖方法使用一个简单的说明办法——"解剖",使不同的项目利益相关者在协调项目时达成了共识。一个正在实施的项目会处在动荡的环境中,所以需要针对项目外部和项目内部的频繁变化重新开展项目计划工作。一个项目元素的重新计划可能会影响项目过程中的其他步骤。所以将这个"解剖"放在一张图表中,可以使项目的关键利益相关者在任何时间都把项目和环境作为一个整体,从而看到发展变化所带来的影响。

主导建设过程(DCP)

　　系统解剖方法的第二个阶段就是项目程序的实施,它为管理基于解剖的工程过程的协调工作提供支持。Taxén 的方法(2006)关注于通过项目协调活动达成足够的共识,经验表明这是一项非常繁重的项目管理任务。主导建设过程的核心观点就是项目开发工具对协调活动进行支持,并就使用这些工具来支持项目活动协调达成共识。这种工具的支持作用包括:项目需求跟踪、项目里程碑监控、项目状态分析、项目过程顺序变化的管理、项目后续过程的测试等。为了达到这些目的,一个项目团队应当建立项目的概念模型(也被称为项目的"情境"模型),来对项目定义进行协调。项目的情境模型说明了项目团队成员所关注的那些与管理基于解剖的工程过程有关的事项。

　　通过对项目情境模型的反复修改,同时实施并评价这种模型在现实环境中的作用,就能够逐渐形成一个对开发和建设项目有用的模型,这样也就有了项目管理的工具支持,以及对这些项目要素的共同理解。

步骤

　　下述步骤中包括了基于解剖的工程过程(第 1～3 步)和主导建设过程(第 4 步):

1."解剖"的定义

　　人们可以使用记事贴的方法并邀请有关的项目关键利益相关者来定义"解剖"。人们应当从"解剖"底部开始定义,为此向项目的关键利益相关者提问,如"如果一旦开始项目则接下来会发生什么呢"。在这种"解剖"中,方框表示功能,线条表示相互依赖关系(如图 9.1)。

2.逐步完善的计划

　　项目的功能被逐渐地归类、开发和整合,在这种方法下对每次完善过程进行实施和核查之后,项目的附加功能就可以实现。这时应该强调的是所有新增项目要素之间的依赖关系,而不是每个项目要素之间的依赖关系(如图 9.2)。

3.项目集成计划

　　项目的关键利益相关者要开展划分子项目的工作,人们要决定由谁来交付哪个子项目以及什么时候交付并对此达成共识。使用传统项目管理的时间和资源计划就可以为此分配资源并决定每次这种完善过程的结束时间了。

4. 定义情境模型

这表明了哪些项目要素需要协调，人们可以利用 PowerPoint 或者 Visio 等来完成这种模型。我们需要利用一个工具来运行这种模型，这就要求这个工具能够方便地改变项目实施过程。Matrix-One 公司（www. matrix-one. com）推出的"矩阵"工具就是一个好的案例，它可以将相关项目数据加载到该工具中，如项目需求、功能、增量、交付物等。人们可以通过总报告等文件对项目结果进行评价，如果评价结果不满意就可以修改模型并再次实施，然后再评价结果，通过不断地重复这一过程来生成对项目有用的情境模型。

实际案例

早期使用系统解剖方法的项目之一就是 1995 年至 1999 年开展的一个项目（Lilliesköld et al.，2005），该项目的目标是开发爱立信交换系统的中央处理机，即 AXE 系统。由于各种项目因素，如新技术、分布在世界各地的许多子项目、新的客户关系、文化差异、新任命的项目经理等，使项目表现出极端的杂乱，甚至接近于混乱。项目团队运用系统解剖方法使项目回到了正轨。观察员报告说，使用"解剖"的方式能起到以下作用：

每个人在项目中的角色对其他人而言都是可见的，这就能够帮助人们更好地理解系统/项目，并预期他们行动的结果。使用系统解剖技术可以更好地开展项目计划，使很多项目设计和检查活动可以与项目控制活动同时进行。系统解剖技术使项目活动之间的相互依赖关系清晰可见，这就可以尽早开始进行系统功能的整合，如果有必要还可以尽早开始项目实施，这样就更容易控制项目的收益，如果把所有项目集成工作都留到项目结束时再做，就会产生很多不必要的困难。使用系统解剖方法有利于监控项目的进程，从而使用类似交通信号灯的方式去使项目的进展有目共睹。

另外一个案例是第三代移动通信系统的开发，时间大概是在 1999 年到 2003 年之间（Taxén，2003,2006），内容包括了大约 140 个主要的项目和子项目。系统中的一个节点——移动交换中心，就包括了 27 个子项目，分别分布在 18 个国家的 22 个开发单元。这个项目面临着项目需求不明确、3G 标准没有确定、项目规模很大、项目分布在全球、项目使用最前沿的技术等

问题,这些对爱立信公司来说都是很大的挑战。1999 年,所有的项目经理对这种情况的描述如下:

为了使爱立信公司能把这个世界领先的产品在第一时间推向市场,需要处理项目中大量的技术变化问题。这些技术变化很有必要,但是变化的范围太大,因此使用传统的项目管理方法就难以进行管理了。所以需要将基于解剖的工程过程和主导建设过程二者结合使用,才会产生非常深远的影响。

该项目总经理的描述如下:

我认为如果没有这方面的工具,这个项目就无法运行,特别是对于项目实施的部分。你可以简单地去看待新增加的项目工作数量、已经交付项目产品的数量和我们已经完成的项目交付物的数量,但是如果仅靠我们人工进行管理的话,那将会是一个很大的灾难。

参考文献与进一步阅读资料

Eriksson, M., Lilliesköld, J., Jonsson, N, and Novosel, D. (2002), "How to Manage Complex, Multinational R&D Projects Successfully", *Engineering Management Journal* 14:2, 53—60.

Lilliesköld, J. (2003), "Coordinating Dependencies in Complex System Development Projects", Proceedings of the IEEE Engineering Management Conference, IEMC'03, Nov., 400—404.

Lilliesköld, J. and Taxén, L. (2004), "Coordinating Dependencies in Global System Development Projects—the Use of Dependency Diagrams", Engineering Management Conference, 2004, IEEE International 2, 755—759.

Lilliesköld, J. and Taxén, L. (2006), "Operationalizing Coordination of Mega-projects—a Workpractice Perspective", *Proceedings of IRNOP VII Conference*, Oct., Xi'an, China: Northwestern Polytechnical University, 574—587.

Lilliesköld, J., Taxén, L. and Klasson, M. (2005), "Managing Complex Development Projects—Using the System Anatomy", Proceedings of the Portland International Conference on Management of Technology and Engineering, PICMET'05, July—Aug.

Taxén, L. (2003), "A Framework for the Coordination of Complex Systems' Development, Dissertation No. 800". Linköping University,

Dept. of Computer and Information Science. Available at www. eliu. se/diss/ science/08/00/index/html, accessed Oct. 2006.

Taxén, L. (2004), "Articulating Co-ordination of Human Activity—the Activity Domain Theory", Proceedings of ALOIS, Second International Conference, March 17 − 18, Linköping, Sweden. Available at www. vits. org/konverenser/alois2004/proceedings. asp, accessed Nov 2004.

Taxén, L. (2005), "Categorizing Objective Meaning in Interacting Activity Systems", in Whymark, G. and Hasan, H. (Eds), *Activity as the Focus of Information Systems Research*, Everleigh, Australia: Knowledge Creation Press.

Taxén, L. (2006), "An Integration Centric Approach for the Coordination of Distributed Software Development Projects', *Information and Software Technology* 48, 767−780.

Taxén, L. and Lilliesköld, J. (2005), "Manifesting Shared Affordances in System Development − the System Anatomy", Proceedings of ALOIS, Second International Conference, March 15−16, Limerick, Ireland. Available at www. alois2005. ul. ie, accessed Feb. 2006.

Taxén L. , and Svensson, D. (2005), "Towards an Alternative Foundation for Managing Product Life-Cycles in Turbulent Environments", *International Journal of Product Development* 2:1/2, 24−46.

第十章 目标结算成本方法

使用时间：这个项目管理工具是针对整个项目的，适用于项目全生命周期。

困难程度：

使用者：有经验的工程项目经理

项目管理团队是在项目的协同工作协议（CWA）之下运作的，协同工作协议团队将项目经理、客户、设计顾问、承包商、分包商、供应商组织在一起，形成一个团队，并建立起一定的项目组织结构以保证所有人都一起工作并达到既定的共享目标。

适用的复杂性类型：

项目的目标结算成本方法很好地结合了新旧两种方法。协同采购方法则结合了一些建筑/工程项目管理领域中功能强大的工具。

问题

最近几年，很多重要的建筑项目都没有达到既定的成本目标。这是由很多原因造成的，包括高利率、通货膨胀、围绕少数项目展开的竞争、保证金削减和失去控制的投机行为等。当然，项目组织欠佳、建筑服务中投标的费用因素导致的设计详细程度减小、项目结构不合理、沟通问题以及美国日益增加的诉讼的影响等,都被认为是导致项目索赔缠身的关键因素。

超大型的建筑和工程项目都存在结构复杂性的特征。由于环境是超出项目经理直接控制范围的,一系列表面上看起来很小的项目风险一旦被触发,可能会迅速引发其他没有联系的项目风险事件逐步扩大。如果没有及时识别和处理项目风险的话,对项目而言就是很严重的。从复杂性视角分析,这就像一个阶段的变化,会有"流沙"的效应,使项目很快失去控制。

目 的

大多数传统项目采购系统最终都采用对立的方法,而不是合作的方法来应对项目的挑战。目标结算成本方法的目的就是为了在合同各方之间建立基于合作的工作安排。同时,在项目质量、预算和进度控制方面使用的都是传统的项目管理工具。这种项目管理的方法隐含着这样一个事实,即主要的项目当事方都希望获得最大效益:项目客户希望获得高质量的产品,在项目预算范围内按时交货,获得最高的项目投资回报率;项目经理总是想要进行严格控制,从而使项目为各方提供最大化的利益。

项目的协同工作协议的好处包括以下方面:

- 提高项目成本、时间和质量的可预测性;
- 减少项目风险;
- 降低项目成本;
- 使项目各方在团队中做出最大的贡献;
- 理解其他各方面的项目管理问题;
- 不断地改进项目过程,以实现项目各方的利益;
- 开发长期的合作关系和高效率的供应链;
- 改善项目交易绩效,更好地进行项目进度控制;
- 当项目情况恶化时,用变通的办法减少项目的延误;
- 适用既定的项目管理方法。

复杂性的类型

这个管理工具特别适用于管理结构复杂性的项目,而结构复杂性通常存在于大型工程和建筑项目中。完成这些结构复杂性项目需要开展大量的管理活动,因为结构复杂性主要来自对这些项目活动的交付时间、成本和质量的管理控制存在很多困难。这种项目的每个项目活动中都包括了独立的项目子合同和项目供应合同,通过项目进度安排可以看出这些项目活动之间存在着时间上的相互依存关系。项目中微小变化的积累或时间安排的延误都可能导致一个阶段性的变化，从而使项目像雪崩一样迅速失去控制。

另外，这些大型项目也具有其他类型的复杂性，尤其是技术复杂性和渐进复杂性。大型公共建筑和工程项目特别容易受到渐进复杂性的影响。然而目标结算成本方法，尤其对结构复杂性项目而言是非常有用的，可以使项目在合理的短时间内交付，如在不到 12 个月（其中一些可能已经进行了更长的时间）时交付，而且技术方面的挑战可以在项目生命周期早期得到解决，从而在大量的项目工作开始之前就会完成主要的设计决策。由于这样可以使项目持续时间变短，从而可以减少项目的渐进复杂性。而且如果事先解决了项目技术问题，那么也会减少项目的技术复杂性。

理论背景

题为"构建项目团队"的报告是英国建筑行业中政府/行业对项目采购和项目合同安排进行评审的最终报告（也就是现在的 Latham 报告），这个报告被看做建筑行业的一个转折点，因为它在很大程度上改变了项目客户和承包商之间的关系。这说明项目应该基于公平、互相信任、团队合作的原则订立合同，而不是常用的基于利益对立的、对抗的一次性总价招标合同。

协同工作协议和合作伙伴关系是一种解决方式，在这种合作的过程中，项目各方和个人以共同合作的方式，互相调整各自的利益，以促进项目的成功。项目合伙是一系列的合作工作，包括更为正式的组织安排或项目合同。毫无例外，有协同工作协议合作经验的项目团队成员都认为他们还会再次把这种方法用于未来的项目管理中。这个项目管理过程基于协同工作协议的合伙人的学习与共同工作，而不是建立在他们之间互相对立的基础上。从根本来看，不到万不得已的情况，绝对不能采用代价高昂的法律手段去解决项目合同方面的纠纷。

根据 Rix（2004）的观点，协同工作协议可以被定义为：

● 相对于传统的管理或服务模型而言，这是一种非常规的采购或项目交付方式；

● 它旨在构建所有主要参与者和其他利益相关者之间的一致目标；

● 它通过在项目商业动机和奖励方式上达成一致，来促进双赢的实现；

● 协同工作协议的运作是建立在"没有索赔，没有责备"的项目文化之上的，项目团队将尽最大努力掌握和管理项目风险；

● 通过对项目范围、关联成本、风险管理的控制，可以促进创新和寻找项目的最佳解决方案，从而使协同工作协议中所有的项目利益相关者都获益。

为了实现协同工作协议：

● 在项目安排中，项目各方都应该有平等的收益。

● 需要有开放的、信任的和正确的态度去促进项目合作成功。

● 要有鼓励项目团队合作的态度，鼓励项目团队成员寻求"对项目而言什么是最好的"这一问题的答案。

● 在制定项目计划之前确保留有充足的时间，这从长远来看是值得的。

● 这应该包括了所有的项目组织和分包商，直到项目的供应链下游，因为正是他们在具体实施各项项目工作。

● 对每个项目的需要必须从头开始估计，以便做出长期的项目安排。

● 不要低估项目实施中相关的文化转变和为此所花费的时间。

协同工作协议的目的是让项目客户、设计顾问、承包商、分包商和供应商成为一个团队，以便建立起一种结构去促使每个人通过共同合作来实现既定的共享项目目标。这方面的途径就是建立一个共同的项目团队，创造一个合作的环境，最终获得出色的项目结果。这种项目团队的原则是项目的"利益共享，损失共担"。如果项目成功，就会有共享的项目利益，否则就会共担项目损失。由于项目的利益共享和损失共担是结构化的，因此这就是一种"不成功便成仁"的共同分担问题。最重要的是在正常的一次性项目总价招标程序中，不要产生存在对抗性的项目合同。

讨论

在这种方法中可以使用项目挣值绩效度量的方法，该方法由 Raf Dua 开发并用于新爱尔兰政府大规模的建筑工程中。这种方法通过合作伙伴关系的集成来管理大型建筑工程，利用标准的项目管理工具和技术及创新的方式进行项目管理和运作。根据目标结算成本方法与每个存在合作伙伴关系的分包商进行协商，使用审慎和协作的方式进行项目费用的估计和控制。项目挣值管理对于监督和控制项目成本是非常必要的。项目挣值本身就是一个根据项目实际进度和项目成本计划计算得出的项目已获价值的中间变量（更多的项目挣值管理方法可参见澳大利亚标准 AS4817:2006）。

因为在项目中各方都是合作伙伴，所以他们必须共享收益和共担损失。虽然他们自己都有既定的利益所在，但是他们也要帮助其他合作伙伴去获得既定利益。这样就消除了在大部分大型建筑和工程项目中普遍存在的利益对立的行为和动机。

这种工具

管理结构

在通常情况下,协同工作协议的管理是由两个小组来承担的:一个是由主要合作方的高级管理者(如 CEO)组成的核心小组,他们负责监督并对项目的战略进行指导。另一个是项目的实施小组,负责管理项目的日常作业和实施核心小组的命令。

建立目标结算成本

项目管理的基线就是人们建立的目标结算成本,除了明确排除在外的一些项目费用以外,目标结算成本应该包括了项目的所有成本。通常使用实际的项目成本而不是项目价格作为目标结算成本,因为这种项目实际成本中包括了其他方面的价值(如分包商的边际收益和利润等)。因此,这种实际成本可以简单地看成人们完成每项活动所需的成本。

目标结算成本的构成包括项目设计成本、建设和维持协同工作协议的成本、永久和临时性项目工作的成本、现场项目管理成本、项目建设成本、场外管理成本、场外间接费用、利润、收益以及项目风险的应急费用等。

任何不包括在目标结算成本中的项目花费,必须被排除在协同工作协议的管理之外,因为实际上从项目开始时的最初协商项目成本到最后移交给客户的项目成本,以及项目各合作方为完成项目工作所采取的各项措施的成本,都应该包括在协同工作协议的范围之内。

在非常认真地尝试确定项目的目标结算成本之前,人们需要在合适的时候开展详细的项目设计。一旦项目的详细设计完成后,确定项目目标结算成本的时间将取决于项目的规模和复杂性。确定项目目标结算成本的过程是非常严格的,大项目至少需要两到三个月,人们通过一定的程序来确定项目的实际成本和项目风险成本等。

因为项目的目标结算成本是在一个合作协议下确立和实行的,所以确定项目目标结算成本的过程必须是建立在财务和其他数据透明的基础上的,而且要对项目的数字、假设和计算过程进行独立的审查。假设在项目的协同工作协议中没有通过传统的项目招标过程进行项目成本检验的话,通过透明度和独立审查的机制也可以保证项目成本是最有效的。

在实现项目目标结算成本的过程中,人们需要在项目开发过程中持续不断地对项目分包商精确估计成本的过程进行严格检查。可以通过落实和减少项目范围的不确定性,来消除项目成本的不确定性。具体如图 10.1 所示。

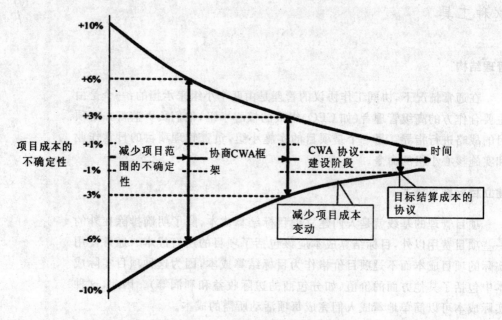

图 10.1　减少项目成本的不确定性

资料来源:Stewart Rix(2004),CMS Ltd.。

　　这个过程是不断重复进行的,因为对于每个项目分包商而言,项目的目标结算成本编制都是基于实际的基本成本和现场间接费用等构成的。根据 Francis (2005)的观点,协同工作协议必须排除所有外部影响劳动力成本的因素,从而获得实际上最小化的项目基本成本,并识别出其他的项目成本要素,以便正确地确定项目的目标结算成本。

　　通常最初估计的项目目标结算成本会超过项目用户的预算期望,可以通过价值管理和定量风险评估这些最有效的成本管理方法实现客户期望与预算之间的匹配。价值管理是通过协作与发散思维的方式寻找并开发价值,从而解决问题的过程。为了取得最好的结果,应该有专业的促进者来进行调节。

　　首先,主要项目人员之间应该就项目成本的指导方针达成一致,协同工作协议的促进者与项目各个分包商应共同决定项目的实际成本、现场间接费用和项目的正常利润。一个集中进行项目成本估算的软件包可以用来实现单点控制、灵活性、数学一致性和可靠性等方面的功能,但是必须培训人员来使用这类软件。

　　形成项目目标结算成本的过程应当是越快越好。因为直到就项目的目标结算成本达成一致之后,协同工作协议各方才能根据项目发生的实际成本获取报酬。而且,直到完成了项目直接费用的独立审查,利润、间接费用、附加费用的审计以及项目价值分析从而使项目估算成本能有效地代表项目实际成本水平,客户才会认为有了最后的保证。此外,直到确定了项目的目标结算成本之后,人们才能达成项目收益分享和损失共担的协议。项目收益共享和损失共担可以有效地保证达到项目客户的期望或者超过客户的期望水平,有效地交付项目的产出物。

项目协同工作协议的核心小组负责通过组成法律实体的方式建立项目的合作伙伴关系,并建立商定的项目管理规则。项目工作协议核心小组的最重要职能就是达成项目合同的实际条款,并用这些项目合同条款去管理项目范围等。

在度量已完成项目工作量的过程中,需要使用定量的项目关键路径网络图法,这可以使用管理工具在信息系统程序中输入项目的目标结算成本和进度。这方面的测量工作由项目的协同工作协议成员或者专业的项目定量审查者完成。

项目成本是基于"首要原则"确定的,项目的目标结算成本协调者需要帮助项目分包商利用项目成本确定技术将项目进度换算为项目费用。在项目成本中包括了项目的实际成本(劳动力、材料和设备)、项目的边际收益和其他费用。独立的项目定量审查者负责项目的成本审核,并将项目的边际收益和其他费用标准化,从而确保项目业主和分包商之间的公平。这就为项目提供了第一个层面的绩效评价平台,并建立了高度的相互信任和全面的绩效评估模型。

项目的价值管理是一个持续不断的过程,通过该过程人们可以优化项目的设计方案进而提高项目的价值,改进项目可交付物以便使成果与目标相符,减少项目风险和降低项目成本。通过价值管理的实践可以实现节约,这类方法将在项目风险管理的记录中有所体现,这样就能减少项目整体的风险,并允许潜在的项目各方获得节约成本所带来的项目共享利益。

项目的定量风险评估包括对于所有商业风险的识别和项目风险分析。每种项目风险都有一定的损失或收益的价值,所以人们可以利用蒙特卡罗分析法等对项目风险概率和结果进行必要的评价。

使用项目目标结算成本方法来控制项目

项目范围控制可以采用的方法包括:人们通过项目的目标结算成本方法来协调、管理项目涉及的所有交易,并保证这种管理能够涵盖项目交易的所有内容,如与特定项目交易相联系的建设工作、机械或电子等方面的费用。项目的目标结算成本管理者还必须负责保存项目的控制文件,而项目的评价者在项目目标结算成本协调员的协助下,负责确定他们自己的项目文件及其说明书。

　　项目评价者可以向项目目标结算成本协调员提出任何他们认为有疑问的问题,并在项目的主进度计划中记录下来。项目目标结算成本协调员可以通过协商对项目管理方面的疑问进行管理,并最终形成项目管理的决议。

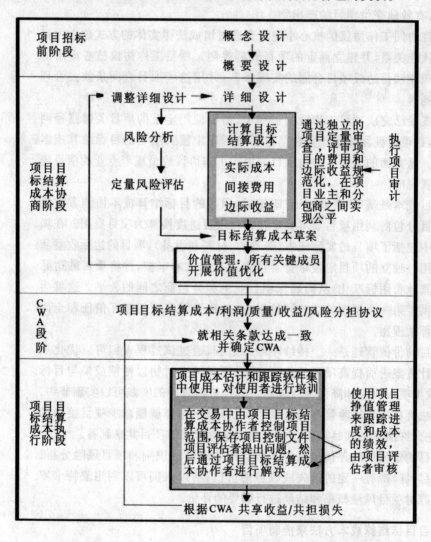

图 10.2　在项目的协同工作协议之下开发和实施项目目标结算成本方法

步骤

1.完成项目的方案设计。

2.建立项目协同工作协议的核心小组(根据项目的相关信息建立项目的协同工作协议),该小组由协议中各主要参与方的高级管理者(如 CEO 等)组成。他们负责项目协同工作协议各方的协调工作,确立公正的项目管理规则和确定项目费用,并对项目进行监管和对项目的战略指导负责。

3.就项目管理的规则和协议条件达成一致,并获得所需的足够信息,以确定和管理项目的目标结算成本。

4.建立项目实施团队,这是第二个小组。它负责管理项目的日常事务,并实施项目协同工作协议和执行核心小组的命令。

5.基于价值管理和项目风险定量分析的实践,结合项目的发展变化而完成项目的详细设计。

6.在项目协调者的协助下,由项目各个承包方共同确立项目的目标结算成本。项目目标结算成本的组成包括:项目设计成本、项目协同工作协议成本、项目的临时和永久工作的成本、项目的现场管理成本、企业管理成本、场外管理成本、场外的间接费用、项目的利润、收益和项目风险费用。使用项目的价值管理作为工具,对项目的实施方法和项目成本进行必要的优化,并进行定量的项目风险评估。

7.项目的主要完成者对项目的协同工作协议条款和条件达成最终协议,以便项目的各方能够平等地共享项目收益和共担项目损失。

8.完成集成的项目成本估算,利用项目跟踪管理软件进行项目的成本控制,但是必须预先培训使用这种项目软件的人员。

9.在项目实施过程中,通过项目的目标结算成本协调者去管理项目中的各种交易,保证这种管理能够涵盖项目交易的所有范围,如使项目的建造工作、机械和电子工作与特定的交易都能够获得管理,从而控制项目的成本和范围。项目的目标结算成本管理者负责保存这方面的管理控制文件,而项目评估者与项目目标结算成本协调者共同协作,确定他们的文件及其说明书与有关项目控制系统的阐释。

10.使用项目挣值管理的方法来控制项目成本,把项目已完成工作范围、进度和成本集成起来进行全面管理。

11.项目评价者提出问题或疑问,项目目标结算成本协调者解决这些问题和疑问,并使项目成本和进度保持在可掌控的范围内。

12.项目各方需要共享项目利益和共担项目损失,并与项目的协同工作协议保持一致。

注意事项

建立项目合作伙伴关系的安排并不能替代强有力的法律和政府管理决策,这只是一种对项目或者服务共同负责的方法。从某种意义上说,这只是一种对公众利益进行保护的方法(Phillips Fox,公共部门与私人企业合作模式)。

任何合作往往都是组织需要面临的一种挑战,因为组织通常需要根据既定的程序和技术要求来制定合作的条款。财务会计的管理实践还没有真正理解项目的合作伙伴关系和联盟方面的概念,因此如果财务审计者不熟悉这种方法,就会对此产生抵触情绪。

财务审计控制既要强有力,又要保持一定的透明度,以保证项目所有各方的决策制定和选择程序都在项目合作伙伴关系或联盟协议的范围内,并能够接受大家的监督。项目的财务审计应当包括项目财务和项目绩效的度量。对长期的项目而言,人们要评估项目的价值是很困难的,他们需要提出许多假设的前提条件。

在项目联盟中,对私营部门参与者的选择通常取决于项目的技术和质量属性。直到这种选择过程完成后,项目各方才会就项目的预算达成协议。这就意味着长期的项目预算具有某种不确定性,以及在人们就项目主要资源达成协议后,整个项目却存在一定的失败风险。最近的一些项目联盟已经引入了价格竞争机制,但这样做是否有悖于项目联盟的内涵,这方面是存在争议的。

在项目联盟中,参与方共同假定,除了联盟参与各方同意保留的各自风险以外,所有的项目风险都与项目有关,而不应考虑这些项目风险是否在项目联盟的控制之中,或者项目联盟参与方是否提前考虑了该项目风险。在分配项目风险时,人们不仅要决定由最适合的一方来承担项目风险,也要考虑把项目风险转移给其他各方是否符合国家政策和伦理道德的要求。例如,在公共医院项目方面,即使人们可以把项目的财务风险转移给其他的项目联盟参与方,但是在特定环境下,项目所有者也需要被迫承担项目的风险。因为公共部门需要持续不断地为公众提供医疗服务,这就使公共部门处于项目的风险之中。

通过透明和健全的项目合作过程去建立和维护各方之间的信任是存在一定难度的,全面公正的项目计划可以确保人们按照透明和健全的过程去实施项目。项目计划中应该有保证项目实施者选择过程一致性和公平性的方法,以及对项目利益冲突进行公开讨论和管理的方法。人们还需要确定如何去管理那些敏感的项目商业信息,同时需要任命一个独立而正直的项目审计者,以确保项目各方都能公平公正地遵守商定的项目协同工作协议。

实际案例

在编写本案例时,政府的一些项目已经在使用这种方法了,但是最终的项目管理实践结果尚无法识别。然而,项目已经运行了接近 20 个月,他们已经开始感觉到该方法所能够带来的好处。尽管在这期间项目现场出现了一些恶劣天气,但由于大家共同合作而不是相互敌对,结果在工作中减少了一些可避免的延误,同时也没有出现在一次性项目总价合同中经常出现的相互对抗状态。对不同的项目承包公司(通常没有协作)而言,通过互相帮助来解决不可预见的项目问题,如解决项目材料不按照规定提供等问题,都是他们非常希望看到的。

在项目计划进入第三年时,项目已经在预算范围内按时交付了四个项目标段之中的两个。在该项目协同工作协议的确立过程中,一个很突出的特点就是没有发生劳动纠纷,项目协同工作协议中主要的和次要的合作方都在积极进行合作。项目各方都认为项目的交付过程达到了他们的期望,所有的项目参与方都获得了应有的收益。剩下的两个项目标段也进展得很好,都可以按时间和预算完成,而且也没有出现劳动纠纷问题。

现有的建筑实践经验表明,大部分建筑公司只开展最低限度的项目管理。但是项目的协同工作协议包括了所有的传统项目管理过程和方法,还在项目委托人的管理决策制定过程中广泛使用项目资源管理以及项目挣值管理。这些能够为人们带来可观的项目效益。

虽然我们不能给出这些存在问题的政府项目的具体名称,但是读者可以联系项目经理 Raf Dua,以获得更多的该项目决策工具和微观项目计划方面的详细信息(International Pty Ltd. , e-mail：rafd1@attglobal. net)。

参考文献与进一步阅读资料

AS 4817－2006, *Project Performance Measurement Using Earned Value*,Sydney：Standards Australia.

Budd, C. I. and Budd, C. S. (2005), *A Practical Guide to Earned Value Project Management*,Vienna, VA：Management Concepts.

Dua, R. (2006), "Making Performance Happen Using Collaborative

Working Arrangements in the Construction Industry", *Proceedings of the IRNOP VII Conference*, Xi'an, China: Northwestern Technical University, 119—132.

Egan, J. (1998), "Rethinking Construction", *Report from the Construction Task force*, London, UK: HMSO.

Francis, Duane (2005), *Presentation on Collaborative Working Arrangement Techniques to Hawkins Construction Ltd.*, Christchurch, NZ.

Rix, Stewart (2004), *Target Outturn Cost and Payment Mechanism Workshop*, Remuera, Auckland, NZ: Collaborative Management Services.

Latham, M. (1994), "Constructing the Team", *Final Report of the Government / Industry Review of Procurement and Contractual Arrangements in the UK Construction Industry*, London, UK: HMSO.

Project Management Institute (2005), *Practice Standard for Earned Value Management*, Newtown Square, PA: Project Management Institute, Inc.

Webb, A. (2003), *Using Earned Value: a Project Manager's Guide*, Aldershot, Hants, England; Burlington, VT, USA: Gower Publishing.

第十一章 项目群管理工具

使用时间：可以用于整个项目全过程
困难程度：有经验的项目从业者才可使用

使用者：整个项目团队和关键的高层项目利益相关者
适用的复杂性类型：

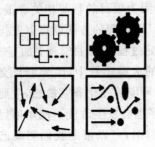

问题

很多大型项目由于规模巨大，因此很难看做单个的项目，也很难由某一个人或一个项目团队进行管理。

目的

这个项目管理工具的目的就是把大型项目分解成较小的可管理的项目单元，从而分别对每个项目单元的复杂性来源和复杂性程度进行分析和管理。通过监控这些项目单元与项目环境和项目群的战略目标之间的关系，人们就可以结合项目群的整体情况做出系统的反应。这个项目管理工具可以将项目的复杂性来源作为管理对象,进而开展标准化的项目群管理并使用这方面的方法、工具。

复杂性的类型

对于大型项目而言,这种项目群管理方法适用于各种类型的复杂性。实际上,在超大型的项目中,所有类型的复杂性都可能出现。

项目的结构复杂性主要产生于:需要完成的项目活动数量巨大,并且项目活动之间具有相互依存关系。我们把这个项目整体分解成互相联系的更小的项目群组,每个项目群组都有各自的项目产出物,这样就更容易认识并管理它们和它们之间的相互关系。

项目的技术复杂性更可能在大型项目中发生,因为越是大型项目,出现技术和设计问题的可能性也就越大,这可能是由一些在项目初始阶段没有预测到的项目设计问题造成的。如果我们把项目整体分解成为小的项目群组,这样就可以在某一特性项目群组内去分析特定的项目技术问题,并使用专业的项目管理方法开展对于项目技术复杂性的管理。

方向复杂性在大型项目中也是很常见的,因为项目的利益相关者很多,所以发生分歧的可能性也就非常高。使用项目群管理的方法就可以安排项目关键结果的交付方式,调整项目关键决策的制定过程,使项目管理更加有效。

渐进复杂性更可能发生在持续时间很长的大型项目中,因为项目交付物的交付时间长,所以这些项目对政治和项目环境的变化非常敏感,主要的项目利益相关者在项目生命周期中的优先次序也会发生改变。使用项目群管理的方法将这种大项目划分为更小的项目群组,可以帮助我们明确已经交付了什么,并协助管理一些项目方面的纠纷,如项目客户应该何时支付多少等。

理论背景

项目复杂性不是单一和一成不变的,项目复杂性在一个项目的不同部分体现出的特征是不同的。因此,非常有必要把大型项目(也就是通常所说的项目群)看做一组互相联系的小项目来考虑,所以现在有了大量的关于项目群管理的文献(例如 Reiss et al., 2006;Thiry, 2004)。一般来说,项目群的起始活动很难被看做单个项目的起始活动而由一个人来管理。为了开展项目群的系统管理,人们不仅需要项目的整体描述,还需要有每项具体项目活动的详细描述,最好把大型项目看做一组项目的集合体。项目群中所包含的项目需要小到可以由单独的项目管理者或项目管理团队承担。

项目群中所包含的项目都是具有典型性的单个项目,并且这些单个项目互相联系,它们在项目风险管理和项目资源使用方面都会有互相的影响。我们可以从项目群层面对项目进行跟踪,采取适当的行动进行项目风险管理和有效地开展项目资源配置。最重要的一点是,通过对项目环境的跟踪评价,包括对组织战略、外部环境以及可能对项目群的任何具体项目造成影响的因素进行跟踪评价,我们就可以随着项目环境的变化而采取项目风险应对行动,从而对项目群中的项目进行变更甚至撤销方面的管理。例如,如果在项目风险和资源使用方面各个项目会互相影响,那么我们就可以从项目群层面开展跟踪评价,采取合适的行动管理这些项目的风险和有效配置项目资源。这种项目群管理模式需要管理者或管理团队对整个项目群管理负责,同时项目群管理团队也要与高层管理者保持密切的联系。

如何更好地实施项目群中所包含的各个项目呢?这与项目的复杂性本质有着密切关联。一个令人信服的观点表明,在整个组织和项目群中需要一种适合具体情况的方法,而不是单调统一的办法。这一观点来自 Payne 和 Turner(1999)。他们发现,在一般情况下,如果受访者根据项目的不同类型使用不同的管理程序,就会有更好的项目结果;而如果在整个项目中人们都使用同样的管理程序则会增加项目失败的可能性。

我们认为这种观点不仅在不同规模的项目中适用,而且对于具有不同复杂性类型的项目也同样适用。例如,项目群中很多项目的复杂性较低,即它们的复杂性在“从规范到混乱”的分析中偏向“规范”一端,那么这些项目所包含的具体内容就很少,所以项目目标就可以被清楚地定义,项目的技术疑难问题会很少,而且不会受到项目实施过程中政策或者环境变化的影响。对于这种项目,通过选择适用的标准项目管理方法就可以非常有效地开展管理了。项目群中还有一些项目可能会表现出不同类型的复杂性,要充分理解这些项目复杂性的本质,因为项目复杂性的本质对项目关键决策的制定发挥着很重要的作用,这包括项目管理结构、决策能力、项目关键人员的选择、项目风险管理的方法,项目财务和采购的方法等。

管理复杂的项目群和项目与管理一个职能型组织不同,这种项目群的管理会面临更大的挑战(Hobbs 和 Miller,2002)。项目群及其所包含项目的组织架构决定了项目信息交换的途径以及项目决策权力的分配。近期的研究(Helm 和 Remington,2005)表明,项目实施发起人在复杂性项目中应具备的能力并未获得充分理解,但是很多研究结果也证明项目实施发起人和项目管理理事会具有重要的作用,他们是任何一个复杂性项目取得成功的基础和关键(Crawford et al.，2006)。

项目关键人员的选择对于复杂性项目而言也是非常关键的,因为缺乏合适的项目资源和按照忠诚度来划分项目管理人员都被认为是项目失败的根源(Dinsmore，1993)。项目团队成员的工作时间通常比日常运营中的职能管理人员更长,因此很多项目管理人员都承受着巨大的压力(Birch 和 Paul，2003)。找到一个能在这种压力下解决项目复杂性问题的人并不容易,我们经常假定项目管理者是万能的,然而,有时一个人能处理政策的不确定和含糊不清的问题,但可能无法保证和激励项目设计者和技术专家在规定的时间内交付项目,或者不能很好地管理多项项目合同并确保这些项目合同在规定时间完成。项目群的主管要能够识别项目复杂性的来源和本质,然后选择那些在能力上与项目复杂性本质相匹配的项目管理人员。

讨 论

为了开展项目的系统管理,人们需要以全面和详细的视角来审查每个项目,对大型项目的最佳理解就是将大型项目看做一组项目的集合或者项目群。"项目群"这个词在特定的组织环境中会出现一定的理解问题,因此人们可以使用其他的词替代,如项目组合、项目分组、项目归类或者项目集合,不论使用哪个词都不会影响项目群的概念含义。

在模型设计方面,项目群管理的文献认为很有必要使用基于"硬逻辑"的方法进行项目群控制,也就是根据自上而下的方式进行系统分解,同时在操作层面与整体战略层面上建立必要的反馈机制。我们已经根据所识别的项目复杂性来源,增加了项目操作层面上的个性化项目管理方法和工具。

这种工具

图 11.1 的模型是对管理复杂性项目的方法说明,这种方法需要采用系统的视角,并运用多元化的项目管理方法和方法论。如前所述,该方法结合了传统的项目管理方法与控制方法,所以需要使用基于自上而下的方式进行项目分解。从项目操作层面上说,这需要采用个性化的项目管理方法,并根据在项目操作层和战略层的反馈去做出项目管理的响应。

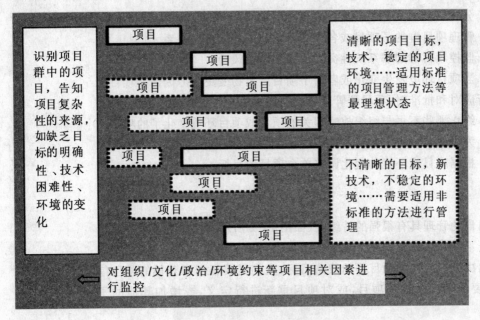

图 11.1　思考项目复杂性结构的管理系统模型

该管理模型是动态的,因为它允许根据项目环境、组织和项目层面的变动做出快速响应。同时该管理模型还说明了在每个项目关键决策点都要设置一个项目实施状态的检查点。

项目群管理团队(如项目群董事会)包括了履行主要职能的组织高级管理者,他们负责项目的交付和项目用户或客户的管理。项目群董事会必须直接与制定和监督组织战略的人员进行联系,并保证组织战略能够被分解成一组相关且可以实施的项目。项目群董事会应该任命一个项目群负责人,负责主持项目群董事会会议并对下列事项负责:

● 重大的项目决策活动,包括与制定项目目标和项目关系人的对话,以便尽可能澄清项目目标方面的问题。这是一个减少项目方向复杂性的必要步骤,虽然无法完全消除项目的方向复杂性,但会在很大程度上帮助人们开展项目的定义。

● 分析和预测项目或项目群生命周期中可能发生的项目复杂性的类型和这些项目复杂性的级别。

● 把项目群分解为一系列的单个项目,或者把项目群分解成一系列的子项目群组。

● 确定项目或项目群管理与实施的组织结构。

● 任命和监督项目群管理的关键人员。

● 分析项目群中各个子项目或各个子项目之间的复杂关系。

● 管理项目群的子项目或各个项目之间的相互作用关系。

● 监控项目群的非系统性突发问题和项目风险。

● 当项目环境发生变化或者由于项目产出物变更等原因需要项目管理者进行应对和批准时,项目群管理者要与高级管理者进行沟通。

● 终止那些不再与组织战略相关的项目或项目环境变化了的项目。

● 为了应对项目中的突发性事件,引入新的项目或子项目。

● 根据项目或环境的变化调整单个项目的目标。

实 施

项目群的管理具有很强的持续性(如图 11.2 所示),项目群董事会或管理者需要不断地获取有关单个项目或者项目环境的信息,并进而对项目群管理做出决策。为完成项目群的战略目标,人们需要根据所获得的项目信息,在必要的时机去终止项目,或对项目重新进行定义,或增加其他的子项目。

确定完成项目群中各个具体项目的最佳方式,人们必须依据预期的项目复杂性类型来做出必要的决策。在这个阶段需要强调的是,项目群中的一些具体项目的复杂性极低,处于"从规范到混乱"的"规范"一端,这些具体项目所包含的内容很少,所以有清晰界定的项目目标,而且项目技术的不确定性很低,在整个项目生命周期中也不可能受到政治和项目环境变化的影响。但是,在同一个项目群中,其他一些具体项目就可能会表现出一种或多种类型的项目复杂性,这些具体项目的管理就复杂多了。

例如,设计和开发一个新的信息化库存和仓储系统的项目,该项目以前从未在组织环境下运行过,因此有可能体现出在结构、技术、方向性和渐进方面的复杂性。项目的结构复杂性可能与该项目的大小、项目活动的多少、项目分包商、项目供应合同以及这些项目活动的相互依存有关。而项目的技术复杂性可能与该系统设计编码支持过程的困难程度有关。人们要管理这种技术复杂性的项目存在很多困难,如该项目的设计和开发过程需要多少时间,这对项目关键利益相关者和项目预算都会产生影响。如何判定现在的项目设计是否足够好? 如何根据该项目设计阶段的突发性特征来选择项目的采购系统? 当我们试图就这些项目目标达成一致并对最终的项目交付物形成共识时,项目的方向复杂性就变得明显了。该项目的时间跨度越大,越可能在项目环境变动中出现项目的渐进复杂性。在这种项目环境中,我们应该如何管理项目利益相关者、项目风险、项目财务和项目采购呢?

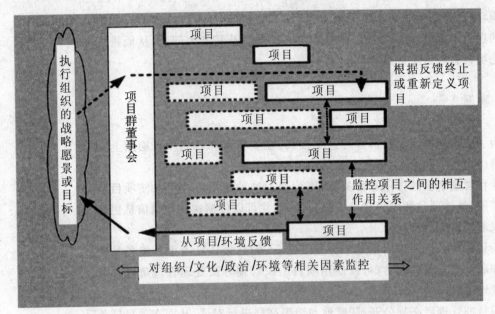

图 11.2　说明项目群如何根据约束和反馈做出变化

步　骤

1. 安排和组织项目群董事会(或者项目群经理和合适的项目群管理委员会委员)。

2. 项目群董事会通过与组织高层的对话方式,减少项目的方向复杂性。

3. 从每个项目工作领域可能产生的项目复杂性潜在原因出发,对项目进行全面分析。

4. 基于项目复杂性的预期把项目群分解成一系列的具体项目。

5. 选择人员来管理具体项目,要注意人员的能力与预期的项目复杂性类型相匹配。

6. 基于每个具体项目的复杂性类型,为每个项目确定项目采购/风险/财务管理战略。

7. 监控项目管理过程和项目环境的变化。

8. 定期与组织高层交流,从自下而上和自上而下以及项目环境的视角,确定各种发展变化对于项目的影响。

9. 对项目群定期进行调整,根据项目信息的反馈,终止、重新定义或者增加项目群中的具体项目。

10. 制定项目决策的关键是获得有关组织文化和组织约束方面的信息

和知识,以及详细了解与项目关键人员有关的角色和能力。人们可以通过必要的项目组织管理工具去安排和处理项目角色及其能力问题,从而进一步讨论项目管理人员的选择问题。

注意事项

为了成功地使用项目群管理这个工具,在项目群和具体项目层面上必须获得组织高层的承诺,以及充足的项目资源保障。

项目群董事会的作用非常关键,因为通过这种组织方式可以使项目信息在高层、具体项目和项目环境中进行传播,并可以依据这些项目信息更好地去采取项目应对行动。

项目管理人员的作用也是十分重要的,人们必须认真考虑承担各类项目管理职责的人员的能力(可以使用项目组织管理方面处理管理角色和能力的管理工具)。

项目群管理者必须公开、频繁地与组织高层进行对话,从而在项目群董事会上能够就项目战略方向的变化展开讨论。同时,项目群董事会还可以就项目结果、项目风险和项目环境影响与项目群管理者进行沟通。

在大型项目中,人们通常会认为,只要对那些在小型项目实施过程中取得成功的标准项目管理过程、方法和角色简单地按项目规模比例放大,然后用于大型项目中就能够成功。但是,实际情况并非如此!管理和实施大型项目与管理和实施小型项目是完全不同的。项目规模的增加就意味着不同类型项目复杂性的数量会大大增加。

实际案例

图 11.3 是一个项目组织的结构图,该图可以说明项目关键人员的特征,并可以说明项目的预期复杂性。这不是个通用的管理模型,而且不可能在不同的组织环境中均有效。通过这个实例,作者主要想说明,高层管理者必须认识到项目对组织的重要性,并根据全面的项目环境分析来做出项目的关键决策。首先,他们要认识到项目复杂性的挑战,认识到项目经理的能力和不足,并要准备增加项目人员使团队能力与预期的项目复杂性相符合。在很多情况下,高层管理人员只有在项目出现问题时才会去提高项目管理人员的水平,实际上这时已经太晚了!

图 11.3 中所开发的管理模型适用于具有下列组织文化特征的项目组织:

1. 不支持快速决策的风险厌恶型组织文化。

2. 项目存在与应用新系统有关的技术复杂性。

3. 项目工作人员在交付大型复杂性项目方面没有足够的经验。

4. 由于项目组织政策不稳定和对关键项目目标未达成共识而产生了项目方向复杂性。

5. 项目有最后期限的限制,因此为了实现该项目里程碑的目标必须做出快速决策。

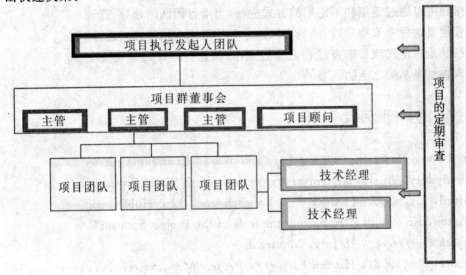

图 11.3 满足特定组织需要的项目群模型

组织的高级管理人员必须意识到,该项目很大而被视为项目群,该项目可以划分成更小的独立项目实体来进行管理。所划分的独立项目实体部分或具体项目会很小,且项目期限比较短,从而使过去那些只管理过小项目的项目经理可以开展这些具体项目的管理工作。项目经理或项目团队的领导可以在项目技术管理人员的支持下解决项目的技术复杂性,在项目客户关系经理的支持下识别和管理项目关键利益相关者和处理项目组织内部的相互竞争。在选择项目团队经理时,人们要考虑他们管理特定类型项目复杂性的能力以及这些能力与其所管理的具体项目或子项目之间的匹配性。

项目群董事会负责开展项目界面的管理,此时需要强调的是,如果发现项目组织有对项目风险规避的特性,这种组织文化就使得一些高层管理者不愿意就项目决策问题签字,这样就很有必要通过项目组织结构设计来阻止由于高层管理者的缓慢项目决策而引起的项目拖延。项目群董事会需要每周开会,他们所做出的项目决策必须是由适合的项目专家论证过的。在每周的项目群董事会会议中,如果有一些可能导致项目延误的问题不能做出决定或无法立刻解决,那么项目群董事会就必须立刻将这些问题提交给组织高层管理者,而任何项目进度的拖延都必须要引起组织高层管理者的注意。

另外,一些项目的外部团队,主要是那些具有丰富项目管理经验的人,需要定期审查项目的进展情况。他们的任务就是指导项目管理团队和项目董事会,为他们提供必要的专家意见,并就项目进展状况开展独立的专家评估。这种指导可以通过定期和不定期的方式进行,当项目团队的领导、管理者或者主管需要这种专家指导时,他们可以通过电话咨询会议等方式进行。这种专家指导是在正式项目审查过程之外的工作,但这种指导也是建立在正式项目审查结果基础之上的。

参考文献与进一步阅读资料

Birch, C. and Paul, D. (2003), *Life and Work: Challenging Economic Man*, Sydney, Australia: University of New South Wales Press.

Crawford, L., Cooke-Davies, T., Labuschagne, L., Hobbs, B. and Remington, K. (2006), "Exploring the Role of the Project Sponsor", *PMI Research Conference*, 18 July, Montreal.

Dinsmore, C. (1993), *Human Factors in Project Management*, NY: Amacon.

Helm, J. and Remington, K. (2005), "Effective Sponsorship, Project Managers' Perceptions of the Role of the Project Sponsor", *Project Management Journal* 36:3, 51—62.

Hobbs, B. and Miller, R. (2002), "The Strategic Front End of Large Infrastructure Projects: A Process of Nesting Governance", Proceedings of the PMI Research Conference (Seattle, USA: Project Management Institute), 14—17.

Payne, J. H. and Turner, J. R. (1999), "Company-wide Project Management: The Planning and Control of Programmes of Projects of Different Type", *International Journal of Project Management* 17:1, 55—59.

Reiss, G., Anthony, M., Chapman, J., Leigh, G., Pyne, A. and Rayner, P. (Eds) (2006), *Gower Book of Programme Management*, Aldershot, UK: Gower Publishing.

Shenhar，A. J. (2001)，"One Size Does Not Fit All Projects：Exploring Classical Contingency Domains"，*Management Studies* 47：3，394—414.

Thiry，M. (2004)，"Programme Management"，Ch. 12，in Morris，P. and Pinto，J. (eds.)，*The Wiley Guide to Managing Projects*，Sussex，UK：John Wiley and Sons.

Turner J. R. and Cochrane，R. A. (1993)，"Goals-and-Methods Matrix：Coping with Projects with Ill-Defined Goals and/or Methods of Achieving Them"，*International Journal of Project Management* 11，93.

Williams T. (1999)，"The Need for New Paradigms for Complex Projects"，*International Journal of Project Management* 17，269—273.

Williams，T. (2002)，*Modelling Complex Projects*，Sussex，UK：John Wiley & Sons.

第十二章 项目角色定义

使用时间：角色定义是一个持续的过程，必须在任何重大的项目阶段开始时进行；此后对角色的定义需要不断进行重新调整，并在整个项目过程中不断监测和调整

困难程度：

使用者：通常可以通过项目关键利益相关者的参与和协商来进行角色的管理

适合的项目复杂性类型：

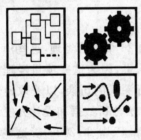

问题

在管理复杂性项目中，角色和能力的定义是非常具有挑战性的。由于不同项目阶段中项目的活动性质不同，所以在项目每个阶段都需要重新修订角色定义或者重新进行角色定义，从而项目团队和项目管理人员就会发生相应的变化。

目 的

复杂性项目与简单项目相比,在角色和能力方面存在质的不同,因为管理复杂性项目是一个更高等级的项目管理活动。角色定义这个项目管理工具的设计就是为了说明,项目管理需要在管理和高层管理方面考虑到复杂性项目的角色和能力的定义。

复杂性的类型

这个角色定义工具与项目的复杂性类型有关,作者和其他人的研究结果表明,这个角色定义管理工具能很容易地根据项目的特殊需求进行角色调整。我们认识到,这个角色定义方法的成功实施,依赖于组织文化、组织参与,或者谁来管理这些项目,以及如何治理项目等。

理论背景

最近的研究结果揭示了在复杂性项目中项目经理和项目实施发起人所需要的角色和能力与简单项目中的项目经理和项目实施发起人所需要的角色和能力有很大的不同。

项目经理的角色

我们选择了来自澳大利亚、新西兰、美国的 26 个项目经理,这些项目经理的选择都获得了项目关键相关利益主体的认可,因为这些项目经理成功地管理了高复杂性的项目。我们对受试者进行深入的访谈,以获取他们的项目管理"实践经验"。我们使用扎根理论的方法分析数据和设计开发调查问卷(Helm 和 Remington,2005;Remington 和 Pollack,2006)。这些项目经理描述了在复杂性项目管理中他们认为最有价值的管理行为和属性,其中只有两个项目经理提到项目进度的计划能力(一直与项目管理有关的传统活动)。这并不意味着项目进度计划能力并不重要,而是表明在管理复杂性项目中,项目进度计划能力不如其他的项目管理能力重要。利用专题分析软件来分析这些管理复杂性项目的项目经理最常用到的行为,结果发现以下几方面的要求和评价比较高:

● 开发创造方法的能力——"有常规之外思考"。
● 与所有层面的组织和项目团体进行高水平交流的能力。

● 有能力适应含糊的交流,并能够使用适合的方法与其他层面进行含糊的交流——这就意味着可以利用不同的交流方法对项目问题进行简化。

● 为了组织的政治谈判,需要具有很好的政治头脑。

● 有能力从多种方法论或方法中找到适合项目的方法来成功管理项目——具有方法灵活性,可以按照自上而下和自下而上的方法开展项目管理。

● 能够采取多视角的观点——不断移动自己的关注点,从单个项目元素到整个系统——在考虑单个要素工作方法的同时保持对项目整体的审视。

● 能够促进项目信息的交流,促进主要项目利益相关者之间的交流,包括项目团队、项目专家顾问等,以帮助解决项目中的问题。

● 有机会从意想不到的地方和人那里获得观点——为群体提供空间进行探索,并让他们以自己的方式来开发问题。

● 把项目当作许多相互关联的子项目,能够发现每个子项目各自的特质。

从这个研究结果可以很清楚地看出,项目经理的角色和能力就是可以保证成功交付复杂性项目的角色和能力,而不是那些所谓关注项目计划、监控项目和报告的能力。所有受访者承认,他们也做过项目计划、项目监控和报告,但是这些工作对项目的最终成功不如上面提到的那些更为重要。同样显而易见的是,上面列出的这些项目经理角色和能力的属性是一种复杂的行为和观念,而不是一种简单的方法和技能。

项目实施发起人的角色

直到最近,人们还普遍认为项目的实施发起人主要是对项目的财务负责;但是研究结果证明,该角色具有更广泛的要求和内容(Curry,1995;Crawford 和 Brett,2001)。最近的研究(Hall et al.,2003;Cooke-Davies et al.,2005;Helm 和 Remington,2005;Crawford et al.,2006)已经彻底改变了人们对项目实施发起者角色的理解,人们已经把项目的成功和失败很大程度地归功于这一关键角色的管理绩效。这方面的研究得到了项目管理实践者的认可和证明(Kay,1997;Melymuka,2004a,2004b)

从本质上看,项目实施发起人的角色就是为项目提供良好的监管,这包括以下的内容:

● 保持对项目更广泛的关注——能够把影响项目的环境变化和组织变化及时通知项目经理和组织团队。

● 建立项目的广泛联系,支持项目团队、项目相关组织以及项目外部环境之间的联系。

● 为项目成功向高级管理人员和其他关键项目利益相关者提出建议。

- 扫除各种障碍以使项目获得所需的关键资源。
- 在项目困难的时候能够提升项目团队成员的士气。
- 能够对项目绩效进行客观公正的评价。
- 为项目经理和项目团队提供特别的支持,包括有关项目实施的指导。
- 项目的财务审批。

上面所列出的项目实施发起人的角色和能力,远远超出了通常对项目发起者角色的理解。对于复杂性项目而言,项目实施发起人角色和能力的获得需要充足的时间。

讨论

在复杂性的项目中,项目参加者的角色和能力需求存在着根本的不同。人们往往会对此有许多误解,如高级经理们常常会误认为那些管理小项目的人也能够管理复杂性的项目。管理复杂性的项目是一种更高层次的管理活动,必须依据项目的复杂性安排相应的人力资源进行管理。

商业团体中普遍存在一种混乱的观念——项目只是简单的实施工作,其他完全由高层管理者或者其他高级人员来解决。然而实际上并非如此,这样会造成项目目标无法充分传递给那些必须实施项目的人们。因此,任何明智的项目经理都应该仔细检查项目的目标,以确定项目已经十分合理地进行了定义,并且在开始详细的项目计划和实施之前,使用商业项目案例对这些项目计划进行必要的测试。

同样,我们的研究结果以及其他人的一些研究结果证明,管理项目的定义和目标对于项目成功是十分重要的,这不是一个很简单的计划实施性的任务。

人们在实践中发现,从实施小的项目到实施复杂性的项目之间必须有一个飞跃。因此,将善于监控、跟踪和报告小项目的人看成能做大项目和复杂性项目的项目经理人,这是一个十分错误的假设和认识。

除了那些专门的研究生专业会专注于整体项目的管理,通常项目管理是被作为商业学位(如 MBA)中一个单独的课程单元。如果人们关注实施小的项目,则需要强调下列任务:在实施标准的项目管理时,管理者的行为包括详细的项目范围计划、项目进度安排、项目的具体预算、项目质量保证、项目供应商选择和招投标等。一旦项目进入到实施过程中,项目管理活动还包括跟踪、测量、监测、报告项目以及管理交付项目产品或服务和相关的合约。在项目结束阶段的管理活动包括整理项目记录、解决项目会计中的差异、举办必要的总结培训和知识管理活动(如项目文档管理、记录经验教训等)以及开展项目实施后的评估和审查工作等。

这种工具

角色定义这个工具基本上可以使用一个清单给出项目的角色和能力，这可以协助项目计划者据此来决定由谁担任项目实施发起人和项目经理等。在这种清单中，要根据实际需要去强调角色的行为和观念，以及他们的思维能力。

实施发起人角色定义

步骤 1：理想角色的定义。根据对项目复杂性的了解(第 3～9 章)以及对项目在组织中重要程度的了解，按照表 12.1 给出的合适属性进行核检(打勾)。表 12.1 给出了根据我们的研究而得出的理想的角色定义，如果需要也可以根据你的要求来增加表中的内容。在第一个表格的评估中，如果没有考虑组织文化或者完成该角色所能够获得的资源方面的问题，这些可以用后面给出的工具进一步定义。经验表明，人们在决定分配项目资源时，会通过做出某种妥协来补偿某些项目资源方面的限制。但是这种做法是不可取的，特别是项目很复杂并且对组织来说非常重要的时候更是如此。

表 12.1　项目实施发起人——理想角色定义

属性	不必要 1	有用 2	必要 3	对复杂性项目发起人的研究
促进组织内高水平的联系和项目团队内相关问题的交流				参加项目中的日常事件非常重要，他要使项目经理可以了解影响项目的事件
促进与组织外部高水平的联系，促进项目团队对相关事件的交流				同上
在组织中保持高层的位置				这个特性与项目发起人在组织中获得正式权力的程度有关，快速做出问题的决策，尤其是当项目具有时间约束时
具有高水平的沟通交流技巧				这个属性会影响大多数其他人，所以需要有与项目利益相关者交流的技巧

属性	不必要 1	有用 2	必要 3	对复杂性项目发起人的研究
在确定和实现项目目标中展示对项目团队支持				这指的是为项目团队去与其他项目关键利益相关者争取资源等
当项目遇到困难时可以为项目团队提供动力支持以完成项目				如果项目团队成员经常工作很长时间,就很难维持团队精神,从而引发了风险;项目实施发起人必须能在困难时帮助项目经理提高士气
能够广泛地与他人相互兼容				当项目特别困难且时间很长时,项目发起人和项目团队相互兼容并共同确立项目方案是非常重要的
为了交付项目而愿意与项目经理和项目团队合作				高层项目经理会发现项目发起人愿意采用合伙的方法,在项目问题解决中进行更多的合作,而不是使用正式授权的方法。如果正式授权过度,项目发起人就会忽略项目经理和团队的决策参与
为项目团队提供必要的支持				当项目团队需要支持时就应该可以获得,要按项目经理的需要变动支持水平
为项目团队提供目标和挑战				高层项目经理希望项目实施发起人能带来一定的挑战;项目发起人不需要具有很详细的项目过程方面的知识
详细的项目管理和技术方面知识				项目经理很少向项目发起人报告项目详细信息,因为某些详细信息会导致人们注重微观层次的管理,这会使项目发起人缺乏对项目实际所需的关注

　　步骤 2:文化/组织匹配。在表 12.2 中建立了理想角色的定义清单,这可以帮助人们决定项目资源是在内部还是外部获得,这个角色是由一个人还是由一个团体来担任,项目是否需要外部的指导等。

表 12.2 项目实施发起人——文化/组织的匹配

问题	不是	是	根据研究结果的讨论	行动/如果选择"是"的话
项目有很高的优先级吗？			在高优先级的项目中,项目资源必须优先安排;从项目开始就会存在关键项目资源的超支,这是导致高优先级项目失败的关键因素之一	如果有必要,增加项目的预算,保证项目具有充足的资源
项目有时间制约性吗？			有时间制约性的项目需要快速提交到高层管理者以便做出及时决策,从而使项目风险可以尽快得到解决,以便使项目可以在允许的进度下实施	任命一个高层项目发起人或委员会,可命令有能力负起快速决策责任的人负责这方面的决策
是否存在资源的短缺,或缺少与所定义角色相匹配的人力资源？			对此必须决定这些资源是通过组织内部还是外部的合同获得,一些高级项目经理认为在大型项目中主要发起人最好应该是已离职的高层管理者或临近退休的管理人员,因为他们能很好地联系人且有经验和有时间	考虑聘请外部人力资源来担任这方面的角色
如果组织文化是规避项目风险,那占主导地位的文化会使个人没有勇气支持项目吗？			组织文化对管理者行为的影响是巨大的。例如在规避风险的组织文化中,个人很难发挥勇气去支持和分配资源完成有风险的项目	建立项目发起人委员会,至少由三个高层人员组成,分别代表实施者、所有者和客户,可由其中两人来做出项目决策
在组织中是否有充足的专家来开展项目？			可以使用外部指导者,通常由一些经验丰富的退休高级管理人员担任,以便留住和加强组织内的相关知识,这些已被证明对项目是非常有用的	考虑委任项目外部指导者或小组,定期为项目管理给出特别建议。这也是附加外部审计师的作用

项目经理的角色定义

步骤 1:项目经理的角色和能力定义,是根据对项目复杂性水平的认识,以及对项目在组织中重要程度的了解,在表 12.3 每列中正确的地方划勾而确定的。

第一个表格的评估中不应该考虑文化或者完成该角色所需项目资源可获得性的限制。这将在后面的工具中进行评估和给出。如前文所述,实践经验表明,人们在决定分配项目资源时是通过做出某些妥协来补偿项目资源所存在的限制。

　　步骤 2:文化/组织匹配。使用表 12.4 建立理想角色的定义,可以帮助做出以下的决策:项目的这种人力资源是定位在内部还是外部,是一个人还是一个组织适合该角色,或者是否需要对其使用外部监控等。

表 12.3　管理角色——能力的定义

属性	不用 1	有用 2	必要 3	相关的研究
使用适合于个人和组织的高水平沟通和交流技巧				高层管理者十分重视非正式沟通的能力,以及正式与大量高层管理者、专家团队和不同组织内外部的项目利益相关者进行沟通和交流的能力
管理组织中给出项目产品的界面				有意识和能力使用组织内部政策去实现项目的目标,这是对复杂性项目的高级项目经理应有的高度评价
有接受和开展模糊性工作的能力				项目经理管理可能具有技术、方向和渐进复杂性的项目,当项目失控时他们需要适应项目的不确定性。这种项目的管理者不能只是通过遵守严格的规则来进行控制
能设法把模糊性工作变为项目相关利益主体的需要和高效参与				项目经理的部分任务就是与独特的高层管理者、项目团队成员、专家咨询者、项目客户、项目的利益相关者沟通和交流,分别了解那些与他们有关的项目复杂性,使他们也可以更有效率地参与项目工作
把项目看做一个整体				只有某些人对项目复杂性和不确定性有真正的认识,项目经理必须能从不同视角看待项目,从而可以在项目实施中不时地在项目需要时从合适的方面进行干预
采用灵活多样的方法进行管理,使管理风格和目的与团队匹配				特别是当项目包括了技术、方向和渐进复杂性时,成功的项目经理会使用多种方法,从传统(基于控制)的项目管理方法到源于软科学的以人为中心的方法
调动项目团队完成项目里程碑,允许他们自我管理和有效工作				这包括在维持对项目里程碑关注的同时,也坚决反对片面倾向于微观管理的问题。对于在项目中出现的设计上的技术复杂性,项目团队成员能够有空间进行创造性的工作,实现自我管理和激励

续表

属性	不用 1	有用 2	必要 3	相关的研究
使用不同的观念来解决项目问题并进行协调				项目经理要有能力在既定范围之外去寻找有想象力的方式、方法,来解决项目的困难,这是被高级项目管理者高度评价的项目经理能力之一
项目经理有高层次分析和组织的技巧				这种能力与项目所表现的结构复杂性有关,项目经理必须能够看到互相联系的复杂关系,协调它们的相互依赖以获得最优化的时间和成本,并对出现的风险进行反应
使用高层次的项目进度计划技巧				针对项目表现出来的结构复杂性,对大量项目活动进行进度计划安排,能够分析项目活动之间的依赖关系,项目经理应该能够使用高级的项目进度计划软件
使用先进的项目成本管理和分析技巧				具有管理结构复杂性项目所需的高层次项目成本分析和管理技巧(如项目挣值管理等),并可以跟踪项目范围、进度计划和成本,从而预测最终的项目成本

表 12.4 项目经理——文化/组织的匹配

问题	不是	是	根据研究结果的讨论	行动/如果选择"是"而需要的行动
项目有很高的优先级吗?			高优先级的项目中,资源必须要合理安排;从项目开始就存在关键资源的超支,这被认为是导致项目失败的关键因素	认真分析项目复杂性的来源,如有必要就增加项目预算,以获得充足的资源。在项目早期阶段获得资源和增加组织能力,并建立了解项目情况的人员储备,从而在项目需要时能为项目做贡献
项目有时间约束吗?			有时间约束的项目需要快速提交到高层管理者以做出决策,从而使风险可以得到解决,使项目可以在允许的进度下实施	任命高技能的项目经理监督和管理项目进度计划中出现的风险,他们在项目层面有管理风险的权力(在既定项目进度和成本计划中),指导应对风险方案的升级。特别是在技术和方向复杂性项目中,他们的这种能力要与关系管理的能力平衡一致

问题	不是	是	根据研究结果的讨论	行动/如果选择"是"而需要的行动
项目是否有非常严格的成本约束?			项目有很高的成本限制就需要快速提交到高层管理者制定相关决策,从而项目风险得到解决,以便使项目能在允许的预算下实施	任命在监督和管理项目风险方面有很高技能的项目经理。如果项目有结构复杂性,项目经理应该可以使用如项目挣值管理等方法,以提供指导,从而使项目实施发起人能应对快速出现的风险
是否存在项目资源短缺,以及缺少可以与定义角色匹配的人力资源?			对此须先决定是通过内部还是外部获得资源,外部承包商在项目周期中参与过晚会使项目失败。最好在项目早期阶段确定资源,从而有效地控制成本,使人们能提前认识项目风险及其应对	考虑聘请外部人力资源来担任这方面的角色。然而,这必须很早做出决策,项目承包人员与组织之间必须要有文化方面的匹配。另外,可以考虑任命有经验的项目管理指导者,以便支持内部人员承担项目经理的角色
可获得的资源是否与所定义的属性有部分的匹配而不是全部匹配?			很难找到一个人与所定义的角色都匹配,某些人有监督和控制的技巧,但是缺管理关系和政策问题的技巧,或者不能激励团队。在大而快速跟踪的项目中,项目经理经常要提供有效的管理支持	考虑建立项目管理团队,例如,功能性的项目管理者管理进度、成本、质量、风险和报告;关系管理者管理项目团队成员、高层管理者和其他利益相关者之间的内部关系
组织文化若是规避风险,则项目经理是否难以支持项目?			组织文化对行为的影响是巨大的,如在风险规避型文化中,很难使项目经理有勇气去获得支持和资源以完成项目实施	可以考虑通过任命项目实施发起人(或者委员会)实施管理,以支持项目管理者。可考虑任命高级项目经理来指导和支持项目经理和项目管理团队的工作
在组织中是否有充足的专家来开展项目?			外部指导者通常可以由一些经验丰富的退休高级管理人员担任,这样可以留住和加强组织内的知识,这被证明是非常有用的。考虑委任项目外部指导者或指导小组,由他们定期为项目经理和项目团队给出特别建议	

步骤

1. 分析项目潜在的复杂性及其来源。
2. 使用清单方法明确项目实施发起者的角色定义。
3. 根据组织文化、项目规模和可获得的关键人员来决定下述事项：
   (1)是任命一个人还是建立项目发起委员会。
   (2)是使用内部资源还是外部人员来承担项目发起者的角色。
   (3)是否引进外部的项目管理方面的顾问。
4. 使用清单方法明确项目经理的角色定义。
5. 根据组织文化、项目的规模和可获得的关键人员来决定下述事项：
   (1)是任命一个人还是建立一个项目经理团队。
   (2)是内部资源还是外部人员来承担这一角色。
   (3)是否引进外部的顾问。

注意事项

这个工具关注于项目角色的定义、从而定义关键的项目实施发起人和项目经理的角色特性。然而,如果项目比较大,即项目可以作为一个项目群进行管理的话,它也适用于项目群主管的角色定义。项目群主管通常是非常高级的项目经理,他需要掌握设计和评价整体项目的能力,以及优化配置许多项目资源的能力。同时,这个角色需要管理组织政策和高级的项目相关利益主体。这个角色也需要有一定的资历水平和权威,允许直接接近和影响组织的高级管理者们。

项目实施关键角色的能力与项目治理结构具有内在的联系,我们的研究表明尽管有不合理的项目治理结构,或者项目实施发起人不合作或不支持,有经验的项目经理也能够交付项目的产出物。然而,随着项目群中项目数量的迅速扩大,有经验的项目管理人员也会成为更加稀缺的资源。没有经验的项目管理者需要有详细的项目管理指导和支持,以便协调很多组织的相关政策。

参考文献与进一步阅读资料

Cooke-Davies, T. J. (2005), "The Executive Sponsor — The Hinge Upon Which Organizational Maturity Turns?", PMI Global Congress Europe，May 2005，Edinburgh，UK.

Crawford，L. H. and Brett C. (2001)，"Exploring the Role of the Project Sponsor"，*Proceedings of the PMI New Zealand Annual Conference* 2001 — *Project Success: Putting it all Together*，Wellington，New Zealand: PMINZ.

Crawford，L. H. and Cooke-Davies，T. J. (2005)，"Project Governance — The Pivotal Role of the Executive Sponsor"，PMI Global Congress，North America，September 2005，Toronto，Canada.

Crawford，L.，Cooke-Davies，T.，Labuschagne，L.，Hobbs，B. and Remington，K. (2006)，"Exploring the Role of the Project Sponsor"，PMI Research Conference，July，Montreal.

Curry，H. (1995)，"Project Sponsorship"，PM Network IX:3, 7.

Hall，M.，Halt，R. and Purchase，D. (2003)，"Project Sponsors under New Public Management; Lessons From The Frontline"，*International Journal of Project Management* 21，495—502.

Helm，J. and Remington，K. (2005)，"Effective Sponsorship, Project Managers' Perceptions of the Role of the Project Sponsor"，*Project Management Journal* 36:3，36—51.

Helm，J. and Remington，K. (2005)，"Adaptive Habitus — Project Managers' Perceptions of the Role of the Project Sponsor"，Proceedings of EURAM Conference，May. Munich: TUT University.

Kay，B. J. (1997)，"Who Needs a Project Sponsor? You Do"，Proceedings of 28th PMI Annual Seminar and Symposium. Chicago, Illinois: Project Management Institute.

Melymuka，K. (2004a)，"Surviving THE Sponsor Exit"，Computerworld，00104841，38:7.

Melymuka，K. (2004b)，"Firing your Project Sponsor"，Computerworld，00104841，38:8.

Remington，K. and Paul，D. (2006)，"Organizational Change as a Complex Project or Program: A Systemic Approach to Managing Complex Change Projects in the Public Sector"，ANZSOG Conference，Canberra，February (copy may be obtained from the authors at kaye. remington@ uts. edu. au.)

Remington，K. and Pollack，J.，(2006)，"Complex Infrastructure Projects: A Systemic Model for Management"，ANZSYS Conference，

Sydney, December (due for publication in 2007 on the web at http://isce. edu/ISCE_ Group_Site/web—content/ISCEPublishing/ISCE_Publishing_ index. html).

　　Remington, K. , Paul, D. and Pollack, J, (2006), "Projects or Programs? Characteristics of Complex Projects", Proceedings of the IQPQC Conference, Sydney, February (copy may be obtained from the authors at kaye. remington@uts. edu. au).

　　Thomas, J. , Delisle, C. , Juqdev, K. and Buckle, P. (2002),"Selling Project Management to Senior Executives: The Case for Avoiding Crisis Sales", *Project Management Journal* 33:2, 19—29.

第十三章 时间关联性的半结构化方法

使用时间：适用于整个项目的过程

困难程度：

使用者：最好是整个项目团队和高层项目利益相关者

适用的复杂性类型：

问题

管理复杂性项目，包括创新程度很高的复杂性项目活动，其最主要的挑战之一就是找到合适的项目群结构，以支持项目群的实施完成。

目的

这种方法的根本目的是帮助高层管理者和项目管理人员选择一种能产生最有效结果的组织结构。虽然我们认识到，项目结构的选择很大程度上受到项目群所处组织的文化和结构的影响，但是项目自身结构也要适合项目的特性。时间关联性的半结构化方法适用于管理项目，而不适用于项目计划和预算开发。

复杂性的类型

这种时间关联性的半结构化方法特别适用于那些技术复杂性和渐进复杂性的项目,但可能也适用于具有方向复杂性的项目。例如,研究和开发项目、设计项目、戏剧项目等都可能面临着技术复杂性和渐进复杂性。项目管理的快速变换是项目技术复杂性所具有的挑战性,因为项目工作中经常出现的明显混乱可能会持续到最后的项目交付日期,到那时某些项目团队成员常常会已经开始参加到另外一些项目中去了。

理论背景

爵士乐的即兴创作表现为,在没有规定的乐谱和计划时,现场创造出音乐。然而,爵士乐也会受到非协调式框架的指导,从而限制某些独奏者的发挥。这种半结构的方法提供了在必要的背景下开展演奏协调行动和音符的次序协调。引用贝司手 Charles Mingus 的话:"你不能即兴到什么规矩也没有了,而是应该有一些规矩。"其中的"有一些"提供了爵士乐乐手可以利用的管理资源,因为爵士乐歌曲是由和弦以及相关的音阶所构成的。

爵士乐是一种受一定规则约束的音乐活动,爵士乐的即兴创作就是在演奏的时候遵循这些和弦变化的规则,这就像是音乐的路线图。在那些旋律变化之外进行演奏就是打破规则,是不允许那样做的(Barrett 和 Pep-lowski,1998,558)。

1998 年,组织管理科学引用爵士乐作为组织管理中即兴发挥式管理(译者注:即半结构化管理方法)的一种比喻,这方面的提议是由 Meyer、Frost 和 Weick(1998)等提出的。早些时候的学者,如 Bastien 和 Hostager(1988)、Hatch(1997),也使用这个实例来说明即兴创作如何能够在最有效的宽松结构中发生。爵士乐就是一个即兴创造(译者注:即半结构化管理方法)的最好案例,在外界看来就是"做你自己的事情,创作是随兴而成的"。然而,更多详细的分析研究结果证明了爵士乐演奏中确实包括了表演者们密集、实时的沟通,在他们这种相对宽松的结构中实际上也包含了具体的规则,如有秩序的独奏和接受和弦的序列等。在爵士表演中,演奏者可以创新,这是在宽松的结构中探索一种新的可能性。如果没有任何框架结构或者基本规则,对听众和表演者而言,爵士乐的表演将会是混乱和毫无意义的。

一些研究者(Burns 和 Stalker,1961;March,1981;Peters,1994)认

为,创新更可能发生在有机的组织结构中,发生在有流程性工作的描述中,发生在模糊的组织结构图中,或者是只有很少的规则和高水平的非正式沟通中。对自由开发者而言,缺乏制约因素就可以很灵活地做出反应,并创造出新的观点。

"项目经理们结合有限制的结构化(如优先权和责任),广泛沟通交流和自由创造出项目的产品。这个结合既不会使项目控制过程过于僵化,也不会使项目过程过于分散而太混乱。另外,成功的项目管理者能够通过低成本的探索和实验来进行项目的开发。"

他们也发现不太成功的公司会开发和制定十分严格的管理过程,但是这似乎是同时丧失了创新和快速交付项目的时间。另外,他们认为,与时间有关的项目产品交付还有另外一个特性,这种特性与那些成功管理设计和创新项目的组织具有许多共同之处。他们发现:"这些人们不是忽略变化或者从来不进行变化,他们是通过有节奏的转化过程,从现有的产品转变到未来的产品,从而把产品与创新不断地联系在一起,由此来创造出项目变化的节奏。"

我们对成功的戏剧项目以及工业设计项目进行了观察,发现的确应该采取 Moorman 和 Minor(1998)所观察的那种在艺术项目、军事项目和生产项目中应用的管理模式。在很多这样的领域中,结构化的管理可以通过严格的角色定义和责任,以及频繁的、每个人都参与的会议沟通来实现。在这些会议之间会发生明显的混乱项目活动,从而产生大量的非正式项目信息。这些会议可以作为项目的里程碑,来协调项目团队之间的创造性努力,激励项目团队实施开发项目或终止开发项目。这些会议也会促进组织之间的信息交流,建立解决项目问题的程序。另外,尤其是与文艺有关的项目,每次人们都会发现有一系列新的表演,特别是有国际性导演、表演者或者设计者加入项目团队时,这种项目都会需要更长的时间方面的调整。由此就维持了项目有节奏的进展步伐,同时保持给各种项目团队足够的压力,帮助他们创造面向未来的关注点。这也就意味着,如果一个项目暂时放慢速度,人们也是有工作可做的。这种效果也被 Gersick(1994)的研究所证明。

讨论

时间关联性的半结构化方法是一个理论框架模型,而不是一种支持对技术和渐进复杂性项目进行管理的工具。

在复杂性理论方面,上述情况代表了"混乱边缘"的情况。在有关组织管理的文献方面(Crutchfield 和 Young,1990;Beinhoffer,1997;Stacey,

1996),这种情况也出现在组织中,这时组织试图维持在刚性结构和混乱结构两个极端中的动态位置。这种动态的"混乱边缘"说明组织可能刚好可以维持系统的秩序,并利用"混乱"来进行必要的平衡,从而允许在创新项目开发中产生非常必要和意想不到的想法和观点。下面的方法是试图指导项目管理者去建立一种动态平衡,以帮助管理项目中的技术和渐进复杂性。

项目的设计团队使用有规律的会议来进行结构化的信息交换,这种会议整合了会议期间人们的非正式想法和思考,这样就会使会议起到信息结点的作用。

管理渐进复杂性项目有两个主要的挑战:首先是长期不开会还能保持项目信息的连续性,其次是当项目团队成员因其他工作分心而失去了对项目的兴趣时还能继续维持创新性的工作。

然而,项目团队会随时准备大量的备选方案以便随时采取行动,所以定期的项目会议鼓励人们在目前项目环境状态下进行相关信息的交换,保持项目中可能会失去的联系和行动一致性。结构化的会议包括对未来的探索和创造性情景的规划,项目团队开展结构化会议的目的就是要超越简单的信息交流,使之成为能够保证人们随时准备采取项目行动的一种管理机制。

这种工具

时间关联性的半结构化是一种项目管理的方法,藉此建立项目计划的目的就是为了估计项目预算和项目时间。人们最好使用历史项目的数据和案例,依据项目分解技术的方法(如项目工作分解结构和优先网络等方法)去开展工作。然而,高度结构化的逻辑框架方法并不是从整体上管理项目的最佳方法。

时间关联性的半结构化方法依靠找出项目的秩序和混乱的最佳组合来支持组织文化中的创新理念,然而最佳的秩序和混乱组合需要一定时间的磨练,这就像"混乱边缘"一样是一个动态的概念。实际上,任何支持创新的组织结构都是动态的、依赖于组织文化的变化以及可获得人力资源去完成关键角色和应对环境变化的。我们采用"半结构化"的概念,正如 Brown 和 Eisenhardt(1997)所描述的宽松组织结构那样,这种"半结构化"似乎是在项目复杂环境下所能产生的最成功的结果。

半结构化方法包括设定项目里程碑、角色和责任,以及通过定期的项目会议和非正式的交流进行项目管理。一旦项目目标被定义和获得一致同意以后,关键的项目里程碑就应该被确定下来并要不断地调整。项目里程碑最好伴有详细的时间表,对此 Turner(1999)做了详细的说明。在这种项目中没有可靠的项目管理方法,在项目进行过程中人们才能确定真正有意义的详细项目时间表,而不是为了估计项目的时间和成本去花费大量时间,因为在估计项目时间成本上浪费时间是没有意义的。

在确定了项目里程碑以后,接下来就是项目关键角色的定义。由于同样的原因,用项目里程碑而不是详细的项目进度计划来进行项目角色的定义更为科学。例如,"在 8 月 2 日设计项目团队生成部件 X 的图纸",这样就使项目有了明确的责任安排,不但说明了谁来做这个项目的这件事情,而且给出了清晰的财务授权。

紧接着人们需要对项目定期会议的日期进行交流和确定,管理者很有必要让所有人都认为这些项目会议很重要。每个项目团队都要参与项目进程并开展项目状况的快速评估,但是这种会议更应该关注如何解决发现的项目问题。因此,这种会议需要有利于促进关于项目动态的观点交流,项目团队应该鼓励人们进行各种观点和知识的分享。管理者邀请突变创新者参加这种会议,这样新的观点就会被引入项目团队中。最后,这种会议应该为项目团队设定清晰的项目方向,即到下次项目会议之前需要实现的项目方向。然而,除了早期人们对项目里程碑和项目责任的定义以外,项目会议所形成的管理控制方法必须同时依据大量的实际管理经验,否则是不能将各种"想法"用于项目管理的。

在项目会议中,对明显会发生的混乱活动,项目团队必须进行必要的管理。至关重要的是,要避免在会议中因项目团队的微观管理思想或其他问题而使人们停下项目的相关工作。项目会议中,项目管理者可以在很大程度上支持项目团队,他们可以观察会议的状态(但不应该看起来像是监视者或者侵略者),准备并代表项目团队编写报告,以便于人们非正式地沟通和交换信息,这些都可以刺激项目创新和正确观点的生成。项目管理者也可以代表项目团队的利益发出各种提议,并根据项目最新进展情况来保持高级别的项目管理。

在项目早期的会议中,"混乱"会不太明显,从而很容易产生一致性。这听起来很像是一种空泛的安抚,但是除非项目的问题相当复杂,而且项目设计团队又很擅长项目里程碑的日程管理,否则组织就要给他们提供一些自由时间来管理他们自己。因此项目管理者的微观管理很可能会产生不良的反效果,引起项目合作的失败。稳定的交流和反复强调项目里程碑的日期,可以使项目团队达成一个满意的项目问题解决方案,虽然这可能并不是最优的项目问题解决方案,不过在这样的约束条件下却已经是最好的项目问题解决方案了。

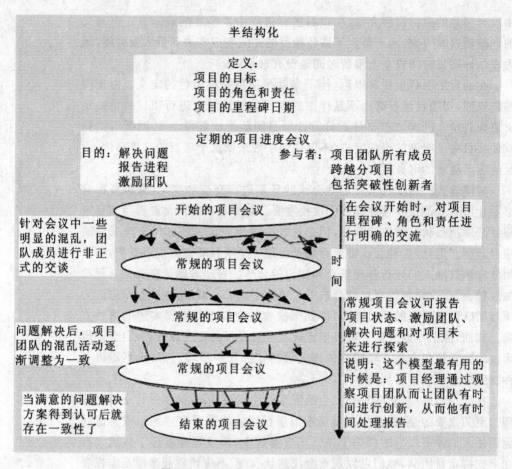

图 13.1   项目半结构化模型的示意图

步骤

1. 确定项目的目标。

2. 确定项目的里程碑。

3. 清楚地确定项目的角色和职责。

4. 设定强制性的项目定期会议日期。

5. 在第一次项目会议上交流对于项目角色、责任和里程碑的定义。

6. 在后续项目会议中要抵制从微观层面开展管理的意愿,允许项目团队以一种"混乱"的方式进行交流和探讨。在有必要的时候支持项目团队,尤其是支持他们的书面工作。项目团队通常会讨厌这些工作,因为这让他们远离创造性的项目工作或者责任。

7.通过项目会议来关注项目问题的解决,以及项目创新和对项目未来的探索。在常规会议中应该有项目状态报告,因为这对项目团队成员会有激励作用,但是项目状态报告不应该是项目常规会议的主要内容。在每个项目常规会议结束时,人们应该为下次项目常规会议确定清晰的会议目标。

8.当一系列项目活动开始出现,只有当项目团队就此达成了解决问题方案的一致性时,这一系列的项目活动才会终止。项目的管理活动应该包括收集和校对这些项目会议的记录和纪要。

注意事项

时间关联性的半结构化方法是一个项目管理的工具而不是一个预测项目的工具。为了预测和估计项目的进度或者预算,你必须使用基于项目活动分解技术的工具,这种项目分解技术是依据历史项目数据支持的,并有明确规定的假设前提条件。

由于在开展项目会议的过程中和项目团队不愿意合作来报告项目活动时存在明显的混乱,项目经理会因为容易慌乱而不习惯于管理那些具有技术复杂性和渐进复杂性的项目。应关注项目里程碑而很少的关注在两个里程碑之间所发生的事情,也很少关注项目团队如何去达到项目的里程碑,这样的项目经理才可以成为真正的管理催化剂,从而帮助项目团队消除项目报告的压力。这种压力经常被看做对项目创新过程的干扰。

在复杂性的项目中,结构与混沌之间的分界线非常不明显,偏离任何一方太远都是很危险的。当项目管理者看到了明显的混乱,往往就会倾向于产生恐慌,他们可能试图通过微观管理去加强对项目的控制。然而这往往是最无效的管理对策,会受到项目团队的强烈抵制,因为研究和设计人员倾向于将高自主性作为自己工作的一部分。最好的管理方法就是保持和加强这些管理领域的半结构化,提供诸如项目里程碑、项目角色定义和责任定义,然后进行各种综合平衡方面的管理工作。

实际案例

在研究组织如何与其产品开发项目相匹配的领域中,有很多相关研究成果,如 Brown 和 Eisenhardt（1997）的研究结果等。这方面的详细报告包括了六个高速发展的 IT 开发公司,它们在不断变化的项目环境中进行项目管理。其中,有三个公司成功实现了组织和产品的匹配,因为这些公司的管理者使用了有限结构的方法（即半结构的方法,主要是明确和协商项目优先顺序、项目里程碑、项目角色和责任），在团队中进行了广泛的交流，对项目未来进行了充分的探测，在与时间有关的项目实施中进行持续的改进和变化，而不是只进行很小或渐进的项目变化。相反，其他三个不太成功的企业所采取的管理办法包括：某些企业采用了高度结构化的进程管理方法，使用传统的项目规划技术；另一些企业采用了极端不规范的方法，几乎是一种自由放任的方法，所以在项目管理过程中很少发挥规则的作用或者使规则几乎没有作用。

这项研究中最主要的经验就是，在有规则的项目进程中，人们需要在自由和结构的管理中达到一种平衡，并确定这种平衡属于"混乱边缘"的状态。另外，这种时间关联性的半结构化方法对于管理产品开发项目很重要，当然可能对其他类型的复杂性项目也很重要。

参考文献与进一步阅读资料

Ashmos, D. P., Duchon, D. and McDaniel, R. R. Jr. (2000), "Organizational Responses to Complexity: the Effect on Organizational Performance", *Journal of Organizational Change Management*, 13：6, 577－595.

Bastien, D. T. and Hostager, T. J. (1988), "Jazz as a Process of Organizational Innovation", *Communication Research* 15, 582－602.

Barrett, F. J. and Peplowski, K., (1998), "Minimal Structures Within a Song: An Analysis of 'All of Me'", *Organization Science* 9:5, 558－560.

Beinhoffer, E. (1997), "Strategy at the Edge of Chaos", *McKinsey Quarterly* 1.

Brown, S. L. and Eisenhardt, K. M. (1997), "The Art of Continuous Change: Linking Complexity Theory and Time-paced Evolution", *Administrative Science Quarterly* 42:1, 1－34.

Brown, S. L. and Eisenhardt, K. M. (1998), *Competing on the Edge: Strategy as Structured Chaos*, Boston, Ma: Harvard Business School Press.

Burns, T. and Stalker, G. M. (1961), *The Management of Innovation*, London, UK: Tavisk.

Crutchfield, J. and Young, K. (1990), "Computation at the Onset of Chaos", in *Entropy, Complexity, and the Physics of Information*,

W. Zurek, (ed.), *SFI Studies in the Sciences of Complexity*, VIII (Reading, Ma: Addison-Wesley), 223—269.

Eisenhardt, K. M. (2004), "Chapter 42. Speed and Strategic Choice: How Managers Accelerate Decision Making", in Katz, R. (ed.), *The Human Side of Managing Technological Innovation : A Collection of Readings*, NY : Oxford University Press.

Eisenhardt, K. M., (2002), "Has Strategy Changed?", *Sloan Management Review*, MIT, Winter, 88—91.

Eisenhardt, K. M. and Martin, J. A. (2000), "Dynamic Capabilities. What are they?", *Strategic Management Journal* 21: 10 — 11, 1105—1121.

Eisenhardt, K. M. and Brown, S. L. (1999), "Time Pacing: Competing in Markets That Won't Stand Still", reprinted in *Harvard Business Review on Managing Uncertainty*, Boston, MA: Harvard Business School Press.

Gersick, C. (1994), "Pacing Strategic Change: The Case of a New Venture", *Academy of Management Journal* 32, 274—309.

Hatch, J. (1997), "Exploring the Empty Spaces of Organizing. How Jazz Can Help Us Understand Organizational Structure", Working Paper, Cranfield, UK: Cranfield School of Management.

Langton, C. G. (1990), "Computation at the Edge of Chaos", *Physica* D, 42.

March, J. G. (1981), "Footnotes to Organizational Change", *Administrative Science Quarterly* 26, 563—577.

Meyer, A., Frost, P. J. and Weick, K. E. (1998), "The Organization Science Jazz Festival: Improvisation as a Metaphor for Organizing: Overture", *Organization Science* 9: 5, *Special Issue: Jazz Improvisation and Organizing* (Sept. —Oct.), 540—542.

Moorman, C. and Miner, A. S. (1998), "Organizational Improvisation and Organizational Working Memory", *The Academy of Management Review*, 23, 698—743.

Peters, T. (1994), *The Tom Peters Seminar: Crazy Times Call for Crazy Organizations*, NY: Vintage Books.

Stacey, R. (1996), *Complexity and Creativity in Organizations*, San Francisco, CA: Berrett-Koehler Publishers, Inc.

Tatikonda, M. V. and Rosenthal, S. R. (2000), "Technology Novelty, Project Complexity, and Product Development Project Execution Success: A Deeper Look at Task Uncertainty in Product Innovation," *Engineering Management*, IEEE Transactions 47:1, 74—87.

Turner, J. R. (1999), *The Handbook of Project-Based Management*, London, UK: McGraw-Hill.

Weick, K. E. (1998), "Improvisation as a Mindset for Organizational Analysis", *Organization Science* 9:5, 543—555.

第十四章 串行多方法论

使用时间:在项目的早期阶段使用
困难程度:

使用者:通常适用于项目利益相关者
适合的复杂性类型:

问题

有时候项目在开始时目标是模糊的,所以无法使用传统的项目管理分解方法和工具来进行项目管理控制。

目的

传统的项目管理工具和技术是建立在项目目标可以被分解为具体要素的假设前提之上的。如果项目目标并没有被定义好,此时在使用传统项目管理方法之前应该先使用单独的问题结构分析技术。这种项目管理工具描述了如何管理两种不同技术模块之间的关系。

复杂性的类型

串行多方法论工具特别适用于方向复杂性的项目,因为在具有方向复杂性的项目中,复杂性通常是对项目目标、目的缺乏明确定义的结果。这些问题可能是很多项目因素所导致的,而所有的这些项目因素都是使用各种简化的项目管理方法所导致的。这种项目的复杂性可能是由无形的项目目标造成的,不同的人对项目目标有不同的解释,这种情况下某些人只说明了项目目标的数量。诸如赞助商等大量的项目利益相关者也是使项目目标变得含糊的重要原因之一,所以方向复杂性的项目也可能是政策争论等争议性项目目标的结果。

理论背景

两种不同的理论派系对多种理论及实践准则的发展产生了深远的影响,比如对项目管理、系统思考、运营管理和管理科学都产生了深远的影响。普遍为人们所接受的传统的基于现实主义和积极主义的哲学认为,世界是开放的、明确的,对每个人都是平等的。从这个视角上说,对于客观知识的发现和客观"事实"的考察具有很重要的意义。另一种观点是基于解释主义和社会建构主义的哲学思想,这种思想认为,我们对于这个世界的知识是视情况而定的,是基于有意义的持续协商过程的结果。从这个角度说,"事实"对"解释"的检验是重要的。

这两种理论体系衍生出不同的实践方法和技术:基于第一种观点的有价值的方法被定义为"问题解决方法",另一种则被定义为"问题构造方法"。正如这两个名字所暗示的那样,基于不同哲学观点的认识论方法会有不同的重点,也会适用于达到不同的目的和产生不同的最终结果。

其中,"问题解决方法"强调项目交付的效率和对预设项目目标的控制。这种方法通过仿真模型对真实世界进行更好的描述,从而得到最优的问题解决方案。这种方法倾向于采用多种定量的具体方法,在目标和所测试的假设条件之间会有一段研究工作的距离。传统的项目管理方法就有这种特征和趋势。

然而,"问题构造方法"关注人们的学习和对模糊状况的探索。这种方法的模型用于辅助人们讨论问题并帮助人们通过争论达到对问题认识的适当状态。这种方法强调定性的技术,基于这种方法的研究一般会直接引入所要研究的主题。尽管使用这种方法可以探索各种研究假设,但是这种方法有时会直接导致研究假设的产生,而不是去检验它们。

现在,大量的研究开始采用系统思考的方法论和多元化理论,这个学科分支被称为"关键系统思考"(Critical Systems Thinking——CST)方法,它被认为是研究和管理方面最好的理论方法。当然,人们为了达到特定的研究目标,所使用的理论方法也不尽相同。

许多研究者从实践和理论方面对这些仍处于争论中的串行多方法论做出了贡献,他们开发了不同的理论、模型和框架。这些理论方法互相融合并且丰富了相关的研究文献。其中,许多方法被作为"关键系统思考"理论方法的一部分,这说明在实际问题中,不同状况需要使用不同的方法。Jackson 和 Keys(1984)的系统方法论体系,Flood 和 Jackson(1991)的总体系统干涉理论等,都对这个领域有着十分重要的影响。还有一些其他研究者关注的方法组合,如 Mingers(1997)使用分类法将这些理论方法分成了 9 种不同的类型。其中,有些系统方法更注重实践与理论方法的结合,如 Ormerod 在 1997 年提出的系统理论。

然而,人们要融合两种不同的理论体系和观点,就会遇到理念上的困难,尤其是对串行多方法论而言。因为人们不能从单一的哲理视角去结合不同的方法论。当在一个项目中使用不同哲学视角的理论时,必须保证不同的工具方法与其所依赖的学术观点相一致。

讨论

这种串行多方法论是并行多方法论(见下章)的补充。并行多方法论更适合渐进复杂性问题,而串行多方法论更适合于方向复杂性项目。

当项目的方向复杂性过高并且项目目标不够明确时,就需要对复杂性进行分析说明,并对问题进行分解和简化,从而可以使用标准的项目管理方法进行管理。方向复杂性项目的产生通常是因为没有花费足够的时间与项目利益相关者就项目进行深入的探讨。

在一些情况下,采用合适的方法可以解决方向复杂性的项目问题,这样方向复杂性的项目就变成了简单的项目。例如,项目利益相关者对项目关键问题的争论获得了统一意见、项目利益相关者们互相隐藏的目标被充分揭示并正确定位,这样项目的目标就重新明确了。

串行多方法论工具在项目管理前增加了一个阶段,通常被称为"起始—结束"阶段,人们在文献中可以找到大量这种案例。正如 Turner(1999)指出的那样,如果没有定义好项目的目标和方法,那么在采用传统项目管理工具前,最好先用独特的方法将项目结构化。另外,Miles(1988)也研究说明了类似的项目管理实践,只是他将这种过程称为"移植"。

这种工具

这种串行多方法论工具最基本的观点是在采用传统项目管理方法之前,先使用将项目问题结构化的方法,以明确项目的各组成成分(见图14.1)。串行多方法论帮助我们把方向复杂性项目转变成能利用标准项目管理方法解决的简单项目。

但是这种串行多方法论不像看起来那么简单,它首先需要项目人员应用将项目问题结构化的方法。这方面最适合的案例是战略抉择开发分析(Strategic Options Development Analysis)的方法(Eden 和 Ackerman,2001)和柔性系统方法论(Soft Systems Methodology)(Checkland,1999)等。这些不是能够轻易使用得当的方法,人们需要实践甚至专门的培训才能有效地使用这些方法。

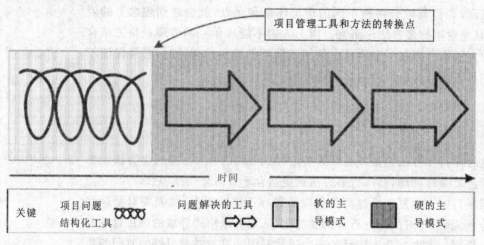

图 14.1   项目连续过程中所用的串行多方法论

项目或项目群的不同阶段实际上需要不同的管理技能和思维方式,不是每个人都能够应对项目问题的结构化,或者使用项目问题解决的方法。因此,项目就需要外部的调解人,他来自项目外部,并和项目管理者一起定义项目的目标。

从独立的管理哲学基础来看,有一些问题解决方法论(如传统的项目管理方法)和解决问题的结构化方法论,如战略抉择开发分析和柔性系统方法论,体现了世界观的不同视角。这些都是有效或有用的项目管理理论,甚至是有效或有用的项目管理知识。

使用串行多方法论的结果是,项目管理者会积极地在项目不同节点上寻求不同的项目目标。其中,人们应该考虑的管理方法之一就是在整个项目开始时,先考虑使用项目问题的结构化方法去构建出一系列的小项目,然后项目管理者需要仔细定义这些小型项目所要实现的目标。在这种情况下,项目各方需要协商达成对项目目标内容的一致理解,这与人们定义项目地位和方向的共同性是不同的事情。

同时,这方面的评价标准也需要进行很好的界定,这样人们就可以知道使用问题结构化的方法论会在什么时候达到所要的目标。这类方法论中的评价标准往往可以很好地表示事物的客观质量,当然人们也可以使用主观的评价标准。例如,使用问题结构化的方法把既定的项目目标作为主要的评价标准,这样就能很充分地表明项目利益相关者的满意情况。

把项目看做一个整体,并很好地使用问题结构化的方法,这比人们主观地评价问题的准确性更为重要。在使用问题结构化的方法时,人们应该关注他们想要获得的东西,因为使用问题结构化的方法会帮助人们解决阻碍他们前进的某些问题。人们在使用传统的项目管理方法之前,要确保项目的问题能够得到顺利的解决。

许多需要交付的项目都面临着时间限制方面的压力,无论是内部或外部的项目团队在这种情况下都有可能停止对问题的探索,甚至停止进行项目的实施与交付。如果不去解决这些问题,就直接去开展项目实施,最终会导致代价高昂的项目返工和失败,同时不充分的项目目标定义也会在项目今后的阶段中表现出来。因此,在完成某个项目或项目方案阶段之前,要有足够的时间确保项目方向复杂性的解决,这对于项目成功是非常重要的。

步骤

1. 选择问题结构化的方法,同时选择项目或项目群管理人员促进这种方法的使用。

2. 明确项目管理者使用问题结构化方法时希望达到的目标,以及如何进行评价。

3. 使用结构化的方法来明确项目目标、管理者所要到达的里程碑,以及根据需要对项目的内容进行深入的理解。

4. 不要仓促推进项目起始和实施的过程。

5. 当项目情况被简化的时候,项目的方向复杂性就得到了解决。在结束项目的某个阶段时,使用这个项目阶段所开发的管理视角作为后续项目工作中使用传统项目管理方法的基础和出发点。

注意事项

　　串行多方法论的工具适用于方向复杂性项目,一旦这种项目被定义就会保持相对的稳定。如果项目也有渐进复杂性,那么开展对项目后期阶段的探索是无效的。并行管理工具中的多种方法论在这种情境下更为适用一些。

　　在使用串行多方法论工具时,管理好每个项目阶段之间的过渡期很重要。问题结构化方法和问题解决方法在项目管理实践中各有不同的关注点,为了从串行多方法论工具中获得最大的好处,人们有必要确保在问题解决方法中强调控制和学习,并有实证研究方面的支持。问题结构化的方法是基于学习、探索和促进问题解决的,因此使用解决问题的结构化方法并吸收实证主义者的观点,就能够保证串行多方法论工具在问题解决过程中的有效性。

实际案例

　　目前在学术文献中,有很多描述使用串行多方法论工具的项目案例。例如,Neal (1995)提供了一个案例,柔性系统方法论可以被用于传统的项目管理实践中。柔性系统方法论可用于项目的需求定义阶段,帮助项目客户定义他们希望达到的项目目的,这种方法也能避免项目的返工。Lai (2000)也提供了柔性系统方法论在项目管理技术中使用的案例,这个案例是中国香港公共部门的信息系统开发项目。考虑到香港从英国殖民地向中华人民共和国特别行政区的转变,柔性系统方法论被用于开发项目团队对项目利益相关方需求的理解。

参考文献与进一步阅读资料

Checkland, P. (1999), "Soft Systems Methodology: a 30-Year Retrospective", in Checkland, P. and Scholes, J. (eds), *Soft Systems Methodology in Action*, Chichester: John Wiley & Sons A1 — A65.

Eden, C. and Ackerman, F. (2001), "SODA-the Principles", in Rosenhead, J. and Mingers, J. (eds), *Rational Analysis for a Problematic World Revisited: Problem Structuring Methods for Complexity, Uncertainty and Conflict*, Chichester: John Wiley & Sons.

Flood, R. and Jackson, M. (1991), *Creative Problem Solving*: *Total Systems Intervention*, New York: John Wiley & Sons.

Jackson, M. and Keys, P. (1984), "Towards a System of Systems Methodologies", *Journal of the Operational Research Society* 35, 473—486.

Lai, L. (2000), "An Integration of Systems Science Methods and Object-Oriented Analysis for Determining Organizational Information Requirements", *Systems Research and Behavioral Science* 17, 205—228.

Miles, R. (1988), "Combining 'Soft' and 'Hard' Systems Practice: Grafting or Embedding?", *Journal of Applied Systems Analysis* 15, 55—60.

Mingers, J. (1997), "Multi-Paradigm Multimethodology", *in Mingers, J. and Gill, A. (eds.)*, Multimethodology: The Theory and Practice of Combining Management Science Methodologies, *Chichester*: *John Wiley & Sons*, 1—20.

Neal, R. A. (1995), "Project Definition: the Soft-Systems Approach", *International Journal of Project Management* 13, 5—9.

Ormerod, R. (1997), "The Design of Organizational Intervention", *International Journal of Management Science* 25, 415—435.

Turner, J. R. (1999), *The Handbook of Project-Based Management*, London: McGraw-Hill.

第十五章 并行多方法论

使用时间：项目实施的全过程
困难程度：

使用者：独立个人或项目团队
复杂性类型：

问题

有一些项目会受到多个持续的不确定性因素的威胁；或者会有项目目标的不断变化，以响应项目控制范围外的各种影响。

目的

并行多方法论工具用于对项目环境的持续学习中，它可以帮助人们应对常见的项目环境变化。这种并行多方法论工具尤其适用于项目风险管理和不断重新确定项目的目标。传统的项目管理方法倾向于假定在项目过程中目标一旦确定就可以一直实施下去，然而这在许多项目中是不现实的，人们需要更适合的项目问题结构分解工具。并行多方法论是在项目中统筹项目管理方法和问题结构技术，以及搞好这些管理方法和问题结构技术间关系的一种工具。

复杂性的类型

并行多方法论最适合的情境是项目在不断地发生变化。而渐进复杂性项目面临的就是全生命周期持续不断的环境变化,而且这种变化既是不恒定的,也是不可预测的。因此,这种项目的混乱边缘也在变化。对于项目团队来说,这种更具探索性和开放性的环境需要更多的信息输入。这种项目的混乱边缘更加靠近"混乱"一方,系统的边境也是含糊的。从另一方面来说,当项目环境相对稳定时,则项目团队可以更专注于项目的交付物、项目效率和项目的管理控制。因为此时项目的混乱边缘更接近于有序,项目的系统边界也更加封闭,环境的渗透性被降低。并行多方法论工具提供了一种方法,来协调项目管理技术和问题结构技术间的相互关系。

理论背景

正如"串行多方法论"一章中提到的,两种不同的传统理论影响着多种管理理论和方法的发展,比如项目管理、系统思考、运营管理和管理科学等。这些传统理论引出了两类方法——"问题解决方法"和"问题结构方法"。

其中,问题解决方法(如传统的项目管理方法)是基于现实和确定性的。这种方法注重所要交付成果的有效性、过程管理和目标实现,更倾向于采用少量的管理技术。问题结构方法则是基于解释性和社会性的结构哲学。这种方法更多地强调人们的学习、探索和协商过程,认为在世界不断变化的过程中,信息和知识是事物间关联的关键。

这些传统理论之间的区别在"串行多方法论"一章已经深度探讨过了,Midgley(2000)和 Jackson(2000)也在这方面有出色的研究。

多数关于现实确定主义和问题结构理论间结合的研究涉及一系列的结合,不断地在清晰定义阶段使用哲学的方法论。"串行多方法论"就是这样的,其背后的思想是不同的方法论和哲学观念适合在不同的项目阶段中应用。

但是项目管理的实践表明,在一些项目中把项目细分为诸多阶段是不现实的。实际上,在渐进复杂性项目中,一旦额外因素发生变化而使项目改变方向时,强制划分清晰的项目阶段会造成更多的问题。项目中运用平行多方法论和这方面的哲学比强制划分出项目的阶段更有效,因为此时项目在同一阶段中可以应用不同的管理方法,这种并行多方法论可以不断地适应项目的管理需求。

　　并行多方法论工具是在 Miles(1988)的研究基础上产生的。他研究了在信息系统建模技术中结合使用柔性系统方法论的可能性。Miles 在研究中假设解释性的哲学观念统治着整个研究,所以从乐观主义者视角出发看待项目会有益于管理渐进复杂性项目,这种方法论和哲学在单项目管理中都是适用的。

讨论

　　这种并行多方法论是串行多方法论的补充。串行多方法论更适用于方向复杂性项目,而并行多方法论的工具则是为渐进复杂性项目设计的。

　　传统的项目管理方法倾向于假设项目目标和风险都能够被清晰地定义,并假设项目目标可以容易地分解为项目的组成元素,而且项目风险一旦被定义就可以跟踪应对,但实际上在许多项目(如渐进复杂性项目)中这是不成立的。

　　项目环境的不确定性造成了大量的变化,这种变化影响了项目中所有的事情,从项目的基本原理到项目的政治支持,以及项目目标的每个细节。其他一些案例中,项目的不确定性甚至可能是一个星期前的项目团队根本不知道组织是否会在一个星期后就交付项目。总的分析准则是,项目的政策性越强,越容易受到渐进复杂性的影响。

　　在渐进复杂性项目中,各种项目工作是在投资项目选择和项目解决方法开发之间寻找平衡的一种活动。不要单一致力于开发特定的项目问题解决方法,因为前期过分专一地选择项目管理方法会给后续项目工作带来很大的风险。同时,不要花费太多时间去探索、选择和等待项目问题解决方案的稳定性,因为项目环境永远不会是稳定的,但项目总是要交付的。

　　在渐进复杂性项目中,由于项目有诸多因素可能同时变化,所以项目总要面临众多必须选择的情况。项目成功的决定性因素在于专注于与项目稳定性有关的各方面发展变化,专注于项目不确定性的探索活动,探索清楚在项目生命周期中哪些项目因素受制于哪些项目环境情况,以及这些都将会发生哪些变化。

　　项目呈现出的结构、技术、方向复杂性都需要特别关注,因为项目的渐进复杂性使管理者面对项目的其他各种复杂性而造成更大的问题。由于项目的时间因素会加大渐进复杂性的持续性,潜在地阻止渐进复杂性问题会使项目其他种类的复杂性继续加剧,这样人们就需要更为持续的项目监督和管理。

这种工具

并行多方法论工具涉及两种(或更多)的方法,它们在项目的平行关系中逻辑地联系在一起。其中的一种方法可能是"问题结构方法",而另一种可能是"问题解决方法"。在两种方法中动态地进行选择,对项目的变化和预期需求做出必要的反应。

传统的项目管理方法提供了许多问题解决方法的工具,它们可以有效地解决项目问题定义的工作。问题解决方法的实例包括柔性系统方法论、战略抉择开发和分析方法(Eden 和 Ackerman,2001)以及在"串行多方法论"一章中提到的认知图(Ackerman 和 Eden,2001)。

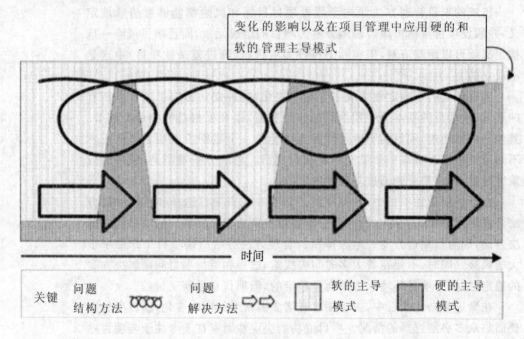

图 15.1 项目管理使用的并行多方法论

在串行多方法论中,由于项目问题结构的过程可以被分解为不同的项目阶段,在问题结构方法中需要不断地加入外部因素,以帮助解决特定的项目问题。在并行多方法论中,项目团队的成员需要有使用问题结构方法的能力,这种能力将在项目中不定期地使用,所以项目团队应开展问题结构方法和学习方法的培训。

因为项目或项目群受制于项目的渐进复杂性,所以人们就必须不断地关注项目环境的变化。这种发展变化会给项目带来威胁和机会，如果人们想要项目成功，他们就必须做到不断地关注项目环境的变化。运用"问题结构方法"可以有助于开展这个过程，因为这种方法就是为鼓励人们学习和探索而设计的。

"问题解决方法"可以帮助生成解决问题的见解，这就可以帮助人们直接使用问题解决方法去解决项目的问题。"问题结构方法"能够帮助项目团队理解和弄清楚哪些项目因素是不确定或不能被严格定义的，哪些项目因素是稳定的、可以用问题解决方法来解决的。

项目团队应该交替选择和使用两种方法，从而推动项目的实施和发展。同时，人们还需要核查项目环境的变化。如果项目环境已经变化了，他们就有必要停止项目的有关工作，直到这方面的项目环境因素稳定后，才能继续推进项目。与此同时，人们应致力于项目其他方面的问题和工作。

有多种方法可以用来管理项目，在管理方法论的结构和预先设计之间进行常规的发展变化是可行的。但是，由于项目的渐进复杂性，人们很难预先知道哪种方法是适合项目的。如果在方法论之间的选择变化是动态的，那人们就能更有效地为满足突发的项目需求而使用正确的方法。人们需要不断地关注项目的发展变化，在项目稳定时可以使用"问题解决方法"，在项目不确定时可以使用"问题结构方法"。

在项目团队的工作中，提前制定项目团队如何在方法论中变化选用的规范是必要的。同时，还需要向项目团队解释在项目过程中使用"问题结构方法"的目的，从而使他们不会认为本来应该用于实施项目的时间却被浪费在对项目未来的探索中。由于个人特质和项目特性等原因，不同的项目团队成员不一定能在同一时间看到或应对项目的某种复杂性。

在项目的多个不同方面并行开展工作是必要的。但是对于"网络技术"这种项目管理方法来说，这就是一个不同的概念了，因为人们为了加快项目交付速度，可以将多个独立的项目工作并行实施。同时，对于项目的"快速跟踪"而言，这种项目的并行工作就是在逻辑上的紧前工作完成之前出现了新的项目任务。

而使用并行多方法论的并行结构不会加快项目的速度，但是会增加项目问题解决的机会。由于项目从多方面一起推进，那么一个环境因素的影响可能不会造成整个项目的拖延，因为项目工作可以在其他领域继续进行。并行多方法论可以在使用"问题结构方法"和"问题解决方法"之间达到一种均衡的状态。

另外，并行多方法论提供了多种项目交付的机会。不同于其他项目，渐进复杂性项目的及时交付比项目交付速度更为重要。笔者的一个同事把这叫做"等待星球连成一线",即当机会呈现时,项目团队只需要在多个并行选项中的一个位置上进行项目的交付。

步骤

1. 训练项目团队有选择地使用项目结构方法和行动学习的方法,从专业领域中有经验的促进者方面寻找项目管理方面的建议。

2. 当项目的环境因素稳定时,运用"问题解决方法"去推进项目的交付。

3. 当项目受到环境变化的影响时,则使用"问题结构方法"去澄清和理解问题。

4. 重复上面的 1 和 2 两个步骤,使项目多个方面的问题都有可能得到解决。

5. 当项目环境足够稳定时,迅速提交适当的项目问题解决方案。

注意事项

在项目的阶段有变化时,人们经常使用项目阶段节点或评审节点来制定项目行动或不行动的决策,但是这种项目生命周期的模式并不包括一些特定的项目状态。一种可供选择的检查项目持续发展变化的方式是,关注项目的渐进复杂性,保证项目利益相关者的参与。项目利益相关者实际上通常是包括在项目团队中的,他们可以评估项目的生存能力。毕竟主要的项目利益相关者可能会有助于解决某些项目的渐进复杂性因素,或者比项目管理者更了解一些项目复杂性的本质,所以要与你的项目利益相关者保持密切的联系!

明确在何时使用何种项目管理的方法。这些不同的方法是依据不同的哲学观点,并且侧重于解决不同的项目问题的。明确你正在使用的哲学观点是否有助于向同你一起工作的其他人解释问题和处境。

关注你自己的管理行动,观测哪些方面的观点占了主导地位。对于大多数人,尤其是行动导向型的人们来说,问题解决方法更易于接受。作者的经验表明,当面临项目结尾阶段时,使用"问题结构方法"开展活动的确会有些勉强。这与急于完成项目、避免重新开展项目工作以及发现项目终结的表现不像期待那样等心理有关。

实际案例

使用这种串行多方法论工具的一个案例是在澳大利亚新南威尔士州实施的一个公共健康组织信息系统战略发展项目。这个案例的方法中还结合了项目管理工具和柔性系统方法论。这个项目在进展中面临着持续的政策变化、潜在的机构重组，以及与多种政府发展机构联盟的责任不确定性（Pollack，2005）。

项目团队有序地在项目进程中更换。虽然人们选择在不同时期推进项目，在项目某些阶段重新开展工作还是需要的，最终交付的项目产品满足了政府机构的需求。这个项目在有效战略方向的形成方面为政府组织提供了大量的好处。

另一个有趣的案例是英国税务机构方面的实例（Brown et. al.，2006）。在这个案例中，项目团队在问题结构方法和问题解决方法之间不断地变换，不断地探索项目环境的使用方法，专注于特定的项目问题。而这种方法给英国税务机构的项目发展提供了很好的建议。

参考文献与进一步阅读资料

Ackerman, F. and Eden, C. (2001), "SODA—Journey Making and Mapping in Practice", in Rosenhead, J. and Mingers, J. (eds), *Rational Analysis for a Problematic World Revisited*, Chichester: John Wiley & Sons, 43—60.

Brown, J., Cooper, C. and Pidd, M. (2006), "A Taxing Problem: The Complementary Use of Hard and Soft OR in the Public Sector", *European Journal of Operational Research* 172:2, 666—679.

Checkland, P. (1999), "Soft Systems Methodology: a 30-Year Retrospective", in Checkland, P. and Scholes, J., (eds), *Soft Systems Methodology in Action*, Chichester: John Wiley & Sons, A1—A65.

Eden, C. and Ackerman, F. (2001), "SODA—the Principles", in Rosenhead, J. and Mingers, J. (eds), *Rational Analysis for a Problematic World Revisited: Problem Structuring Methods for Complexity, Uncertainty and Conflict*, Chichester: John Wiley & Sons.

Jackson, M. (2000), *Systems Approaches to Management*, NY: Plenum Publishers.

Midgley, G. (2000), *Systemic Intervention: Philosophy, Methodology, and Practice*, NY: Plenum Publishers.

Miles, R. (1988), "Combining 'Soft' and 'Hard' Systems Practice: Grafting or Embedding?" *Journal of Applied Systems Analysis* 15, 55—60.

Pidd, M. (2004), "Bringing it all together", in Pidd, M. (ed.), *Systems Modelling: Theory and Practice*, Chichester: John Wiley & Sons, 197—207.

Pollack, J. B. F. (2005), *Project Pluralism: Combining the Hard and Soft Paradigms in IS/IT Strategy Development in the NSW Public Sector*, PhD Thesis. Australia: University of Technology Sydney.

第十六章　虚拟门径

使用时间：每个项目阶段应最少使用一次

困难程度：

使用者：项目实施的管理团队

适用的复杂性类型：

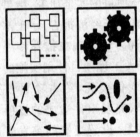

问题

在大型项目中，项目风险的触发方式可能是资产系统的雪崩效应，在这个点上项目没有其他余地，只能立即被终结。

目的

这种虚拟门径工具是为克服复杂性项目中沟通困难的情况而设计的。虚拟门径可促使和支持人们对由非线性问题引起的对紧急事件的敏感进行分析和监督管理。

复杂性的类型

由于规模大、时间长而足以引发结构复杂性的项目,这种虚拟门径方法适用于任何种类的项目复杂性。

在任何项目系统中都会找到结构复杂性,它包含了很多非常难以管理的活动和关联。一旦非线性问题被触发,又没有在正确的时间核检和紧急应对,结果就会引起大量相位变化。这经常会导致项目出现巨大的变更,有时甚至是项目的终结。除了这些问题,项目可能还会出现出资人或所有者以及项目人员不情愿地承认他们的利润正在锐减等问题。

理论背景

风险分析是风险管理的基础,风险管理是以减少风险和消减威胁事件为目的的战略管理。复杂性项目会发生大量的偶发事件,从而造成项目成本的超支,这种情况发生在很多项目的案例中。在带有政策性拖延的项目环境中,因为资本市场压力和部门政策情况影响,项目生命周期的实际情况非常容易改变。最近世界银行发起了一项 92 个项目的实证研究,结果发现很少有项目显示出好的项目风险管理实践(世界银行经济报告)。正常情况下的项目状况会有 ±10% 到 ±20% 的变化,而许多学者现在推荐使用更高的发展变化比例。阿波罗太空计划被认为是特大工程项目计划实施的一个成功案例,但是其项目成本比预算超出了 210 亿美元,约占项目预算的 5%。正如 Morris 和 Hough(1987)指出的那样,突发事件造成的该项目成本超支占了 80 亿美元。但是,人们普遍的想法是,设置更高的突发事件比例,会导致人们在项目工作中不够谨慎,从而使项目的严谨性表现为丧失或放松。

在最好的项目风险评估中,项目风险情况会使项目的论证与评估从项目可行变化为不可行。世界银行指出,这些项目的“转换价值”应该是人们计算项目可行的关键变量,而所谓的“转换价值”就是项目从可行变化为不可行的差别(世界银行,经济学报告)。但是,我们认为重要的不仅是这种“转换价值”,还有复杂性的工程项目会出现的因果循环,它会推动一些项目变量到达零回报点,并形成连锁反应,而使一个项目风险在达到“转换价值”点时会触发另一个“转换价值”。因此,我们建议采用多变量分析和因果图来分析说明项目风险最差的情况,其结果可用于对那些高风险项目中可能发生的各种突发事件进行更好的分析和研究。

讨论

目前常见的做法是通过确定项目生命周期的阶段，然后在每个阶段结束时使用"虚拟门径"的功能来促进人们正式地评估该项目情况，并根据这种项目评价去决定是继续按计划开展项目，还是重新规划项目或终止项目。如果重新规划项目，使项目拥有多个项目阶段及相关的门径是世界公认的一种有益的项目控制机制。

该项目的阶段和有关门径通常是基于项目的逻辑切换或项目的供资周期预先确定的，但很少是基于引发非线性事件的紧急风险管理模式的成本分析问题。而我们建议预先确定通过哪些潜在的或"虚拟的"门径的关闭去开展这种分析，确定在何种水平上预测的项目需要进行重新评估，甚至可能是重新界定。因此，项目的"虚拟门径"会触发项目应急响应的指标（如迅速增加项目成本等），如果该项目没有停止和重新评价，那么各级超出预算的成本就可能会成倍地增加。

我们认为，除了增加项目计划的阶段及其在复杂性项目的相关门径以外，人们还可以在项目中计划和沟通被特定情况组合触发的虚拟门径，以使这一进程能够监测那些项目的紧急情况，然后通过引发"虚拟门径"而成为该项目特质的一部分。

美国宇航局的飞行系统和地面支持系统项目往往是最明显和最复杂的项目产品线。这些项目必须强调以安全风险和飞行任务的成功作为主要交付指标，并以此匹配他们所需要的大量时间和各种资源。这些项目一般都制定有一至三年的时间期限，因为项目需要进行系统的分析，选择最佳的项目使命概念和项目技术风险后才可以开始实施项目。他们通常为项目设计、开发、测试和运营制定出更长的项目实施期，因此美国航天局认为应该更细地分解项目生命周期中飞行系统和地面支持系统的项目，使项目管理人员能够评估项目管理和工程的进展情况。因此，美国宇航局的文件重新引用（飞行系统和地面支持项目）项目群生命周期划分为 A 至 F 阶段的管理办法。

我们认识到，这一做法存在明显的项目管理抑制作用。其中，一旦项目合同或工作已经开始，项目的活动就难以停止。所有与项目有关的工作合同都应该记录这一点，因此书面合同中往往有一个"便宜终止"的条款，以便人们在紧急情况下有权终止实施已经站不住脚的项目合同。此时项目合同履行费用的补偿事项通常应该计算到最接近的项目里程碑，以使项目承包商得到应有的收益支付。项目承包商将在项目招投标文件中注明把项目风险转嫁给项目分包商的情形。现有一种不同的做法是预先把特定项目时间作为项目风险分配过程的一部分,并认定项目时间对于项目合同的影响。

很显然,在项目实施期间,项目风险监控是至关重要的。但是标准的项目风险登记册的清单方法基本上是一种线性思维的工具。它可以列举数百种甚至数千种项目风险,其结果是使有效地综合监控项目所有风险变得极为困难。如果说项目风险监控是困难的,那么由于缺乏积极反馈信息的系统,将会使人们无法不断理解风险升级的因果联系。更重要的是,可靠的项目管理工具应该能促进人们的思维模式连接(如因果图分析)。某些软件现在可以为人们提供描述项目复杂性的帮助。对于较小的项目,人们可以做映射有关项目利益相关者的"即时贴",然后将此转化为一个简单的项目风险监测软件方案。

提出因果图的学者认为,这种方法是一种有用的程序分析工具(Williams 等,2003)。我们建议在使用因果图时增加"虚拟门径",以适应项目合同并确定何时可能引发项目风险。如果人们知道除了在确定项目阶段应用项目控制门径外,还有其他潜在的门径(即虚拟门径)可以在项目风险引发时起作用,就可以提升项目风险监测的警惕性。

如同大多数项目复杂性方面的原因一样,项目的费用超支是常见的问题(Flyvbjerg 等,2003)。许多项目费用超支已显示出了人们观念的影响,或是因为人们不相信项目主要决策者和推动者的困境。因此,至关重要的是将一些新的精神观念传达到这类复杂的项目管理中,这不仅能促进和支持人们保持警惕去分析和监测项目风险和非线性事件,而且还会在某些项目阶段鼓励人们进行沟通,如对"转换价值"达成共识,从而使项目有可能被终止或从根本上重新界定。这种项目生命周期模型必须支持项目风险的应对管理工作,当项目突发风险日益明显时,这可以协助人们定期重新审查项目生命周期模型,并进一步分解项目生命周期以做好项目风险管理。

项目时间和费用问题都与此管理模式相关。项目期限的增加和项目巨大合同总成本的降低都会因为更严格的项目控制和过高自信而被抵消,如一个健康投资项目的回报将得到保证。特别是在公关部门中有一种倾向,项目经理会发现,对于那些期限长且内容巨大的项目合同,项目业主或客户会采取放手不管的做法,但这一管理模式将于事无补。利用"虚拟门径"的管理模型要求项目经理或主管致力于密切、频繁的项目监测工作,使自己的项目管理具有迅速解决问题和做出决策的项目治理结构支持。

这种工具

这方面的工具事实上是一系列组合模型。常用的工具有：

● 因果图，这可以用来确定和评估项目的风险原因和问题。

● 项目成本模型，这是运用财务风险分析技术来确定"转换价值"。

● 项目结构分析，包括项目分解技术，即利用虚拟门径的概念。

● 获得性战略，以便在项目风险增加时减少项目活动或终止项目。

● 交流的模型，分析、发现项目关键因素。

● 表格因果图，也被称为项目分析的认知测绘图，这已发展到很高的复杂程度（Ackerman 等，1997）。

本章结束时的案例是一个非常简单的在因果图中使用"即时贴"的案例，使用软件可以使大型项目的管理大大受益（Ackerman 和 Eden，2001）。

标准的财务建模技术方法（这里不包括所有这些方法，但涵盖了其他系列的方法）可以应用到新兴的项目风险管理模式中以确定项目风险的因果图。建立潜在的项目超支后的投资回报率就属于这一财务建模技术。此时项目的"转换价值"是确定的，这些表明项目超支的水平使得该项目现在已经不再可行了。

一个项目阶段的管理模型在选用以后，还需要做进一步的修改，以确定项目生命周期和项目阶段结构与项目之间的控制门径，并决定对项目下一阶段的项目复杂性和预期项目风险进行必要的管理。人们普遍认为将一些较小的项目作为一个线性管理方案，将会使该项目得到更好的管理，因为这种方式可能更容易为每个项目分析差异和确定不同的管理战略。因为这种方法设置了人们的期望水平，所以项目的结构变得非常重要。如果该项目能够被分解为一系列子项目，这将极大地降低项目的复杂程度，这样每个子项目就很容易实现目标。有一些具体的项目交付会减少项目的亏损面，而一系列具体的子项目减少了不利的财务影响，则这种项目的目标就更容易实现了。

但是，如果该项目不能被分解为规模较小的单独子项目，那么逐步分解和使用项目实施方案的结构也可以帮助人们确定不同的项目阶段或项目方案的获得。如果对项目的"转换价值"达成了共识，项目获得策略就应反映项目复杂性的类型。为方便起见，项目获得策略也应该包括一些允许项目终止的条款。这是一个缺乏吸引力的选择，因为任何项目终止条款都将涉及支付服务供应商或承包商的工作费用，而且还要加上部分承诺的项目潜在利润损失。

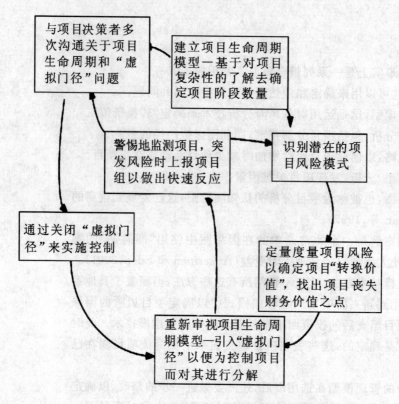

图 16.1　虚拟门径过程模型

　　项目的"虚拟门径"是一种潜在的门径，它可以被引进到项目生命周期模型中，作为该项目进展的一种监控。这能够有效地把项目分解为小的单元来进行管理和控制，所以"虚拟门径"的方法可以更好地频繁监察项目风险，并使用因果图方法去跟踪项目风险的模式。还应辅以良好的项目沟通，而且为方便起见，需要以项目合同中的终止条款作为项目管理的最后手段。

　　沟通是项目成功的关键。首先是项目思想的沟通，任何项目必须有一个管理紧急风险情况的沟通结构。项目管理者需要与关键利益相关者定期、持续地沟通项目风险状况，以防止他们陷入一种虚假的安全感中。这种情况，现在被称为项目风险分析中的"群体思考"性灾害。在这种项目风险分析中关键人员无法使别人听到重要信息是造成项目失败的原因，而这是一种非常普遍的高风险项目群体中的实际情况。其次，项目的问题和新出现的管理模式也可能造成项目风险，这些都必须尽快传达给项目决策者，以便他们能够迅速地做出项目决策。项目沟通的速度是至关重要的，积极的项目信息反馈循环可以迅速提升方向应对的速度。

步骤

1.确定项目的阶段数量。

2.使用因果图方法,以便认知、映射和确定项目风险及其潜在的损失。

3.对每一个项目阶段重复上述步骤。

4.计算使该项目不再可行的"转换价值"。

5.选择一个项目阶段或子项目合适的项目获得方法,这包括所有招投标文件和项目合同中有关供货或服务的终止条款。

6.随着项目的进展,再次审视项目阶段模式,使用"虚拟门径"进一步分解以满足管理要求。

7.与关键项目利益相关者(供应商和分包商)沟通能够触发"虚拟门径"的转换价值概念。

8.经常重复因果图的映射过程,以评估整个项目的风险紧急情况。

9.建立积极的信息反馈回路和快速决策机制以应对项目风险可能导致的沟通问题。

注意事项

难以预料的是项目"转换价值"可能会触发已经达成的项目合同条款,因此至关重要的是警惕地监测项目风险。

"群体思考"并相信事情本身会自己修正,是一种在实际中发生的真实现象,项目团队和主要项目决策者最终会屈服于拒绝采取行动的意见。如果项目情况的进展超出了某一点,项目就不可能得到恢复了,因此对"转换价值"概念的沟通是项目成功的关键所在。

再次,必须重申早先提到的关注。项目时间和费用问题都与此管理模式相关。项目期限的增加和项目合同总成本的降低都可能会因为现实更严格的管理控制和更高水平的自信而抵消,这样像健康投资项目的回报将会得到某种保证。"放任"的管理模式,会让项目在很长一段时间内无法开展工作。利用"虚拟门径"模型就要求项目经理或主管致力于开展密切和频繁的项目监测工作,该管理模式将支持迅速升级的问题沟通和项目决策治理结构。

实际案例

在建设项目中,一些事件会造成某种非线性的风险,这可能包括不可预见的不利条件出现了(如要求地基比预期更深),紧随其后的是更意想不到的潮湿天气导致项目施工地点浸水,使打桩工作无法继续按项目计划进行。这些不可预见的气候和地理条件将导致项目成本的增加和项目工期的拖延。而如果某项目所处地区的天气突然改变并有不合时宜的暴雨,则会导致进一步的项目时间延误和相关项目费用损失,以及需要修理或更换已经完成的项目工作成果,这两方面的活动对于增加项目费用和延误项目建设都会产生重要的影响。市场利率的突然下降和临时建筑市场的繁荣可能导致劳动力分流,这两个暂时性但十分严峻的事情会造成风险,其中包括渐进性的项目风险,因为这使得项目劳动力成本上升,项目经理需要去另外寻找劳动力。此外,出乎意料的政治压力迫使政府暂时撤回那些已经获得短期入境签证的外来工人。这些就是由一个意外的潮湿天气引发的一系列项目风险。

对于一个或两个项目风险事件,人们或许还能够在项目应急范围内进行管理,但是如果所有项目风险事件都一起被触发,这些项目风险的综合效应将会把项目从可行切换为不可行。如果有五个项目变量都被触发了,那么该项目就达到了应该停止的临界点,所以此时必须重新评估项目。

因果图给出了一个简单的了解可能造成影响的项目风险的方法,这些项目风险事件都有可能会在某时产生。因果图上的某些箭头会汇合在每个影响点上,这表示项目在时间上会出现延误和在费用上会出现问题。项目时间延迟可用工具转换为项目成本的差异,如通过项目挣值分析方法即可实现这一点。使用标准的财务建模技术,人们可以累积各种项目成本的影响,并可以由此估计出最坏的项目费用情况。

因果图将有助于发现任何可能失控的项目信息反馈回路。在这个简单的案例中,人们可以看到意外潮湿天气的周围有信息积极反馈回路(图中右侧阴影部分的图像),这会造成现有结构的损害,从而导致项目的延误,而这反过来又会造成项目成本和时间的影响使项目更容易受到潮湿天气的损害,因此它会继续围绕这一点循环。

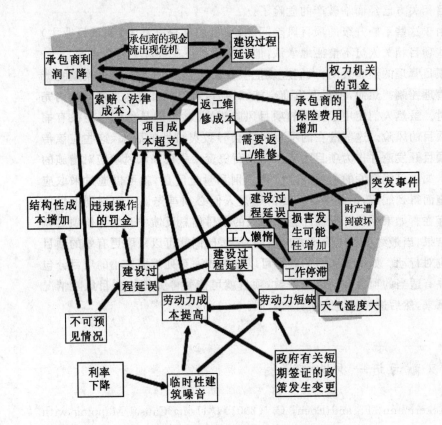

图 16.2 实施效果欠佳的建设项目因果关系图

在另两个积极的项目信息反馈回路中可以找到有关项目承包商的位置（图中上层左侧阴影部分的图象），其中显示有项目索赔而引起的法律纠纷以及其他越来越多的项目费用，这些造成项目合同遭遇到了现金流的危机，而这又会反过来延误整个项目的进展，最终使得该项目在法律纠纷解决中愈加延误。项目拖延的时间越长，就越有可能造成承包商的破产，而这将进一步推迟项目的交付时间。每一个项目的时间拖延都将影响到项目的可行性，如某项目是根据能够尽快从项目运营销售或项目租赁设施中收回项目成本而获得利润。但是，在这个过程之中，人们的相互作用本身会经历一些阶段性的发展变化，也许是项目由于出现诉讼而使人们开始表现出不同的意见，从而严重地加剧了业已紧张的项目各方的关系。项目的诉讼周期会大大增加项目本身的复杂性，最终导致项目承包商出现现金流方面的危机，这会进一步拖延项目的建设。而进一步的项目延误会造成项目成本上升，最终导致项目承包商破产。此时，虽然这一项目的法律纠纷仍在继续，但是该项目相关方已经面临破产的危险了。

由于这些不断升级的项目风险问题,项目的部分推动者(如项目业主)和一些项目相关人员不情愿地承认,他们的项目正在接近零利润点。

项目管理的经验表明,人们应该把项目分为更多个阶段,从而实施更严格的管理控制。然而,项目开发商会施加压力,希望项目群在最短时间内完工交付。虽然人们使用了标准的项目风险识别技术,但是他们可能没有捕捉到项目的风险。这些潜在的项目风险会导致灾难性的后果,这些应该传达给项目开发商并作为项目团队和承包商负责人积极采取风险应对措施的信号。如果可能突发的项目风险已被识别和量化度量,就可以通过采取应对措施而得到缓解,但此中更重要的还是人们必须首先认识和识别项目风险的存在。如果项目开发商已经在积极的项目信息反馈中开始评价项目风险的结果,当最终项目风险征兆出现的时候,他们就可以采取更有效的项目风险应对行动。如果该项目的获得可以分解成一系列规模较小的项目分包合同并有适当的项目合同终止条款,项目就可能暂停并等待项目风险情况稳定下来,然后进一步继续项目的合同。

参考文献与进一步阅读资料

Ackermann, F. and Eden, C. (2001), "Using Causal Mapping with Computer Based Group Support System Technology for Eliciting an Understanding of Failure in Complex Projects: Some Implications for Organizational Research", *American Academy of Management Conference*, August, Washington, AAM.

Ackerman, F., Eden, C. and Williams, T. (1997), "Modelling for Litigation: Mixing Qualitative and Quantitative Approaches", *Interfaces* 2, 48—65.

AS/NZS4360(1999), *Australian Standard for Risk Management*, Australia: Standards Australia.

Eden, C. and Ackerman, F. (2004), "Cognitive Mapping Expert Views for Policy Analysis in the Public Sector", *European Journal of Operational Research* 152, 615—630.

Eden, C. (2004), "Analyzing Cognitive Maps to Help Structure Issues or Problems", *European Journal of Operational Research* 159, 673—686.

Eden, C. and Ackerman, F. (1998), *Making Strategy*, *The Journey of Strategic Management*, London: Sage.

Flyvbjerg, B. , Bruzelius, N. and Rothengatter, W. (2003), *Megaprojects and Risk: An Anatomy of Ambition*, Cambridge, UK: Cambridge University Press.

Morris, P and Hough, G. (1987), *The Anatomy of Major Projects: A Study of the Reality of Project Management*, New York: John Wiley & Sons.

NASA (undated), "Flight Systems and Ground Support Projects, 6. 1. 1", Procedural Requirements (accessed 20-12-06), http://nodis3. gsfc. nasa. gov/displayDir. cfm? Internal_ID = N_PR_7120_005C_ & page_name = Chapter6.

World Bank (undated), "Economic Analysis of Projects: Towards a Results-Oriented Approach to Evaluation", ECON Report, Washington, DC: World Bank, 29 — 30.

Williams, T. , Ackermann, F. and Eden, C. (2003), "Structuring a Delay and Disruption Claim: An Application of Cause-mapping and System Dynamics", *European Journal of Operational Research* 148: 1, 192 — 204.

Williams, T. (2002), *Modelling Complex Projects*, Chichester: John Wiley & Sons.

第十七章　风险的相关性分析

使用时间：每 20～60 分钟

困难程度：

使用者：项目经理和项目关键利益相关者

适用的项目复杂性类型：

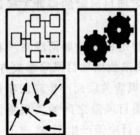

问题

风险的相关性分析方法适用于中小型项目管理，在项目具有多种风险且风险之间具有相关性时使用，特别是项目风险存在多种有利或者不利的相互影响时更需要使用这个工具。

目的

风险的相关性分析工具为识别和监督项目重大风险和它们之间的相互依存关系提供了一个简单的方法。风险的相关性分析工具有助于识别项目的多种可能具有潜在风险的关联关系，以便人们能够给予这些项目风险特别的关注。

　　风险的相关性分析工具是标准的项目风险识别技术之外的补充性工具,这种工具可以在任何常规的项目情况分析会议上使用,可以作为标准的项目风险或项目问题分析工具的一部分使用。这种方法也可以在项目团队中使用,用以识别那些应当在项目风险状态报告中说明的项目风险的相互关系。因此,这是一个十分积极的项目管理工具,其目的是用于确定可能由某些项目风险而引发或带来的其他潜在项目风险,并在这些项目风险发生之前使人们能够采取预防行动,从而消除或减少项目风险源或项目风险的关联影响。

复杂性的类型

　　结构复杂性:在结构复杂性的项目中,复杂性主要源于众多的相互影响的项目因素的作用。虽然这些项目因素单独来看可能只是典型的简单关系,但是当项目因素达到一定数量之后,它们的相互关系将会引发项目的复杂性并造成项目突发风险影响的激增。风险的相关性分析工具可以帮助人们分析项目风险之间的相互关系,以识别和确定项目风险的可能关联以及由此引发的突发性项目风险后果。

　　技术复杂性:技术复杂性的项目往往需要制定精确的如何应对项目风险的方法,这包括需要使用多少时间和多少费用来找出项目风险解决方案。某一方面的项目风险很可能与其他方面的项目风险关联而产生新的项目风险,从而有可能对项目造成整体的风险影响。项目风险之间的关系需要加以分析和管理,从而使意外因素不会对既定的项目决策产生影响,也不会在整体上对项目造成损失威胁。

　　方向复杂性:由于不同的项目利益相关者所识别出的项目风险是不同的,这就会导致他们将各自所识别出的项目风险看做项目的核心风险,并进一步形成不同的项目风险管理观点和计划,从而形成了项目的方向复杂性。风险的相关性分析工具可以帮助人们就项目或项目群的风险建立相互关联方面的认识,从而避免使项目形成方向复杂性的问题。

理论背景

　　项目风险管理过程主要包括如下内容(见案例 AS/NZS4360:1999):

●　建立项目的背景信息和知识;

●　识别项目存在的各种风险;

- 分析项目风险的各种特性；
- 评估项目风险的各种特性；
- 积极监控和应对项目的风险。

这是一个不断重复的项目风险管理过程，在这一过程中人们需要不断地进行沟通、协商、监测和审查项目的风险（Edwards 和 Bowen，2005）。

许多人都认为项目的风险识别是项目风险管理的关键。项目风险识别的方法大致可归纳为"自上而下"和"由下而上"两种方法（Uher，1993）。

自上而下的项目风险识别方法

基于案例的方法。这是一种利用类似项目的历史经验，以发生类似的项目条件为出发点，然后努力识别出项目风险的方法。

整体或基线技术。这是指简单地增加一定比例的项目风险应急费的办法。

自下而上的项目风险识别方法

提示清单或核检清单。根据以往的项目中已经出现的项目风险给出分类清单来识别新项目的风险。

集思广益。这是一种发散性思维的技术，与会者们提出各种不同的项目风险问题，但是在这一过程中不需要对项目风险做出评价。通过这种头脑风暴法可以得到一系列的项目风险方面的想法，并进一步做出项目风险的分类处理。

项目工作分解结构。项目产出物和工作的结构、项目的组织分解结构常常以这种项目工作分解结果作为依据，同时这可以用来确定相关的项目风险要素的结构。

流程图。这是以图表方式表示项目任务进程的管理方法，以其中各个项目决策点为基础，去识别出项目风险事件将在何时出现和发生。

德尔菲法。这是通过系统的方式向专家们单独征求意见，然后将专家意见资料进行汇总并得出相关研究的结论。这种项目管理技术的主要特点包括匿名提供意见、多次的反馈、使用专家意见和控制信息反馈过程等。这种方法可用于对项目风险的特定问题进行结构性讨论。

情景模拟。这是一个制定项目风险管理备选方案的复杂和反复的过程方法，它包括许多不同的步骤，从最初的概念性想法的产生，到最终提出被所有项目利益相关者所接受的效益高于成本的项目风险管理方案。

因果图和认知地图。因果图可用于弄清项目风险之间的相互关系，并帮助这种方法的使用者深入地了解项目风险的因果关系。认知地图（Colin

Eden 和 Fran Ackerman,2004)是一种操作性的管理技术,它可以帮助使用者将混乱或复杂的项目数据结构化,以分析和解决项目风险的特定问题。这种方法是建立在 George Kelly(1955)的建构理论之上的,可用于探讨项目风险因素之间的相互关系。与系统动力学相比,认知地图更强调积极和消极的项目信息反馈和项目风险的因果循环。Ackerman 和 Eden Williams(1997)、Williams(2002)曾先后探索利用认知地图并结合使用其他软件系统来分析大型复杂性项目的风险问题。

上面列出的项目风险识别方法,只有情景模拟和认知地图能够用于有效地分析项目风险之间的联系与相互依存关系,并探讨项目风险一旦被触发后将以何种模式进一步发展。

标准的确定风险的方法包括一系列的线性思维方法,这些方法最终将给出项目的潜在风险列表。有时,这一列表中所包含的内容非常多。以列表的形式呈现各种风险,就很难在风险发生之前勾勒出相互依存关系、潜在的反馈回路和其他可能出现的特点。

例如,如果人们已经在项目风险管理会议上确定了 300 个潜在的项目风险,那么就很难从简单的列表中发现第 23 号项目风险将会影响到第 136 号和第 264 号项目风险。没有对每个项目风险进行详细的因果分析,人们也难以发现构成每个项目风险情景的因素。在一个非常大的项目中,人们只能对那些影响大和发生概率高的项目风险进行管理,因此这些项目风险通常都会被认真分析并以某种方式进行应对处理,包括减少特定的项目风险、修订项目计划以避免项目核心风险的发生、进一步制定项目风险管理计划、在项目风险发生后对其进行全面的管理等。

项目风险管理会议通常由一些专家小组组成,这些专家都有以往的项目风险管理经验。但是,现在的问题是,他们的思维模式可能由于经验而固化。虽然他们能够将以前遇到过的项目风险识别出来,但这要使用标准的项目风险识别技术,专家小组很难识别出新的或非常规的项目风险以及组合的项目风险。

风险的相关性分析工具受到了系统方法中用于分析相互依存和相互映射关系的方法(Forrester 公司,1961)的影响,也受到彼得圣吉在第五项修炼(1990)中所推崇的思想,以及后来由 Ackerman、Eden 和 Williams(1997)与 Williams(2002)提出的认知地图等方法的影响。所以风险的相关性分析方法从一开始就被广泛认可。风险的相关性分析方法将系统思想中的一些想法变为一个快速使用的管理工具,其目的就是鼓励人们去探讨项目风险的相互联系和相互依存关系。

讨论

　　人们往往认为对于中小规模的项目来说,确定其中的各项独立风险是非常简单的,通常只要通过专家小组进行这种项目风险识别即可。但是,实际上许多可能对项目或项目计划产生更重要影响的项目风险是无法被察觉的,因为它们并不是由一种未被发现的单一原因引发的,而是由多个易于识别的但存在相互作用的项目风险沟通引发的。

　　例如,多数独立的项目活动均会存在略微的延误风险,在对这些项目活动进行风险评价时,人们可能不会认为这种延误会影响项目的成功,因此并未发出任何项目风险的警告。然而,实际上这些延误叠加到一起就可能会迅速把最初预留的项目风险应急费全部用完。结果这种复合性的项目风险将会使项目无法按时完成,最终使你颜面尽失或失去上级的信任。如果人们必须得到赞助商的支持才能完成项目的话,那么失去他们的信任对于完成项目来说可能是灾难性的风险。

　　在项目群管理层面,由于存在多个项目经理,并且同时开展多个项目,因此可能很难将大量的项目风险都识别出来。人们有不同的项目报告方式,一些人只报告项目中的例外,而有些人则会将一些没有用的文件也一起报告给你,有些人向你报告的目的是为了让你了解项目的情况,而另一些人向你报告的目的是使项目经理远离项目。将多个项目经理的报告进行比较、交叉制表和仔细分析,则汇总工作会变得相当困难。如果项目经理们能够使用一致的格式来分析项目风险,他们就能在多项目分析中更好地理解项目风险的发展变化。

　　由于项目的风险是不断变化的,因此定期使用风险的相关性分析工具是有益的。因为项目风险的相关性分析工具经过开发已经变得简便、快捷,所以人们很容易就能解释清楚这种方法并在项目风险管理会议中使用。

这种工具

　　风险相关性分析工具可以将识别出的项目风险进行分组,并分析它们之间的相互关系。风险的相关性分析工具主要用于分析项目风险之间的关系,而不是用于识别项目的风险,尽管在使用这种方法的过程中人们可能会发现新的项目风险。

　　至关重要的是,必须保证适当的项目利益相关者参与风险的相关性分析过程。在项目群管理层级上,使用风险相关性分析工具的不仅应包括项目经理,还要包括具有全局观的项目总负责人、项目的财务管理人员、法律人员、环境科学家等,以便获得跨学科的风险相关性分析方面的支持。如果风险的相关性分析的参与人非常多,那么就需要将他们分组,然后分别使用风险的相关性分析工具进行分析,最终再将分析结果集中起来。

开展项目风险的相关性分析,做一些准备工作是必要的。这方面的用户应首先列出大约 20 项预先识别出的项目风险,这些项目风险可以是从项目群的视角出发识别出来的,也可以是项目经理识别出的他们自己所负责项目的风险。如果是后者,那么人们就需要从每个项目出发进行项目风险的应对方案选择,最理想的情况是在这种项目风险管理会议召开之前就能够将 20 项项目风险列出来。例如,这方面的风险可以包括:

1. 主要的项目赞助商撤出。
2. 由于制造过程出问题导致项目供应的延迟。
3. 项目实施组织对项目造成了负面的影响。
4. 与项目供应商的关系出现破裂。

现有项目团队将分成两到三个项目团队,每组都需要提前准备一个使用透明胶片的投影仪以确保讨论的连贯性。这种胶片应当类似于表 17.1 所示,并根据实际检查出的项目风险数进行必要的调整。

表 17.1　项目风险相关性矩阵

项目风险 A		C	E	F		G	...	...
A	·		X					
C		·				X		
E			·	X				
F				·				
G	X							
...								
...								

其中的某个小组将选择 20 个项目风险进行讨论,并选出他们认为最重要的 7 个项目风险。然后,该小组在一个 8×8 表格中的第一行与第一列的相同位置写上相同的项目风险(表 17.1)。事实上,该表的大小取决于最终确定有多少项重大项目风险。

接下来,该小组的与会者需要确定究竟哪些风险可能会对项目其他风险产生关联影响,表中的竖排内容为造成影响的项目风险因素,表中的横排内容为受到影响的项目风险因素。例如,上面列出的项目风险中,如果有人认为项目实施组织制造的负面影响可能会迫使那些对媒体报道十分敏感的

项目赞助商退出该项目,那么就要在上表中第 2 列所表示的项目实施组织
(C)和第 1 行所表示的项目赞助商(A)的交叉处画个×。

这样全部分析和表示完后,该小组就可以看到七个项目风险之间的相互
联系了。如果有两个项目风险相互影响,那么就在表中的两个格里画上×,
如案例中第 2 行和第 5 列相交处的×就是这种项目风险相互影响的情况。

然后你需要在幻灯片上将你所在小组确定的最重要的 7 个项目风险画
出来,然后使用箭头表示这些项目风险之间的关系(见图 17.2)。因此,如
果表中的第 3 列第 1 行交叉处有一个×,那么就画个箭头从项目风险 3 指
向项目风险 1,如果是相互影响的项目风险就画个双向的箭头。

当每个小组都完成了上述步骤后,人们就需要把这些幻灯片彼此叠在一
起放映,这样就可以看到全部小组分析所得的项目风险相互关系结果。这种
叠加的结果将十分清楚地表明不同项目团队对项目风险相互关系的不同理
解。如果每个小组使用不同颜色的笔,那么最终给出的结果就会更明显。这
些项目风险之间的相互联系可以成为下一步项目风险讨论的焦点,因为把所
有小组的幻灯片叠放在一起时项目风险的其他问题也会变得更加明显了。

图 17.1 潜在项目风险环

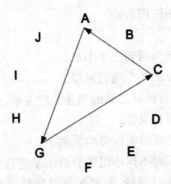

图 17.2 某小组确定的项目风险之间的相互关系

　　有些项目风险可能与其他项目风险有许多联系,这可能意味着它们就是关键的项目风险。如果这种项目风险被触发,就可能引发广泛的项目风险关联影响。另外,这些项目风险也可以由许多其他的项目风险所引发,而且由此引发项目分析的可能性会大幅度增加。

　　如果将上述这一过程不断重复进行,人们就能够发现非常有用的项目风险信息反馈回路,如图 17.2 给出的 A—G—C 环路。这是一个环环相扣的回路,说明了项目风险相辅相成的关联情况,因为如果其中某一项目风险被引发后,那么整个项目风险就会迅速升级。如果人们不能通过某种干预方式打破这种项目风险的循环,那么项目风险出现后所产生的复杂影响就会远远大于任何单独项目风险产生的影响。

　　风险相关性分析的工具是可以变化的,如在投影仪无法使用的情况下,人们可以将幻灯片叠放在一起进行复印,这也能产生前面所述的类似效果。如果人们没有透明胶片,也可以用大纸将所有项目风险分析参与者的意见画上,或者使用计算机来完成这方面的分析工作。

　　上述做法的目的就是汇集项目各方面的各种意见,并讨论给出最重要的项目风险有哪些,以及这些项目风险之间存在哪些关联影响。这样,人们就可以监控项目风险之间的关联影响,然后当某个项目风险将要发生或者已经发生时,就能够更容易地减少该项目风险所带来的风险后果。

步骤

　　1.你将需要:

　　(1)一份列出大约 20 个项目或项目群重要风险的清单;

　　(2)预先为每个小组准备相同的幻灯片,并把项目风险画在一个圆圈上;

　　(3)为每个小组准备一个 8×8 的矩阵图表;

　　(4)使用不同颜色的彩笔。

　　2.将参加项目风险分析的人们分解为两到三个小组。

　　3.每个小组确定出他们认为最重要的 7 个项目风险。

　　4.在 8×8 的矩阵图表中标明各项目风险之间的相互关联关系。

　　5.在幻灯片上标出排名前 7 位的项目风险。

　　6.在幻灯片上标出这些项目风险之间的关联影响关系。

　　7.把幻灯片集中起来,叠放在一起,对不同小组的分析结果进行比较。

　　8.就各小组之间存在的意见分歧进行辩论,并监控项目风险之间的关联关系。

9. 定期在项目规划和项目实施阶段重复开展上述项目风险相关性分析过程。

注意事项

风险相关性分析工具只是适合于中小型项目,而不适合于大中型项目的风险相关性分析。因为大中型项目通常会涉及众多的项目风险和潜在的项目风险之间的关联关系,这时人们应当使用更为适当的因果关系绘图软件和项目风险管理软件对项目风险进行全面的分析和管理。

在较大的项目中,风险相关性分析工具不能作为项目复杂性分析方法(如认知地图等)的替代工具。这种风险相关性分析工具能够勾画出项目风险的原因、关联和整个项目或项目环境的相互关联关系,而认知地图则更多地着眼于假设某种情况出现会有何种后果的分析,所以人们可以将风险相关性分析与认知地图两种管理工具配合使用。

实际上,重要的是必须定期重复使用这些工具,因为随着项目或项目实施的进展,重要的项目风险可能会不断地发展并出现不同的项目风险。

在使用风险相关性分析工具前,人们必须认真确定排名前 20 位的项目风险。如果这些项目风险是预先认定了的,那么就可以减少使用风险相关性分析工具的工作量。但选择需要分析的项目风险也是使用风险相关性分析工具的重要步骤,否则这种风险相关性分析工具的使用就可能会受到高层关联政策的左右或影响。

参考文献与进一步阅读资料

Ackerman, F. , Eden, C. and Williams, T. (1997), "Modelling for Litigation: Mixing Qualitative and Quantitative Approaches", *Interfaces* 2, 48—65.

AS/NZS4360:1999, *Australian Standard for Risk Management*, Sydney, Australia: Standards Australia.

Eden, C. and Ackerman, F. (2004), "Cognitive Mapping expert views for policy analysis in the public sector", *European Journal of Operational Research* 152, 615—630.

Edwards, P. J. and Bowen, P. (2005), *Risk Management in Project Organisations*, Sydney, Australia: UNSW Press.

Forrester, J. W. (1961), *Industrial Dynamics*, Waltham, MA: Pegasus Communications.

Kelly, G. (1955), *The Psychology of Personal Constructs*, Vol. 1, NY: Norton Press.

Lester, A. (2003), *Project Planning and Control*, 4th Edition, Oxford, UK: Elsevier Butterworth-Heinemann.

Senge, P. (1990), *The Fifth Discipline*, NY: Doubleday.

Turner, J. R. (1999), *The Handbook of Project-Based Management*, Maidenhead, UK: McGraw-Hill.

Uher, T. E. (1993), "Risk Management in the Building Industry", Proceedings of the AIPM Conference, Sydney, Australia, 278—283.

Williams, T. (2002), *Modelling Complex Projects*, Chichester, UK: John Wiley & Sons.

第十八章　实时项目时间/成本比较

使用时间:取决于项目的大小,可以从三小时到几天

困难程度:需要能使用传统项目时间/成本分析方法的有经验项目管理人员

使用者:项目管理的个人或团队。在项目初始阶段的设计工作中,如果全体项目成员或利益相关者能共同确定项目目标和范围,那么这种管理工具会更加有效

适用的项目复杂性类型:

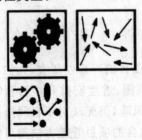

问题

对于一个具有技术复杂性或渐进复杂性的项目来说,项目的预算和工期预测工作是很困难的,特别是在项目的早期阶段,因为此时高层管理人员或项目客户往往需要知道项目预算的规模,以便安排项目资金筹措。

目 的

　　根据预期的各种可能情况来选择可能的项目预算和进度预测。如果这方面的估算数据是根据最可能的项目情境设定的,而不是简单地根据最好或最坏的项目情况确定,那么这种估计将有效地协助项目实施董事会或项目客户制定项目的计划。

复杂性的类型

　　项目的技术复杂性常常是因为没有明确的项目解决方案,或者因为项目存在多种可能的解决方案,但没有人能肯定哪个项目方案最恰当或最能令人满意。实时项目时间/成本比较工具非常适合后一种情况的项目管理,因为它会衡量各种项目方案的选项。

　　当面临方向复杂性项目时,人们也特别难安排项目计划,因为此时没有对项目目标形成一致的看法。因此,人们就难以确定应当如何完成项目,并最终给出项目的交付成果。

　　渐进复杂性项目则可能需要保持若干种项目备选方案,以等待人们做出最终的项目决定。但这类项目也需要确定一个具有可行性的项目预算,以便人们能够尽快地实施项目。

理论背景

　　实时项目时间/成本比较的方法类似于项目的可行性研究,人们可以用传统的项目管理工具相当迅速地确定项目范围、进度安排和项目预算。实时项目时间/成本比较还可以用于识别项目风险,但无法对项目风险进行详细探讨。任意一本好的项目管理教材中所包含的项目管理方法都可能用到实时项目时间/成本比较的工具(Harrison 和 Lock,2004;Turner,1999;Cleland 和 Lewis, 2000;Kerzner,2000)。传统的项目管理工具包括项目工作分解结构,这种项目工作分解方法可以用来确定项目的范围和项目工作的优先序列,以便确定项目的关键路径和分配项目资源,并估计项目资源所需的时间、数量和分包合同,从而得出项目的预算。以往的经验可以造就出项目关键领域的专家,通过这些专家的判断可以就一个中等规模项目在几个小时内通过使用即时贴、挂图纸张和标志而给出一个合理、有力的项目预算安排。

项目管理工作的顺序——首先是项目范围管理,然后是项目进度计划,然后是项目预算——是非常重要的,因为要确定项目预算需要首先对于项目范围进行界定和对项目进度进行安排。最初确定的项目管理工作顺序是非常重要的,虽然在项目后期这种顺序可能会发生变化。同样,正确地使用项目进度计划工具也是非常重要的,如网络计划技术,这是一个非常有效的项目规划工具,因为它可以清楚地表明项目工作间的依赖关系。如果不考虑最可能的项目工期和项目活动间的相互依存关系,使用最简单的项目进度计划工具(如甘特图)就可以开展项目进度计划了。

讨论

为了有效地利用传统的项目管理工具,人们必须在详细规划项目的实施之前就明确地界定清楚项目的目标,并就所确定的项目目标达成一致。在某些情况下,尤其是在技术复杂性和渐进复杂性的项目中,项目经理必须制定可行的项目计划,或至少向高级管理人员提供某种可供选择的项目计划。

即使项目结果是不确定的,项目管理人员出于项目组织的视角,或者为了使项目客户或用户合理地安排他们的投资,也应当制定项目预算。“给我们一个项目成本预算”,这是项目经理一种最常见的要求。作为项目经理,他们应该知道项目客户只会记得你所给出的项目方面的初步数字,因此聪明的、传统的项目管理做法就是在项目早期阶段抵制任何不准确的项目初步预算,然而现实往往会使项目经理处于一个十分尴尬的境地。因此有一种习惯做法,就是在最初项目预算的基础上乘以三,或采取项目预算的最小可能值和最大可能值的平均数,并进一步增加一些项目应急费用。任何一种方法都充满了问题,特别是新项目与你曾经管理过的项目有较大不同或项目成本的平均值不具有典型代表性时更是如此。

在没有明确项目目标的项目中,应当设法增加项目的确定性,使项目预算能够准确并在项目工作间更合理地分配。项目计划可以描绘出最有可能的项目情境,这为项目客户提供了一个现实的项目选择范围。项目客户可以在这样一个现实的项目范围内做出预算安排。这种方法不是给出最坏或最好的项目情境,而是给出一个项目产出物的变化范围,这样可以有效地对最可能出现的项目情况做出安排。在向高级管理人员提交项目预算时,最重要的是说明每种项目预算选择的假设条件和相关的限制情况。

这种工具

实时项目时间/成本比较的方法基本上是传统项目管理工具的延伸,这种方法的重点在于使用项目工作分解内容以提高每个项目工作包的预算估计准确性。这需要有丰富经验的人根据最有可能的项目情境提出项目预算和项目进度安排。当需要向项目实施者或客户汇报时,人们可以详细阐述项目情境的具体内容,并分析与之相关的项目风险、预计工期和项目成本,包括适当的项目风险应急费用。对于项目工作细节的描述也将大大有助于项目决策者的项目决策或者确定首选的项目预算和进度方案。

如果需要提出项目的进度计划和预算,但是大家对于项目交付物又缺乏一致的意见,或者该项目存在着技术上的不确定性因素,那么就应该基于项目各阶段最可能的产出物来描述出一系列的项目情境和实现路径。在某些技术复杂的项目情况下这样做似乎是不可能的,但令人感到惊讶的是,真正的专家小组在很短时间内就可以提供大量的项目成本和进度方面的有用信息。请注意,在优化项目网络中的每项活动时,人们需要回答的不是"我们需要怎样做",而是"根据过去的经验,我们大约需要多长时间才能确定出一个可接受的项目方案"。同样,除非项目需要使用那些尚未开发的技术,否则如果项目范围的细化已经足够,此时只需要在合理的假设前提条件和预留出项目不可预见费用的基础上,为项目网络图中的每项关键活动或活动的产出物安排好项目时间、成本和资源即可。项目的灰色领域(不确定性领域)将继续存在,但这些往往可以分解成更小的项目已知和未知的领域,从而将项目的某些大型突发事件的预算和进度也考虑进去。

过程鸟瞰

第一步是许多项目问题专家聚在一起,尽可能地集思广益并提供尽可能多的项目备选方案,即使项目的目标是模糊的也需要这样。这一步骤非常重要,此时你需要建立好非常明确的头脑风暴规则(在人们提出观点的过程中不能进行批判性的评价,你需要多次重复这个过程,直到大部分人无法再提出建设性的意见为止。必须采用有效的方法去鼓励大家参与,如将自己的想法写下来并将它们汇集在一起,以刺激人们产生更多的有用想法和方案)。然后,要选择最有可能的项目方案并提出项目计划。努力将项目备选方案控制在五个或六个之内,这样将给人们提供一系列的项目决策选择,人们可以从中选取三个项目备选方案来制定项目进度和成本的计划。

例如,项目团队可能经过非常缜密的思考而产生五个可能的项目备选方案,这五个项目备选方案应该都能满足项目要求的目标。其中,B、D 和 E 三个项目备选方案的可能性较大,而 A 和 C 两个项目备选方案的可能性小一些。所以人们与其把时间浪费在不太可能的项目备选方案上,不如集中精力于那些最有可能的项目备选方案。

　　显然,如果只有两个项目备选方案的话,人们的选择就会更容易一些。当然,更有效的决策方式是选出三个最有可能的项目备选方案,因为这三种项目备选方案会更能揭示项目的复杂性,特别是当这些项目备选方案像图中所示那样相互之间有很大区别时。同时,这样也可能使决策者的工作得以简化,因为这三种项目备选方案之间的区别是非常明显的。

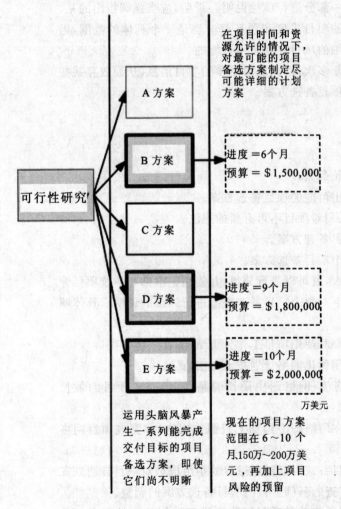

图 18.1　实时的时间/成本比较法的步骤

　　如果项目团队足够大,人们可以将项目团队成员分组,并由每组负责规划一个项目备选方案,从而节约项目计划和管理的时间。然而,此时重要的是如何将该项目团队重新组合起来,以便为每个项目备选方案提供最大程度的信息反馈。在对所有项目备选方案进行批判性分析和评价后,项目团队需要对每个项目备选方案进行必要的调整。

　　最终提交给项目决策者的报告应当简要说明所有的项目备选方案,哪些项目备选方案有更详细的项目规划以及这方面的具体原因。报告中必须从广泛的视角对每个项目备选方案进行项目风险分析。这样当项目风险发生时,人们就应适当地调整项目的进度与预算,并应将这种调整作为每一项目备选方案可行性研究的一部分进行单独说明。最后,应当强调指出的是,在某个项目阶段中所给出的项目进度和预算都应当是一个具体的范围,因为在这个项目阶段进行详细的项目计划是不可能的。

　　上述这个过程可以重复多次,以此取得更多的项目信息,从而放弃某些项目备选方案或增加新的项目备选方案。

步骤

　　1.聚集一组有项目专长的人。

　　2.利用头脑风暴法提出可能的项目备选方案。

　　3.重复此过程,直至人们对项目不再有新的想法。

　　4.尝试提出约 5 个项目备选方案。

　　5.选择最有可能的三个项目备选方案。

　　6.如果项目团队足够大,就可以进行分组,并使用记事贴和传统项目管理工具在实际允许的前提下对每个项目备选方案进行详细的说明。具体顺序如下:

　　(1)第一次项目范围计划(使用项目工作分解结构);

　　(2)项目进度计划(使用优化网络计划技术方法);

　　(3)找出项目的关键路径(网络图中最长的路径,即完成项目的最长时间);

　　(4)制定项目的预算(在网络图中添加上资源和成本)并完成项目网络计划。

　　7.请其他没有参与项目备选方案制定过程的小组成员对项目备选方案进行认真评估,并在严格审查的基础上做出项目备选方案的调整。

　　8.报告以说明情况,探讨相关的项目风险和进度计划的变动范围与具体时间安排,然后加上适当的提示说明以强调该项目阶段所做计划的层次和水平。

　　9. 当掌握了更多的项目信息时,重复上面的过程。

注意事项

　　项目决策者有可能简化项目备选方案制定结果,以方便在做出项目决策的过程中使用。由于这一原因,人们最好开展完整的项目情境分析。由于人们往往为了记忆方便而简化项目的细节,因此在汇报时应当对每一个项目备选方案给予同等的重视。

　　还有一种倾向,人们往往只记住提到次数最多的项目备选方案,所以应避免某一项目备选方案在人们的脑海中留下不恰当的印象。这种局限性可能是由如下一些事件导致的:

　　● 专家的数量和专业领域不足:理想的情况是组织多个与项目有关或受项目影响的各专业领域相关专家参加项目计划,这还包括组织中职能部门的专家们。

　　● 没能很好促进人们之间的经验交流和提高他们的声誉。

　　● 制定项目计划时没有掌握足够的历史项目信息,如类似项目的成本构成和项目关键人员的具体作用等。

　　● 在项目计划阶段可以投入多少时间:但当存在很多项目未知因素时,应该对这种做法的时间进行必要的限制。

　　在报告中必须强调这个程序的限制和所做的各种项目假设前提条件。

参考文献与进一步阅读资料

Cleland, D. I. and Ireland, L. R. (2000), *Project Manager's Portable Handbook*, NY: McGraw Hill.

Harrison, F. and Lock, D. (2004), *Advanced Project Management. A Structured Approach*, 4th Edition, Aldershot, UK: Gower Publishing.

Healy, P. L. (1997), *Project Management : Getting the Job Done on Time and in Budget*, Port Melbourne, Australia: Butterworth-Heinemann).

Kerzner, H., (2000), *Applied Project Management : Best Practices On Implementation*, NY: John Wiley & Sons.

Pinto, J. K. and Trailer, J. W. (Eds) (1999), *Essentials of Pro-*

ject Control,Newton Square, PA: Project Management Institute.

Turner, J. R. (1999), *A Handbook of Project-Based Management. Improving the Processes for Achieving Strategic Objectives*, 2nd Edition,London, UK: McGraw-Hill.

Turner, J. R and Simister, S. J. (Eds) (2000), *Gower Book of Project Management*, 3rd Edition,Aldershot, UK: Gower Publishing.

第十九章　可可托维奇(Kokotovich)方法

使用时间：使用这种工具的时间长短取决于项目的复杂性水平和项目利益相关者的数量。这种方法包括三个要素，这些要素可以单独使用，也应该作为一个整体考虑。为实现项目各阶段的目标，人们最好把较长的项目周期划分为较短的项目时段

困难程度：有中等的难度。项目促进人应向项目参与者做必要的解释，但对于具有大学学历者来说，这种方法使用起来并不困难

使用者：项目团队，并设一个项目促进人

适用的复杂性类型：

问题

许多具有复杂性的项目都需要使用创造性的办法来解决。项目客户或消费者应该预先设想项目的解决方案，尽管该项目解决方案可能无法充分满足人们的需求，或者该项目解决方案虽然可能会解决问题，但在技术设计上肯定会面临巨大的挑战。人们也可能站在较高的层次上去认识项目的目标，但是也可能会有少数项目关键利益相关者的目标不一致或者存在冲突。以上这些情况下，人们不仅需要有创造性的思维能力，还要有一种具体的管理方法能帮助项目参与者在项目解决方案方面达成一致。如果人们没有找到一个统一的项目解决方案，那就无法实施任何项目决策，也就无法得到任

何有用的项目管理方面的成果。

　　本章所提出的这种工具方法经常在项目初期阶段使用,包括项目的启动、定义和规划等阶段。但是当项目经理需要使用发散性思维去解决项目问题时,这些方法或其中的某些元素也可以在项目的其他阶段使用。

目 的

　　Vasilije Kokotovich 提出的这种方法是他所做的教育设计研究中的一部分,他提出这种方法的目的是为了帮助工业设计专业的学生们提高解决复杂设计问题的能力。

　　由于一些复杂性项目的设计问题具有相似的特点,所以这种工具可以帮助项目团队和项目利益相关者探索项目的解决办法、制定项目的解决方案,并参照既定标准对这些项目解决方案进行必要的评价和检验。这种方法通过将设计过程结构化的方式,使人们思维的方式与问题解决的进程相互适应。

复杂性的类型

　　这种方法特别适合于那些具有方向复杂性或技术复杂性的项目,虽然各种复杂性的项目都需要有创造性的思维,但技术复杂性或方向复杂性的项目模糊程度最高,尤其在项目开始阶段,项目经理和项目团队必须解决所面临的复杂性问题,以推进项目的进展。

理论背景

　　在时间紧迫的情况下,用于项目定义的时间往往是不够的。然而,具有技术复杂性或方向复杂性特征的项目需要在项目计划实施前有充分的时间对项目问题的定义和项目问题的解决方案进行协商。

　　设计过程是一种复杂性问题的解决活动(Lawson,2000;Dorst,2001),对这种设计过程中解决问题的行为进行研究,会使我们认识到如何才能更有效地界定复杂性的项目。对年轻设计师和专家级设计师的行为进行比较研究是特别有帮助的,Mathias(1993)发现年轻设计师往往急于寻求解决问题的办法,然后再花时间去证明他们设计方案的正确性。这种做法限制了他们开展创造性探索的空间。因此,对于这个问题的研究结论是:使用这种方法会使人们在发现解决方案的时间方面尽可能地向后拖延,而使方案更加合理。

Christiaans(1992)的研究报告认为,花越多的时间去界定和理解问题,就越有可能取得创造性的成果。他发现,由负责解决问题的人根据自己的偏好来界定和分析问题是开展创造性思维的关键。

Matthias(1993 年)发现,专家级设计师与年轻设计师相比,在解决问题的流程与问题建构方面有更为丰富的经验;年轻设计师在分析问题、集中问题以及 Matthias 所谓的"问题解决的概念"上会存在遗漏某些因素的问题。对设计协议书的研究(Ho,2001)也表明,专家级设计师更倾向于在设计过程开始之时就建立起具体问题的结构,然后他们会退后一步,以便对具体问题重新进行建构。

Kokotovich(2002)发现,当问题解决者在设计过程早期阶段就表现出思维的独立性时,设计师和非设计师的创造性产出水平都将大幅度提高。当问题解决者被迫思考如何防止问题发生时,他们就会获得更多创造性的问题解决方案。

Dorst(2001)的观点与 Maher 等人(1996)类似,他认为创新性设计中包含了问题空间与问题解决空间,以及二者同步发展和完善的空间,因此这种创造性既涉及问题的构想也包括问题的解决方案。对于这两个区间(即问题空间和问题解决空间)之间的关系,必须有一个整体的分析和综合评价的过程。对专家级设计师所进行的研究(Cross 和 Clayburn,1998)发现,Schön(1983)所提出的"问题建构能力"对高水平的创意设计是至关重要。

讨 论

无论是技术复杂性或方向复杂性的项目都可以通过延长项目定义阶段的时间来获益,然而为了证明在创造性思考中需要延长时间,就需要将时间依据项目任务的体系进行结构化的分解。

在项目问题定义的早期,人们应当优先使用鼓励构思和推理的工具和方法,而不要使用可能过早遏制提出项目问题空间的工具和方法。快速地、非正式地进行概括性的记录,作为一种辅助的长期记忆手段是非常有用的。使用鼓励自由探索问题的方法和工具也非常重要,这样可以在后续的评价过程中产生更多的好想法。

在项目问题构建的初期阶段应当避免使用高度结构化的方法,如清单分析方法等。然而,在项目问题定义过程和提出项目解决方案时,使用更有条理的分析方法和工具是有好处的。在这个时候,一定要防止受项目利益相关者的影响而大量修改或者放弃某种项目解决方案。但在提出项目解决方案时应当运用鼓励收敛性思维和分析性思维的方法,这时应采用矩阵和清单等形式以确保所提出的项目解决方案中包括了所有附属问题和具有相互关联问题的项目解决办法。

要在合适的时间选择合适的项目问题构建工具,Kokotovich(2002;2004)强调指出,这是一个迭代过程。首先是研究,这是一个发散的思维活动;其次是验证,这是一个收敛的思维活动。研究活动和验证活动需要交替进行,直到获得满意并符合既定标准的项目解决办法为止。

Kokotovich(2004)一直在探索战略管理以及这方面的方法和工具,以便使设计专业的学生预先关注问题的解决方案,并提前关注那些焦点问题周围的复杂情况,从而对所要设计的内容给出更合理的解决方案。他在这种问题结构的进程中添加了若干步骤,以鼓励人们花更多的时间来探讨问题的复杂状态。

这种工具

Kokotovich(2002;2004)强调,最重要的是要搞清楚选择这种工具的目的。只要能达到同样的目的,也可以用其他工具替代。

1. 探索性地使用非层级心智图

Tony Buzan 于 20 世纪 70 年代中期和 90 年代(Buzan,1995)促进了心智图方法的发展。心智图是一种分析问题和研究问题的方法与工具,它能够将人们的思想层次结构方便地转化为报告等形式。Kokotovich(2004)认为,这种形式的心智图可能适用于高度结构化的问题,但不太适用于结构不合理和不明确的项目问题。他建议,这时人们需要使用一个非等级化的心智图。在结构不合理的问题中可能会存在许多不同类型的问题,并且这些问题之间存在相互关联的关系。

Kokotovich(2004)认为,相互关联问题的基本类型有如下四种:

- 单向"与":这就像一个简单的因果关系,其中 A 问题会影响 B 问题。
- 双向"与":这是说 A 问题和 B 问题相互影响。
- 单向"或":其中 A 问题可能会影响 B,也可能不会。
- 双向"或":A 问题和 B 问题可能会互相影响,也可能不会相互影响。

项目利益相关者可以利用"即时贴"或非层级心智图的绘图软件来建立心智地图。这种图中所包含的项目要素可以用不同色彩予以标识,或将问题分为专题、主题和分主题进一步探讨。人们可以沿图中的箭头方向添加必要的文字解释,而且图中箭头的线型也可以改变成需要的类型。下图是一个发达国家社区服务中心项目的案例。

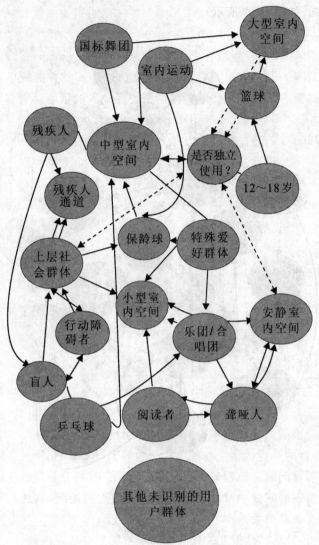

图 19.1 社区服务中心项目的非层级心智图

　　绘制心智图没有既定的方式,应当鼓励项目利益相关者自由探索项目各要素的联系和相互关系,而且心智图绘制完成后也可以不断增加内容。由于项目的时间因素非常重要,因此应当将心智图放在一个正确的地点,使心智图的参与者在产生出新想法或发现了项目要素间新的关系时能够随时对心智图进行必要的修改。

　　心智图中的项目要素可以进行必要的分组、填色或给予突出强调,如可以用颜色来突出有多种联系的项目要素或类似的项目要素,用"用户组"等来重新排列心智图(如图 19.2 所示)。

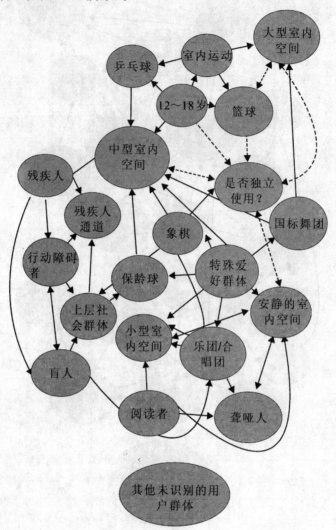

图 19.2　显示分组和重点的社区服务中心项目的非层级心智图

2. 通过跳跃性思维进行探索并寻求对策

　　这个方法工具的目的是鼓励新的思想和想法组合,以便提供关于问题的创造性见解,并揭露出问题和解决方案的矛盾。这种方法也需要推迟提出问题解决方案的时间,并协助人们推翻或至少不设置先入为主的问题解决方案。项目利益相关者很可能把先入为主的问题解决方案带入项目,其中有些是因为他们的既得利益驱动,此时提出的项目问题解决方案特别难以动摇。然而,如果人们想使项目继续进行下去,他们就必须对问题和解决方案予以揭示。还有一些问题解决方案是在项目利益相关者没有充分理解项目可行性的情况下提出的。在上述这两种情况下,搜索和建构解决问题的空间需要扩大,以便能够将所有潜在的解决问题的可能性都挖掘出来。

经验表明,当项目相关利益者存在既定的利益,或者某些项目利益相关者存在某种潜在安排的时候,用于探讨所需解决问题的时间越长,人们就越有可能揭示这些问题并说服其他的项目利益相关者。因此,在项目早期阶段开展大量的问题探索活动是非常有用的,这样就可以推迟交付项目计划直到所有项目主要利益相关者都获得了满意的项目问题解决方案。这种活动对于那些已经有明确问题解决方案的人来说可能并不令人满意甚至是无效的,但这种活动对于揭示项目的复杂性和处理项目的权力斗争还是非常有益的。

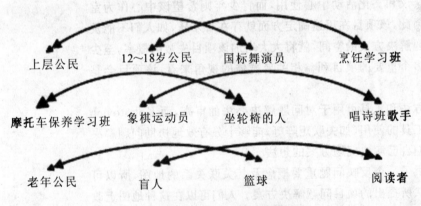

图 19.3　跳跃性思维的案例

如果项目是一个以社区为中心的新开发项目,项目团队所选择的标题可以是"中心用户的人口特征"、"环境问题"、"潜在的赞助商"、"项目利益相关者的积极和消极反应"、"项目的潜在用户"等。项目问题讨论的与会者可以在每个标题下尽可能多地列出类别,并将这些分类写在单独的卡片上,然后将这些卡片进行随机的组合。然后组织者可以要求每个人使用文字或图像(或同时使用两者),来描述特定组合类别的中心项目应该是什么样。例如,这种组合类别可以是"拉脱维亚老人",那样该组合类型就是在"用户的人口特征"标题之下的,而图中的"室内篮球"则是在"潜在用户"标题之下的。由于人们的创造力和"游戏"的好坏是有联系的,因此要让参与者既保持严肃的态度,又能从这些问题要素的联系探索中找到自己的乐趣。

跳跃性思维通过游戏的方式作为头脑风暴法的补充与延伸,能够了解参与者马上想到了什么,而想到的这些内容可以与项目无关。例如,一个人可能想到的是摩托车,另一个可能想到了烹饪晚宴等。这些都将被列出并且是随机的,参与者将独立或集体地思考从这些组合中能得出什么,例如"在烹饪晚餐时骑摩托车"。

使用工具来组织探索活动,并鼓励与会者参与游戏,那些看似荒谬的想法和组合使与会者发挥探索精神,从而更容易发现有效的解决方案。

3.收敛并寻求对策——矩阵分析

问题的解决者在找到解决方案后往往会很高兴,他们不愿意测试解决方案的正确性,而且一个解决问题的办法可能不足以保证全面解决某一问题。因此,一旦项目主要目标确定以后,在开始项目实施活动之前,任何可能的项目问题解决方案都应当经过一个"辩证"的过程,这包括寻找出其中矛盾的过程(Dörner,1999)。以上述拉脱维亚的新社区中心项目为例,老人居民们希望作为会议和文化活动中心使用,而青少年则希望该中心作为室内篮球场使用。因此,该项目在用途确定方面就存在着矛盾,如人们不能及时制定和完善问题解决方案的空间,就将大大增加该项目失败的概率,至少从项目的一个或多个重要的项目利益相关者群体的视角来看,该项目会是一个失败的项目。

关联矩阵等方法和工具可用于对问题解决办法的审查,而 Kokotovich (2004)认为这些工具的使用(如关联矩阵等)能够十分有效地协助问题解决者收敛和验证他们自己解决问题方案的想法。

关联矩阵提供了一个反映问题重要概念及其关联关系的地图,所以可用于测试项目团队所提出的项目问题解决方案。人们可以在这种地图上改变线型或做出说明,从而提醒与会者们关注项目决策的逻辑性。然后,这种关联矩阵可以作为核检清单使用,以确认在一个特定的问题解决办法中所存在的各方面相互联系和关系,并对问题解决方案实施过程中早期决策的方案进行必要的探索和验证。

在项目的问题解决方案评估过程中,人们可以使用不同的颜色或者通过链接符号来突出在问题解决方案选择过程中人们对问题解决方案的探讨并确认层次。

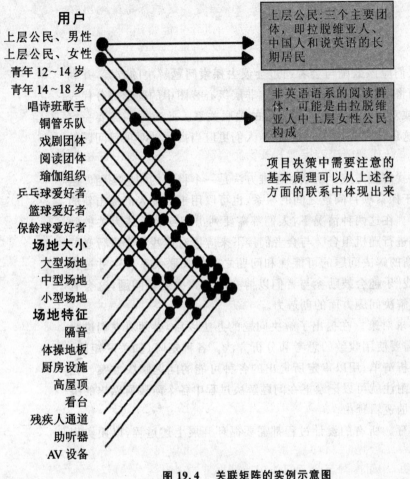

用户
上层公民、男性
上层公民、女性
青年 12～14 岁
青年 14～18 岁
唱诗班歌手
铜管乐队
戏剧团体
阅读团体
瑜伽组织
乒乓球爱好者
篮球爱好者
保龄球爱好者
场地大小
大型场地
中型场地
小型场地
场地特征
隔音
体操地板
厨房设施
高屋顶
看台
残疾人通道
助听器
AV 设备

上层公民:三个主要团体，即拉脱维亚人、中国人和说英语的长期居民

非英语语系的阅读群体，可能是由拉脱维亚人中上层女性公民构成

项目决策中需要注意的基本原理可以从上述各方面的联系中体现出来

图 19.4　关联矩阵的实例示意图

4. 超越一循环

　　设计工作与解决复杂性问题一样是一个反复的过程,当安排这类活动时应该考虑到需要一些时间和反复的过程,以最终形成人们满意的解决办法。越来越多的研究结果(Christiaans,1992;Mathias,1993;Kokotovich,2004)表明,留出足够的时间进行智慧性的探索,而不是强制找到解决问题的办法,将会提高人们解决问题的创造力水平。因此,为了获得最佳结果,应该留出若干天,并分成若干个阶段进行项目问题和解决项目问题方案的探索。

步骤

1. 探索。人们应该鼓励与会者通过会议去探索问题解决的方案，并利用非层级心智图将所面临问题进行关联。非层级心智图中的圆形部分代表问题，而用单向或双向箭头代表问题之间的关联关系。此时并不需要一定达成共识，因为这还纯粹是探索性的阶段，人们更应当揭示针对项目问题的不一致性目标。

2. 探讨和寻找解决方案。跳跃性思维方法是一个将人们的想法随即组合的过程，可用于探索项目问题之间的联系，也可以用于协助人们提出新的解决问题的想法。在这两种情况下，人们都需要列出相互有关或无关的问题类别并将它们进行随机组合。与会者们接下来应该对这些组合进行必要的探讨，以提出新的解决问题的可能性和问题之间的关联关系。这种过程中所存在的"游戏"乐趣会鼓励参与者们以博弈的方式去思考问题，这会有助于提高人们在解决问题方面的创造力。

3. 收敛和寻求对策。在提出了解决问题的办法以后，必须对它们进行必要的验证，这需要使用收敛的思考和分析方法。各种矩阵（如关联矩阵）可以形成一个分析清单，用以审定所提出的各种可能的问题解决方案。在关联矩阵中添加附注就可以记录下在问题解决过程中各个阶段所做出的决定以及这些决策的逻辑理由。

4. 超越—循环。所有的设计过程都需要循环开展上述过程，以便实现必要的"超越"。

注意事项

虽然本书以一种连续方式来描述设计的过程，但实际上这种设计过程并不是线性的。参与者们需要在这一过程中学习并熟知在什么时候应当进入下一个探索的循环。当人们进入下一个探索循环的触发点时，他们需要知道以下内容：

心智图中包含有非常丰富的信息，但往往没有新出现的信息。心智图在这一阶段的跳跃性思维中可能是有用的，所以人们需要不断地返回心智图去发现和添加新想法和事物之间的关联。

人们会在早期的独立思考过程中提出预先确定的问题解决方案或解决办法，因此需要尽可能推迟问题决策的时间，以最大限度地探讨问题的关联性和解决问题的可能性。因此，本章的这种方法有利于人们去识别和说明自己的想法,并把识别出的想法暂时搁置起来,直到人们将所有解决问题的可能性都识别出来为止。

没有真正意义的创意或新想法产生,这有可能意味着人们的心智已经用尽,也可能是人们受到之前提出的某些想法的制约。在这一阶段应鼓励人们使用各种其他的方法和工具,特别是鼓励人们的探索性思维。

如果人们在早期阶段就已经开始证明他们的解决问题方案,这可能意味着过早地进入到了问题解决方案的分析过程。这时必须使用任何有用的工具将人们拉回到探索性思维的阶段,必须设法鼓励人们去更加广泛地进行探索思考。

如果许多解决问题的想法已经出现,并且这种出现的进程已开始放慢,这时就应当转移去使用不同的分析方法和工具,如使用关联矩阵等。

时间的压力和我们在大学受到的分析思考方式的训练,可能阻碍我们去花费足够的时间来进行探索性思维。如果参与者倾向于过早地评价和验证问题的解决方案,就应该设计更多的鼓励活动去促进探索性思维的开展,直到产生相当数量的解决问题的新想法为止。

有证据表明,一旦找到了相关的问题解决方案,人们往往会倾向于不再进行其他解决方案的探索工作。当人们审视他们的解决问题的方案时,应该使用收敛工具和核检清单等方法或工具(如关联矩阵等)来进行严格的分析验证。

实际案例

上述这些做法已被广泛用于大学生的设计教学。观察结果表明,这些做法对于提高学生们解决问题的创造力水平是非常有帮助的。在撰写这份报告时,Kokotovich 和他的研究小组正与悉尼科技大学合作,对工业设计专业的学生进行对照性试验研究。正如本领域的专家们所评价的那样,这项研究的试验数据有力地证明了上述这些方法在提高学生们设计问题解决方案质量方面的作用是十分显著的。

参考文献与进一步阅读资料

Buzan, T. (1995), *The Mind Map Book*, London, UK: BBC Books.

Christiaans, H. (1992), *Creativity in Design*, PhD Thesis, Delft, The Netherlands: Delft University of Technology.

Cross, N. and Clayburn Cross, A. (1998), "Expert Designers", in

Frankenburger, E., Badke-Schaub and Birkhofer, H. (eds), *Designers— The Key to Successful Product Development*, London, UK: Springer Verlag.

Dörner, D. (1999), "Approaching Design Thinking Research", *Design Studies* 20, 407—415.

Dorst, K. (2001), "Creativity in the Design Process: Co-Evolution of Problem-Solution", *Design Studies* 22, 425—437.

Ho, C. (2001), "Some Phenomena of Problem Decomposition in Strategy for Design Thinking", *Design Studies* 22, 27—45.

Kokotovich. V. and Purcell, T. (2000), "Ideas, the Embodiment of Ideas, and Drawing: An Experimental Investigation of Inventing", in Gero, J. S., Tversky, B. and Purcell, T. (eds), *Visual and Spatial Reasoning in Design II*, Sydney, Australia: Key Centre of Design Computing and Cognition, University of Sydney, 283—298.

Kokotovich, V. (2002), "Mental Synthesis and Creativity in Design: An Experimental Examination", *Design Studies* 21:5, 437—449.

Kokotovich, V. (2004), "Non-Hierarchical Mind-Mapping, Intuitive Leap-Frogging, and the Matrix: Tools for a Three Phase Process of Problem Solving in Industrial Design", Proceedings of the International Design Education Conference, Sept. Delft, The Netherlands, 213—221.

Lawson, B. (1997), *Design in Mind*, Oxford, UK: Architectural Press.

Lawson, B. (2000), *How Designers Think*, Oxford, UK: The Architectural Press.

Maher, M. J., Poon, J. and Boulanger, S. (1996), "Formalising Design Exploration As Co-Evolution: A Combined Gene Approach", in Gero, J. S. and Sudweeks, F. (eds.), *Advances in Formal Design Methods for CAD*, London, UK: Chapman and Hall.

Mathias, J. R. (1993), *A Study of the Problem Solving Strategies Used by Expert and Novice Designers*, PhD Thesis, Birmingham, UK: University of Aston.

Schön, D. A. (1983), *The Reflective Practitioner: How Professionals Think in Action*, NY: Basic Books.

Schön, D. A. and Wiggins, G. (1992), "Kinds of Seeing and Their Function in Designing", *Design Studies* 13, 135—156.

第二十章　斯坦尼斯拉夫斯基(Stanislavski)方法

使用时间:需要持续多天的工作

困难程度:

使用者:单人(这种工具用于开发适应新环境的方法)即可

适用的复杂性类型:

问题

客观事实已经反复证明,人们为了从全新的视角理解某个问题,他们就必须使用新的方法对该问题进行必要的观察。

目的

斯坦尼斯拉夫斯基方法的工具将帮助你以新的方法去观察自己工作的环境以及可能出现的各种问题。这种方法也可以用于理解任何复杂的观点或一系列的概念问题,并使这些概念或观点成为你自己生活经验的一部分。使用这种方法能带来一定程度的乐趣,这对于本方法的使用者来说是很有帮助的。

复杂性的类型

技术复杂性：技术复杂性的项目往往需要其管理人员具有提出创新性解决方案的能力，然而我们通过各种专业知识的学习所拥有的这种能力是有限的。因为我们在学校和工作中所受到的教育和训练虽然足够深入，但都有些知识面过于狭窄。斯坦尼斯拉夫斯基方法的工具可帮助人们扩大视野，使我们看到那些一直存在但可能并不明显的事物另一面。

方向复杂性：方向复杂性产生于项目的利益相关者观察世界的视角不同，其中隐含的假设是他们都认为自己看待这个世界的方式是正确的，从而无法理解他人提出的观点。斯坦尼斯拉夫斯基方法可帮助人们接受不同的观点，从而更好地管理方向复杂性的项目。

理论背景

康斯坦丁·斯坦尼斯拉夫斯基（Konstantin Stanislavski）是莫斯科艺术剧院的创始人之一，他于 1897 年开始发展他自己的"系统"表演方法。他的这种表演方法是基于自然思想流派基础之上的。他的系统方法对当时的主流表演方式是一个重大的挑战，当时演员们只是在扮演剧中的角色，而不是真正在体会剧中的人物，而且也不会真正地投入自己的感情。"体验派表演方法"是斯坦尼斯拉夫斯基的重要成果，他也因此被人们视为现代戏剧史中的开创性人物，所以他在戏剧圈内的影响是非常大的。好莱坞的演员之中受斯坦尼斯拉夫斯基方法影响最深的包括詹姆斯·迪恩（James Dean）和马龙·白兰度（Marlon Brando）等人。

斯坦尼斯拉夫斯基方法也是一个性格发展的过程，演员们必须深入了解他们所扮演角色的特征。"演员同时也是艺术创作者，他们正在经历着他们所扮演角色所感受到的一切。"（Stanislavksi，引自 Margarshack，1967：121）斯坦尼斯拉夫斯基认为真正的演员应当是：角色中无"我"而"我"就是这个角色，因为"我"已经消失了（Stanislavksi，引自 Margarshack，1967：174）。他认为演员们首先应理解戏剧中每个场景的目标和情感的改变，对所扮演角色的理解往往要超出台词本身，而且需要在角色所处的环境中去考察这些角色们究竟会怎样做。

演员们需要从自己的经历中寻找与其所扮演角色的情绪状态相似的人，并以此作为在舞台上发挥的基础。在戏剧排练时，演员们往往需要不断询问自己如果处在与所扮演角色相同的立场和位置上会如何做出反应。

　　Bakalis(2001)从斯坦尼斯拉夫斯基的表演系统中识别出了其核心要素,并将其纳入成人学习的体系之中。这种学习体系同样需要人们进行视角和观点的不断和剧烈的转换。Mezirow(1991)的视角和观点转换概念与斯坦尼斯拉夫斯基的方法有相似之处。在 Mezirow 的方法中,视角和观念的转换会涉及重新构造一个形成人物性格特征的环境结构(Conner,2003)。这种视角和观念的转换需要用一系列的假设条件来构造一个全新的情景,或者对你自己的经历进行必要的修正,从而指导人们后续的行动。这会涉及改变你已经建立起来的问题分析框架,使你的视角和观念更具包容性、差异化,并更易于开展批判性的反思。这会使你对其他人的观点更加开放和更具一体化。其中,Kegan(1994)等人甚至将观念和视角的转换作为人们走向更高意识层次的主导方法。

　　斯坦尼斯拉夫斯基方法涉及人们观念和视角的转换,以及对这种观念和视角转换方法的学习。其目的是通过观念和视角的转换来减少理论与实践之间的矛盾或者人们的工作与外部环境之间的矛盾。然而,要改变一个人的观念和视角是一项十分艰巨的任务,这需要重新评估人们对自我的理解。然而,人们的认知模式一旦建立是无法迅速改变的,如果你想实现真正的观念和视角转变,那么就必须随着时间的推移产生新的观点。因此,你就要真正地采用一个新的视角来发现新情况,而这是需要人们去付出大量努力的。

讨论

　　使用斯坦尼斯拉夫斯基方法的目的就是拓展管理者们认识世界的途径。斯坦尼斯拉夫斯基方法可用于任何复杂的情况,并帮助其使用者深刻和透彻地理解这种复杂情况,当然这样做是需要较多时间的。

　　斯坦尼斯拉夫斯基方法可以适用于几乎任何类型的视角和观念转变。从这个意义上讲,这些新视角和观念指的就是人们以某种特定方式去看清世界的能力。例如,斯坦尼斯拉夫斯基方法可以用来开发人们以特定视角去看问题的能力,并以此种方法去审视本书中提到的四种复杂性项目中的任意一种。

　　如果你开始以结构化的思想去认识世界,你就可以从组织结构的视角去认识项目的结构。如果你的项目目前存在时间拖延,你就会想到通过改变项目的结构来提高效率。如果你正在负责一个组织变革的项目,你就会考虑各种组织形态的变革可能性,以便用来变革组织的结构。这种可能是一个有效的办法,但它只是解决问题的一种可能方法。在认识到这一点以后,人们还可以使用斯坦尼斯拉夫斯基方法去开发出一种聚焦于社会网络的观念和视角,从而为你的分析提供一种新的思路。

显然,在分析项目情况的过程中使用的方法越多,你就越可能找到解决现有项目问题的途径,并为解决其他项目问题提供参考。这并不是说一个观念和视角一定会优于另一个观念和视角,也不是说某种方法更合适于某种具体情况,这只是说人们增加了更多新的观念和视角。下面是人们利用斯坦尼斯拉夫斯基方法去开发新的观念和视角的一些案例:

● 复杂性的视角:如我们在整本书中描述的四种项目的复杂性。

● 聚焦经济视角:以经济交易的视角看待世界的诸多事物。

● 信息系统视角:寻找项目的数据流和信息流以及探讨它们如何转化。

● 结构化的视角:了解正式的结构和社会组织是如何运作的。

● 功能性的视角:以系统地实施各种功能的视角来观察世界事物。

● 机械性的视角:以机器运转的视角来看你周围的环境和世界。

● 有机联系视角:以相互关联的有机体的视角来了解世界。

● 解释性的视角:以对现实世界的理解视角来看待人们的解释所产生的影响。

应用斯坦尼斯拉夫斯基方法可能开发出的视角非常多,以上所列出的每一种方法都有大量的文献支撑。在 Gareth Morgan 的《组织的印象》(1997)一书中可以找到更多的相关建议,该书以不同的视角来感知组织的概念。另外,组织这一概念也被 Bolman 和 Deal(2003)在他们的组织重构模式中予以使用。

这种工具

斯坦尼斯拉夫斯基方法的工具其目的是就某个主题建立一个深入了解的认识途径,具体来说,就是通过更多可能的视角和途径来认识和理解这个世界。

人们在某一特定工作环境下成功地应用某个视角或在一定的前提条件下必须使用的实际应用经验去开展工作,对某种观点或可能有用的视角的相关资料进行阅读,然后假设当有电话打进来时一切都已经准备好了。实际上仅仅这样是远远不够的。相反,如果你的观点确实有用,那么你就必须在不同的情况下慢慢地认识与理解它,你需要习惯性地在不同情况下把某种新视角引入到自己的日常生活中,然后你才能在自己的工作环境中使用这种观点。

有两个原因可以解释这件事情：首先,在技术复杂性或方向复杂性项目中往往具有不确定性,人们不可能确定项目在何时何地将会出现何种情况,以及应该如何做出应对。因此,在面对这些项目的不确定性时,人们就必须从许多不同的视角来理解这种不确定性。其次,一个有用的视角往往是很复杂的。可能当人们回头看时会觉得事情很简单,但在事情刚开始时理解一个新的视角,由于它与以前使用的视角有很大差异,因此接受这个新视角的任务往往是非常复杂和十分困难的。

在这个过程中,第一步你要选择特定的视角并尽可能多地去发展和学习它、了解它,并与他人讨论它。但是为了使这个视角与你的生活相关,你需要积极地使用这个新视角来观察世界,而且这种过程将是十分缓慢和需要不断重复的。

每隔一段时间人们需要停下来观察一下他们周围的环境,用点儿时间来考虑某个新的视角。然后你需要询问自己如下几个问题：

● 在你周围有哪些现象可以使用这种新视角进行描述？

● 你身边有哪些现象可以用这种新视角进行解释？从这个视角出发你该怎样看待世界？

重要的是,人们要用尽可能多的方式使这种新视角变得充分有效。你可以通过记日记的方式使用这一新视角来描述每天的各种事件,你可能会从这个新视角来描绘出对局势的看法和观点,或者你应该站在街角上一分钟并用这一新视角去观看周围的景观,以及听人们说周围环境中有什么典型的事件。

人们需要不断地重复上述这项活动,他们需要每天停下几次或每次几分钟,不久你就能够对新视角相关的概念有比较透彻的了解。这种方法比单独通过阅读更能使新观念得到深入和灵活的使用。

步骤

1. 选择一个新视角。
2. 熟悉相关理论背后的观点。
3. 定期以该新视角观察世界,了解项目以外的环境。
4. 重复上面的第 3 步,直到你在许多不同环境中都能适应这一新视角。
5. 把这种新视角应用于你的项目环境分析。

注意事项

斯坦尼斯拉夫斯基方法的好处并不会立即显现出来,因为这不是一件着急的事情。最重要的是在新视角的有效性受到质疑前,需要花时间去完善这些新视角。

在对新视角进行审视方面,人们每天花费 5 分钟比每星期花 1 小时更为有效。这将使你能够更自然地使用这一新视角来审视整个世界。

提出一个新视角只是一个开始,为了能够认清客观事实,需要开创一系列不同的新视角。

实际案例

穆雷是一个有金融背景的人,他关心的一切都是与货币有关的。他最近被借调到一个内部发展项目。虽然该项目开始得还不错,但由于项目目标定位未能达成共识使得项目进展变得缓慢,而且人们无法找到大家都认可的解决项目问题的办法,因此该项目已经无法向前推进了。

穆雷对此很失望。他在自我反省后发现,他和其他人一样总是在指责他人,而且他和其他人一样总是用相同的方式去思考,而这并未给他们的项目带来任何的进展。

所以他决定要改变自己的视角。他先后多次听过有关构建新视角的说法,而且始终认为这种方法很有意思,但他就是没有深入思考过这一问题,因此他决定:是改变的时候了。

穆雷花了几晚阅读有关资料,他告诉自己要开始从一个结构主义的新视角去观察世界。然而他总是很忙,所以很快就会重新回到他原来的工作模式,几乎和从前没有差别。显然,只是阅读相关文献对他没有什么帮助。

然后,他决定在自己的手机上每天设置提醒,即每当铃响时他应当立刻停止正在做的事情,尝试用结构主义的新视角去看待世界。在与家人共进晚餐时,他会同时考虑餐桌上的隐性权力结构;在等红灯时,他会考虑灯光如何通过正式方式来限定人们的通行权。

不久,穆雷开始看到了周围一切的"结构"。不论走到哪里,也不论在做什么,他都可以很轻易地用这种新视角去开展工作了。这种新视角已成为他认识世界的一种自然的方式,而他的下一个挑战是需要建立另一个新视角(如权力关系视角)来补充自己的视野。

参考文献与进一步阅读资料

Bakalis, M. B. (2001), *The Stanislavski System of Acting: An A-dult Education Learning Methodology*. Ed. D. ,Illinois, USA: Northern Illinois University.

Bolman, L. G. and Deal, T. E. (2003), *Reframing Organizations: Artistry, Choice, and Leadership*,San Francisco, CA: Jossey-Bass.

Carnicke, S. M. (1998), *Stanislavski in Focus*, Amsterdam, The Netherlands: Harwood Academic Publishers, 235.

Conner, F. L. (2003), *Transformation as a Sociocultural Phenome-non: A Study of Adult Learning in Leadership Development*, Ph. D. Thesis,Michigan, USA: Michigan State University.

Hughes, R. I. G. (1993), "Tolstoy, Stanislavski, and the Art of Acting", *The Journal of Aesthetics and Art Criticism* 51:1, 39—48.

Kegan, R. (1994), *In Over Our Heads*,Cambridge, Ma: Harvard University Press.

Mezirow, J. (1991), *Transformative Dimensions of Adult Learn-ing*,San Francisco, CA: Jossey-Bass.

Morgan, G. (1997), *Images of Organization*,Thousand Oaks, CA: Sage Publications.

Stanislavksi, K. (1967), "The System and Methods of Creative Art", in Margarshack, D. (trans. and ed.), *Stanislavski and the Art of the Stage*,2nd Edition,London, UK: Faber and Faber.

Stanislavksi, K. (1980), *An Actor Prepares*,2nd Edition,Hapgood, E. R. trans. and ed. ,London, UK: Methuen.

第二十一章　多元融合方法

使用时间：项目的全过程

困难程度：使用这种方法前要经过一些专门的训练

使用者：项目管理群体

适用的复杂性类型：

问题

在复杂的工程项目中，我们经常需要就项目的复杂性和困难程度开展沟通工作，这种沟通可能发生在一个项目生命周期的任何阶段，但最主要的是在项目开始的阶段。

目的

多元融合方法这一工具将帮助人们对项目沟通工作进行合理的设计，从而使人们能从他人的观点中吸取更多有价值的意见与建议。

复杂性的类型

多元融合方法这一工具在任何一个需要达成共识的情况下都是适用

的,因此这种工具与具有方向复杂性的项目之间的关系最为密切。

方向复杂性:具有方向复杂性的项目的特点就是含糊不清,未形成统一的目标和路径,以及项目进度的安排不确定。因此,项目管理的挑战往往是人们怎样才能达成一致的意见。人们难以达成共识,部分原因在于项目沟通过程本身,尤其是当项目沟通的内容对于沟通对象来说十分复杂和陌生时。

理论背景

多元融合方法这一工具结合了两种逻辑框架,我们最初在开发这个工具的过程中得到我们的同事 Katherin Coster 的大力支持,他帮助我们在项目管理专业的硕士中推广这一工具,以帮助他们提升在复杂情况下(尤其是在缺乏共识的情况下)开展管理沟通的技能。第一个逻辑框架重点检查你和其他人在谈话中的相对位置以及这种位置间的界限,第二个逻辑框架帮助你能够站在别人的立场去考虑问题。

市场营销等领域的研究表明,通过沟通而不是说服去建立人们的关系,是最有效的方法(Duncan 和 Moriaty,1998)。因为沟通的目的之一就是施加影响,即使施加影响的目的只是为了确保信息在项目有关各方间的传输和共享。管理一个复杂性的项目,特别是一个方向复杂性项目,项目经理需要在项目参与者中建立信任,以便使潜在的项目信息能够实现最大化的共享。

通过对话来表明自己的立场,这种方式已在各种组织中得到广泛应用。Hazen(1993)认为,对话是组织变革中必不可少的有效组成部分,每个组织都应当同时开展多项对话并经常进行对话。每个人都会把自己看做某个行动的中心,也就是说,每个人都是根据自己的历史经验、自己在组织中的地位和影响力以及自己的价值和信仰体系来形成自己的行为方式。因为有相当多的证据表明,人们理解信息的方式似乎更符合其原有的信仰、态度和他们自己所关心的问题(Chapman 和 Chapman,1967;Lord et al. , 1979)。

Levine(1994)把讨论和对话区分开来。他认为"讨论"多数发生在会议中,更侧重于会议的成果;"对话"则是一种探索,并且对话的结果是开放的。Kotter 和 Cohen(2002)则把"对话"描述为团队成员之间建立相互信任的关键。

Cooperrider 和 Srivastra(1987)创造了一个新的术语"赏识调查",它延伸了"对话"的内涵并为其建立了三个步骤。"赏识调查"的目的就是发现组织中的最佳实践,了解哪些因素有助于人们开展最佳实践,从而强化和扩大这种因素,并鼓励人们对最佳实践给予最大的支持和促进。"赏识调查"非常重视在"对话"过程中所使用的语言,更要求善于对其他人的意见表示尊重,肯定他人在组织讨论中的贡献。对话的目的是在项目利益相关者之间建立沟通的桥梁,并把项目沟通的重点放在所取得的成就、潜力、创新优势以及对价值和未来的预期上面(Cooperrider 和 Whitney,2001)。

讨论

有明确的证据表明,通过对话建立信任关系可以提高信息共享的水平。然而,有些人可能由于某种或者某些原因选择了不充分参与"对话",因为这有利于隐藏项目的某些信息,或者支持自己的某些意见,在这种情况下"对话"或"赏识调查"可能就不能发挥作用了。方向复杂性项目中经常会出现的问题就是人们的观点不公开,Gergen(1999)以及某些项目参与者承认并非所有的项目利益相关者都愿意参加"对话"。在这种情况下,项目经理必须把重点放在与项目关键利益相关者建立强大的人际关系网上。

出于实际的考虑,我们想方设法帮助项目经理寻找除了"对话"以外的其他方法。我们认为还有一种方法,即神经语言程序学(Neuro Linguistic Programming,NLP)的方法。此种方法最早是由 Bandler 和 Grinder 在 20 世纪 70 年代(Bandler 和 Grinder,1975;1979)发明的,神经语言程序学方法自那时至今已经经历了许多反复,并受到了一些以控制他人为目的的坏影响。

然而神经语言程序学确实是一种非常有用的工具和技术。需要强调的是在方向复杂性项目中,对他人施加影响不是让人们做他们不想做的事,因为此时这种技术与操纵他人已经无关了,特别是操纵他人这种做法将会产生反作用,使它自身无法长期持续下去。相反,神经语言程序学的工具是为实现与他人的同步和领导他人而使大家立场一致的方法。神经语言程序学的理论认识到,只有在一个强大的项目利益相关者关系网中,你想要的这些结果才能得以实现。以此为背景,多元融合方法提出了两个神经语言程序学的技术,即所谓的"位置感知模型"和"同步与引领方法"(Bandler 和 Grinder,1987)。

为了与他人在你预设的范围内开展有效的沟通,你首先必须明确自己在该事件中的立场。也就是说,人们必须非常清楚地了解自己所关心的事情。第二,你应该很清楚参与沟通的其他人或群体的立场,包括他们所关心的具体问题,以及你们在讨论问题时所面临的组织环境情况。在某一组织中,每个人所处的环境和所关心的问题可能会有很大的不同。

　　例如，财务经理可能比较关注组织财务方面的业务问题，但如果站在组织战略管理的高度，他们将不得不向首席执行官、董事会甚至政府做出报告。因此，在这种情况下，他们考虑的重点就是战略问题，而不是从操作层面上考虑财务问题。这并不意味着他们对财务问题不感兴趣，而是说如果你的对话重点是战略问题时，这种对话内容将更加有效。

　　此外，组织中不同角色、不同层次的人所使用的语言和沟通方式也是不同的。如果你说话的方式与人们所关注的领域一致，你所说的话就更容易被人们所接受。

这种工具

　　"位置感知模型"在神经语言程序学中也被称为"第一人称、第二人称、第三人称的转变"。在第一人称的位置时你所关注的是"我"，在第二人称的位置时你所关注的是"其他人"，在第三人称的位置时你所关注的是整个系统。

　　第一人称是从你自己的视角，通过自己的经验进行必要的感知，这通常被称为"完全赞同"的立场。也就是说，你完全根据自己的经验，体验着你生活中正在发生的一切。但如果只从自己的观点出发，你将不太可能去关注其他人或其他群体的关注点，因此他们可能不会认真地听你的意见。

　　第二人称是从"其他人"的位置进行感知，是感受另一个人的走路、视觉、听觉、感觉、思想以及信念。第二人称的位置可以是一个实体位置，也可以是一个理论的立场，或者数学原理与某个想法，总之只要是第一人称以外的其他位置即可。如果你从他人的视角开展沟通，你将更有可能关注其他人或其他群体的关注点，因此人们将更有可能听你的意见。

　　第三人称的立场，即"中立观察员"的立场，这是前两个位置以外的新"阵地"。在这个位置上人们可以看到整个系统，如项目、方案、组织或更广泛的范围。第三人称的立场比较超脱，它像是从直升机上看世界一样。如果从第三人称的立场进行沟通，你将找到全面解决问题的沟通模式，你会更关注沟通的方式，而不是关注每个人所发表意见的具体内容。

　　"同步与引领"是一个心理治疗的技术方法。心理医生与病人会使用同样的语调、速度、语言和内容去投入地进行沟通，直到病人已经准备好从新视角来理解他们所面对的问题。这时心理医生会使用适当的问题或身体语言等方式，试着把病人引到一个新视角去考虑问题。

　　多元融合方法这一工具对于"位置感知"和"同步与引领"这两个概念都适用。

第1步：了解自己

你需要问问你自己：

- 我在哪里？
- 我所关心的领域是什么？
- 我在谈论什么？
- 我怎么想呢？
- 我怎么觉得呢？
- 为什么我喜欢这样做呢？
- 我会使用什么方式来捍卫我的立场？
- 进行信息交流时我有哪些个人障碍？
- 我有哪些选择？
- 我会接受什么？我的立场退一步是什么？
- 我的关注的范围有多大？
- 我是否在第一、第二或者第三人称的位置谈论这件事？

第2步：换位思考

在沟通之前你需要问问自己：

- 我在和谁说话？
- 他们在哪儿？
- 他们所关注的领域是什么？他们关心什么？
- 他们关注的范围有多大？
- 他们想要什么？
- 他们要解决什么？
- 在沟通中：
    - 他们是否在第一、第二或第三人称的位置谈论事情？
    - 他们使用什么样的语言？
    - 他们使用什么语言告诉我发生了什么？

第3步：站在更高的立场上

此时你要问问你自己：

- 现在最大的问题是什么？
- 这将如何影响每一个人？
- 什么会使所有人都受益？
- 它是如何影响整个系统的？
- 会对这件事产生影响的环境约束有哪些？
- 解决这个问题的最公平、公正或中立的立场是什么？
- 最具有可持续性的解决办法是什么？

第 4 步：监控对话的过程

认真听取人们与你的对话。如果你是通过电子邮件开展沟通，那么要仔细关注人们的书面答复。密切注意人们的用词，其他人所持的立场是第一人称、第二人称、第三人称还是这些的组合？他们的对话重点已经偏移了或改变了吗？

第 5 步：参与对话

积极参与对话并使你想要沟通的内容与其他人的关注点相协调，你必须非常小心地使用人们熟悉的语言和概念。这样做的目的就是使你想要说的话以其他人所期望听到的方式表达出来。如果你找到了自己和其他人在关注层面上存在的差异，那么以下问题可能会对项目沟通有所帮助：

● 这会对你产生什么影响？

● 你认为这会影响到哪些人？

第 6 步：重新组织对话

如果对话参与者所持的立场不同，那么继续进行对话可能会适得其反。这时你就需要使用第二个工具（即"同步与引领"）。你首先要赞同和尊重他人所持的立场，并且在时机成熟时引导他们进入一个新的话题。

当你感觉时机已经成熟时，你可以尝试转移话题，从而将对话转移到更广泛的探索或解决问题的框架之中。你可以问：

● 你认为可供探讨的其他解决问题的选择有哪些？

● 项目或者组织最终会怎样解决问题呢？

● 你认为我们在这个项目上还可以取得哪些进展？

如果有其他人回应了这些问题，你就可以继续使用这种能够解决问题的沟通模式。但是，如果有人仍表示担心他们自己的问题（第一人称所关注的问题），你就应该返回到上述第 5 步"参与对话"的状态，并与其他人建立关系，直到他们完全做好准备为止。

步骤

1. 了解自己：了解你自己的问题、要求、情感、信仰体系和价值观等。

2. 尝试并赞赏其他人的视角："穿别人的鞋走路"，思考他们关心的事情和要求等。

3. 确定并采用更广泛的视角：从直升机的视角观察和看待问题，从整体系统观点出发。

4. 监测对话过程：仔细听取他人的说法、正在使用的语言和对话主题等。

5. 参与对话：将你想要说的话以他人关注的方式并使用他们的语言和模式表达出来。

6. 重新组织对话：当你适应和感觉到他人已准备就绪时将对话推向更广泛的问题。

注意事项

真正重要的是仔细注意你和其他人此刻所持的立场是什么样的。像"我"这样的词能使你迅捷地发觉那些与你对话的人正在进行"第一人称思考"，此时你可以做出相应的反应以适应他们的语言，并在他们关注的问题周围构建你关注的问题。然而，项目沟通常常是更为微妙的，你必须学会听那些弦外之音。例如，项目沟通表达可能以第三人称为幌子，但真正关注的却是他自己。这种方式会在探讨私人问题或与他们直接相关的问题时使用，有时它也被用于人们希望以客观事实方式向对方描述某件事情的时候。注意，你可能需要从第二人称的位置去理解，但却使用第三人称的观点来满足其他人作为第一人称的需要。

例如，追求个人声望和自我满足的项目利益相关者都是很难应对的。在通常情况下，如果项目利益相关者非常强大，此时必须以某种方式满足这些项目利益相关者的需要。将个人在声望方面的需求融入到项目成功的因素之中，如提出"为项目寻找高水平的媒体宣传"，这样就可用"第三人称"的语言（如为了把项目做得更大更好）表达出"第一人称"的需求。

如果你对这些技能感兴趣，那么上述简短的介绍肯定是不够的。有许多神经语言程序学的专业课程能帮助你更深入地了解如何将其应用于实践。

实际案例

该案例是一个项目经理和财务经理之间的对话。从一个项目经理的视角，由于长期从事某一项目，他往往会十分关注项目本身及其后果（第一人称的视角），其发言可能会表现为：

"我们落后于预定的项目计划了，我们需要增加 40000 美元的项目预算，以便能够获得更多的项目资源，从而使该项目回到正轨上来。"

如果从对项目团队的关心出发，项目经理（第二人称的视角）可能会说：

"我担心的是项目团队的福祉，因为我知道我的团队成员们都非常重视一些正在发生的他们自己的健康问题。"

但是,作为财务经理,由于其所关注的是组织整体的财务问题,因此无论使用第一人称还是第二人称的视角可能都不合适。因此,如果从财务经理的观点出发(第一人称位置),并从更广义的组织的视角进行分析,可能会更有效。项目成本问题对整个组织所产生的长期影响以及这将如何产生影响,会成为他们向董事会和总经理汇报时主要关注的焦点。这方面的对话可以通过以下方式重新予以组织:

"大家都知道,重要的是这个项目目前的资源水平,正在使项目团队成员产生高度的压力。这已经开始表现为他们的健康问题,所以组织有可能由于工作人员的留用、病假、工伤和低生产力而产生长期亏损的倾向。所以组织现在要如何处理这个问题才能防止其长期后果呢?"

此时,这种对话情况就结合了第二人称(财务经理自己的第一人称)和第三人称(该组织的视角)的两种视角。

参考文献与进一步阅读资料

Bouwen, R. and Steyaert, C. (1990), "Constructing Organizational Texture in Young Entrepreneurial Firms", *Journal of Management Studies* 26.

Chapman, L. and Chapman, J. (1967), "The Genesis of Popular but Erroneous Psychodiagnostic Observations", *Journal of Abnormal Psychology* 72, 193—204.

Bandler, R., Grindler, J. and Satir, V. (1976), *Changing with Families*, Palo Alto, CA: Science & Behavior Books.

Bandler, R. and Grinder, J. (1975), *The Structure of Magic I: A Book About Language and Therapy*, Palo Alto, CA: Science & Behavior Books).

Bandler, R. and Grinder, J. (1979), *Frogs into Princes: Neuro Linguistic Programming*, Moab, UT: Real People Press, 15、24、30、45、52.

Cooperrider, D. and Srivastra, S. (1987), "Appreciative Inquiry in Organizational life", in Passmore, W. and Wodman, R. (eds), *Research in Organization Change and Development Vol. 1*, Greenwich, CT: JAI Press.

Cooperrider, D and Whitney, D. (2001), *Appreciative Inquiry. An Emerging Direction for Organizational Development*, Champaign, Il:

Stipes Publishing.

Duncan, T. and Moriaty, S. E. (1998) "A Communication-Based Marketing Model for Managing Relationships", *Journal of Marketing* 62:2, 1—13.

Gergen, K. (1999), *An Invitation to Social Construction*, Thousand Oaks, CA. : Sage Publications,154.

Grinder, J. and Delozier, J. (1987), *Turtles All the Way Down*, *Pre-requisties to personal genius*, Scots Valley, CA: Grinder & Associates.

Hazen, M. A. (1993), "Towards Polyphonic Organization", *Journal of Organizational Change Management*, 6:5, 15—16.

Isaacs, William N. (1993), "Taking Flight: Dialogue, Collective Thinking, and Organizational Learning", *Organizational Dynamics* 22:2.

Kotter, J. and Cohen, D. S. (2002), *The Heart of Change. Real Life Stories of How People Change Their Organizations*, LLC, USA: John Kotter and Deloitte Consulting.

Levine, L. (1994), "Listening with Spirit and the Art of Team Dialogue", *Journal of Organizational Change Management* 7:1, 61—73.

Lord, C. G, Ross, L. and Leer, M. (1979), "Biased Assimilation and Attitude Polarization", *Journal of Personality and Social Psychology* 37, 2098—2262.

Maccoby, M. (1996), "Interactive Dialogue as a Tool for Change", *Research Technology Management*, v. 39, Sept/Oct 1996, 57—59.

Schein, E. H. (1993), "On Dialogue, Culture, and Organizational Learning", *Organizational Dynamics*, Autumn Vol. 22, Issue 2.

22

第二十二章　结　语

　　许多理论工作者和实际工作者认为,在不同的专业领域中都存在复杂性的项目,所以项目管理理论都应当在这个基础上去建立。这并不是说,人们应该抛弃现有的项目管理方法。相反,它指出这样一个事实,即项目经理的管理工作必须从多元化的视角出发,借鉴更广泛的管理模式,以帮助他们应付不同来源的项目复杂性。在这本书中,我们试图提供了适用于各种复杂性的理论和思想,这样做的目的就是探讨具有各种复杂性的项目为何如此难以管理。在研究中我们发现对于很多项目来说,分析项目复杂性的来源对于管理项目复杂性问题非常有用。为此,在大量工作的基础上,我们最终定义了四种类型的项目复杂性。但是我们也认识到,任何分类都存在许多问题,因为许多项目往往会介于两种类别之间,或更可能表现为我们所定义的四种类型的组合。尽管如此,我们的这种分类还是有用的,它可以帮助人们思考不同类型的项目复杂性可能带来的管理挑战。

　　书中有关管理方法和工具的案例来源于其他从事实际工作或者学术研究的工作者的分享,以及我们自己在项目管理实践和咨询中总结的经验,还有一些来自我们所教的项目管理硕士学员们,他们中的许多人在入学前都具有多年的项目管理实际工作经验。本书的工具部分包含的只是复杂性项目管理工具的一小部分,但是它们可以用来帮助人们管理不同类型的项目复杂性。希望读者们能够认识到其中所包含的一些想法是非常有益的或者至少是非常有趣的。